Modelando el transnacionalismo

Modelando el transnacionalismo

Editores:

Jeffrey H. Cohen

Paulette K. Schuster

TRANSNATIONAL PRESS LONDON

2019

Modelando el transnacionalismo
Editores: Jeffrey H. Cohen and Paulette K. Schuster

First Published in 2019 by TRANSNATIONAL PRESS LONDON in the United Kingdom, 12 Ridgeway Gardens, London, N6 5XR, UK.
www.tplondon.com

Transnational Press London® and the logo and its affiliated brands are registered trademarks.

Requests for permission to reproduce material from this work should be sent to: sales@tplondon.com

Paperback
ISBN: 978-1-910781-45-6

Cover Design: Gizem Çakır
Cover Image: Photo by Viktor Forgacs on Unsplash_viktor-forgacs-1311859-unsplash [unsplash.com]

www.tplondon.com

AUTORES

Jeffrey H. Cohen es Profesor de antropología en The Ohio State University (la Universidad Estatal de Ohio, en Columbus, Ohio, USA). Con el apoyo de la National Science Foundation, la National Geographic Society y el programa Fulbright, ha realizado investigaciones sobre migración, desarrollo rural y alimentación en México, Turquía y China. Su libros recientes incluyen *Eating Soup without a Spoon: Anthropological Theory and Method in the Real World* (2015) y *The Cultures of Migration: The Global Nature of Contemporary Movement* (2011) escrito con Ibrahim Sirkeci.

Paulette K. Shuster obtuvó su Doctorado y posdoctorado de la Universidad Hebrea de Jerusalén. Schuster es docente de la Universidad Abierta de Israel, miembro de AMILAT (Asociación de Investigadores Israelíes de Judaísmo Latinoamericano) y la directora de la Asociación para el Adelanto de Estudios Latinoamericanos en Israel. Es autora de un libro sobre las mujeres en la comunidad Judía de origen Siro en la Ciudad de México, The Syrian Jewish Community in Mexico City in a Comparative Context: Between a Rock and a Hard Place (2012). Ha escrito más de treinta artículos sobre religión y comida, identidad, mujeres en América Latina e Israel, inmigración, entre otros temas.

Cristina Gómez Johnson, PhD es Profesora en la Universidad Iberoamericana, México. Ha publicado Caminos de ida y vuelta. Redes migración y desarrollo (Catarata, 2012); "El papel de las asociaciones establecidas en Los Ángeles en el tránsito de los centroamericanos por México" (El Colef, 2016); "De la migración económica a la migración forzada por el incremento de la violencia en El Salvador y México" (Revista Estudios Políticos, 2015. Actualmente codirige, el proyecto de investigación Viejas y nuevas movilidades humanas: el circuito migración internacional/desplazamiento interno forzados, el caso de México y Colombia (IBERO, Instituto de Estudios Políticos, Universidad de Antioquia, Colombia, Instituto de Investigaciones Jurídicas-UNAM).

Carlos Alberto González Zepeda realizó sus estudios de Licenciatura en Administración y Estudios Organizacionales en la Universidad Autónoma Metropolitana unidad Cuajimalpa en la Ciudad de México. Posteriormente realizó sus estudios de Maestría en Desarrollo Regional con especialización en Migración Internacional en El Colegio de la Frontera Norte en la ciudad de Tijuana Baja California. Actualmente es Candidato a Doctor en Ciencias Sociales y Humanidades en la UAM-Cuajimalpa donde coordina el Seminario en Estudios Multidisciplinarios sobre Migración Internacional (SEMMI) y dirige la Revista "Diarios del Terruño. Reflexiones sobre Migración y Movilidad". Es investigador colaborador en El Observatorio Regional de las Migraciones en El Colegio de Michoacán.

Gloria Naranjo Giraldo es Doctora en Ciencia Política por la Universidad de Luxemburgo y Doctora en Ciencias Sociales por la Universidad de Granada, España. Actualmente es profesora titular de la Universidad de Antioquia, en Medellín Colombia, investigadora del grupo Estudios Políticos, en la línea de Investigación:

"Migraciones, Fronteras y Reconfiguraciones Políticas", y hace parte del Grupo de Trabajo "Fronteras, Regionalización y Globalización en América", del Consejo Latinoamericano de Ciencias Sociales (CLACSO).

Joan Lacomba Vázquez es Doctor en Sociología, Profesor del Departamento de Trabajo Social de la Universidad de Valencia y obtuvó su Maestría en Migración, Interculturalidad y Sistemas de Bienestar Social. Actualmente se desempeña como Director del Grupo de Investigación sobre Migración y Procesos de Desarrollo de la UV (InMIDE) y como miembro del Instituto de Derechos Humanos (IDH-UV). Sus investigaciones se han centrado en el campo de las migraciones y sus vínculos con el desarrollo. Ha realizado estancias de investigación en centros y universidades de Bélgica, Francia, Túnez, Marruecos y Ecuador.

María Isolda Perelló Carrascosa es Licenciada en Derecho por la UNED, cursó la Maestría en Cooperación al Desarrollo, Especialidad Codesarrollo y Movimientos Migratorios (Universidad de Valencia, España). Es doctoranda en el Programa de Ciencias Sociales (UV), y equipo de trabajo del Grupo de Investigación en Migración y Desarrollo de la UV (InMIDE). Su investigación está relacionada con la migración indocumentada, la política migratoria, los procedimientos de detención y deportación, además del papel de la sociedad civil en las fronteras de México-Estados Unidos/España-Marruecos. Su último artículo publicado se titula "Aproximación teórica al concepto de securitización de la política migratoria" (Século XXI, 2018).

Sònia Parella Rubio, PhD, es Profesora en el Departamento de Sociología de la Universidad Autónoma de Barcelona. Coordina el grupo de investigación GEDIME/CER-Migraciones (UAB) desde 2015. A lo largo de su trayectoria ha realizado investigaciones sobre género y migración, políticas migratorias, prácticas transnacionales en contextos de migración, en España, Bolivia, Chile, Estados Unidos y Marruecos. Sus recientes publicaciones incluyen el libro Impact of Circular Migration on Human, Political and Civil Rights (2016, Londres: Springer, editado junto con Carlota Solé, Teresa Sordé y Sonja Nita); y el artículo "Return Intentions of Bolivian Migrants During the Spanish Economic Crisis" (2018, Journal of International Migration and Integration, publicado on-line), escrito en coautoría con Alisa Petroff.

Alisa Petroff, PhD, es investigadora postdoctoral del GEDIME/CER-Migracions de la Universidad Autónoma de Barcelona. Sus principales líneas de investigación están vinculadas a la migración cualificada y prácticas transnacionales en contextos de migración. Entre sus publicaciones más recientes destacan el artículo "Social welfare grey zones: how and why subnational actors provide when nations do not?" (2018, Journal of Ethnic and Migration Studies) escrito en coautoría con Erica Dobbs, Peggy Levitt, y Sònia Parella; y el artículo "Training, labour and migratory trajectories of skilled Romanians in Spain: key elements explaining successful careers" (2017, Journal of Contemporary Central and Eastern Europe).

Clara Piqueras es Doctoranda del Departamento de Sociología de la Universidad Autónoma de Barcelona, donde está vinculada al grupo de investigación GEDIME/CER-Migracions. Su tesis doctoral se centra en el estudio de las dinámicas de movilidad de la población colombiana desde una perspectiva transnacional, analizando la migración de retorno, y las movilidades postretorno entre Colombia y España. Sus recientes publicaciones incluyen el artículo "Return migration policies from a transnational approach: the case of Spain and Colombia" (RIEM, 2017), y el capítulo "Re-pensando las políticas de retorno a partir del análisis del nuevo escenario migratorio México/Estados Unidos y Colombia/España" (2017), escrito en coautoría con Sònia Parella y Alisa Petroff.

Thales Speroni es Doctorando en Sociología en la UFRGS, en el ámbito del grupo de investigación Trabajo y Justicia Social (Just), y en la Universidad Autónoma de Barcelona, donde está vinculado al grupo GEDIME/CER-Migracions. Su investigación doctoral se ocupa de la transnacionalización de la protección social desde el estudio de las familias transnacionales bolivianas en Barcelona y São Paulo. Sus últimos artículos incluyen "It is not only about access: Transnational Bolivian families in Barcelona and their meanings of social protection" (RIEM, 2017) y "Las perspectivas transnacionales para el análisis de la protección social en contextos migratorios" (Revista Autoctonía, 2018), escrito en coautoría con Sònia Parella.

María Inmaculada Ceballos Cuadrado, antropóloga social y cultural de la Universidad de Granada, España. Ha realizado colaboraciones investigativas en el Instituto de Ciencias Sociales de la Universidad Nacional de Trujillo, Perú; Coordinadora en el proyecto de Innovación Docente: Tendiendo puentes entre el aula y la calle: el conocimiento antropológico como herramienta de sensibilización y transformación social en la Universidad de Granada; E investigaciones en la ONG Comisión Española de Ayuda al Refugiado junto con el proyecto "Mujeres y Derechos Humanos" de Alianza por la Solidaridad en Sevilla, España. Actualmente, cursa el máster de Derechos Humanos, Interculturalidad y Desarrollo en la Universidad Pablo de Olavide de Sevilla.

María-Jesús Cabezón-Fernández, Doctora en Filosofía y Letras en la Universidad de Alicante, Máster en Estudios Internacionales por la Universidad de País Vasco UPV-EHU y licenciada en Sociología por la Universidad de Alicante y Periodismo por la Universidad de Sevilla. Su investigación se ha centrado en las estrategias de movilidad de las personas españolas hacia Argelia en la actualidad, las relaciones hispano-argelinas y las migraciones transnacionales Norte-Sur en contexto de crisis global. Actualmente es investigadora contratada del Centro de Estudios de las Migraciones y Relaciones Interculturales (CEMyRI) en la Universidad de Almería (España), habiendo sido colaboradora científica en la Universidad de Neuchâtel (Suiza).

Juan David Sempere Souvannavong, Profesor Titular en el Departamento de Geografía Humana en la Universidad de Alicante (España). En 1997 hizo su Memoria de Licenciatura sobre las migraciones inducidas por la descolonización de Argelia en Alicante; en 1998 cursó en la Universidad de Poitiers (Francia) un DEA (Diplôme d'Études Approfondies) sobre migraciones internacionales y en 2002 defendió su tesis sobre los marroquíes de la región Oriental de Marruecos en la agricultura del Campo de Cartagena. Sus investigaciones tratan sobre las dinámicas de población en España y el estudio de las migraciones y de las movilidades internacionales entre el Magreb y Europa.

Maria Rocio Bedoya Bedoya Doctora en gobierno y políticas públicas y es Profesora de derecho del trabajo y movimientos sociales en la Universidad de Antioquia (Universidad Pública en Medellín, Colombia). Con el apoyo del Comité para el Desarrollo de la Investigación, CODI y la Facultad de Derecho y Ciencias

Políticas de la Universidad de Antioquia, ha realizado investigaciones sobre migración de colombianos en España, derechos sociales, minería y políticas públicas de desarrollo rural en Colombia. Actualmente desarrolla investigaciones sobre usos e impactos del contrato sindical en los derechos laborales de los colombianos y migración de población venezolana a Colombia.

Rosella Bianco es Doctoranda del programa 'Estudios migratorios' del Instituto de Migraciones de la Universidad de Granada. Ha realizado sus estudios de grado en la Universidad de Salento (Italia) donde se ha formado a través de una Maestría en lenguas modernas para la comunicación internacional y otro Maestría en mediación lingüística intercultural en el campo de la inmigración y asilo. Cuenta con experiencia laboral en el ámbito de la enseñanza del italiano, concretamente en la enseñanza para estudiantes de italiano lengua extranjera, en la preparación al examen de lengua italiana para inmigrantes, así como en cursos de lengua y alfabetización para refugiados.

Mónica Ortiz Cobo es Doctora Europea en Antropología Social, profesora del Departamento de Sociología y miembro investigador del Instituto de Migraciones de la Universidad de Granada (España). Docente en el programa de doctorado de "Estudios Migratorios" y en el máster de "Mediación Social" de la UGR, así como en el máster en "Estudios e Intervención Social en Inmigración, Desarrollo y Grupos Vulnerables" de la Universidad de Almería (España).

Blanca Inés Carvajal Calderón es una Enfermera Colombiana con amplia experiencia en el ámbito del cuidado integral, la docencia y la gestión de la atención dirigida a la persona, familia y grupos comunitarios. Desde hace más de una década reside y labora en la ciudad de Barcelona, donde se ha interesado por investigar y dar visibilidad a la situación de la enfermería latinoamericana inmigrante en España. Actualmente es aspirante a Doctora en Estudios Migratorios por la Universidad de Granada, España. Tiene una Maestría Interuniversitario en Investigación e Innovación en Cuidados de Enfermería, coordinado por la Universidad autónoma de Barcelona. Magíster en Enfermería con énfasis en Cuidado al Paciente Crónico, por la Universidad Nacional de Colombia. Especialista en Pedagogía para el Desarrollo del Aprendizaje Autónomo, por la Universidad Nacional Abierta y a Distancia, Colombia.

CONTENIDO

INTRODUCCIÓN: MODELANDO EL TRANSNACIONALISMO

Jeffrey H. Cohen & Paulette K. Schuster

El término "transnacionalismo" se volvió popular en los 1990s y como tal los investigadores académico respondieron al crecimiento migratorio a nivel global definiéndolo así por los mismos actores como "aquellas redes, actividades y patrones de vida que abarcan ambos las sociedades anfitrionas y de origen" (Glick-Schiller, Basch y Blanc-Szanton 1992). Explicando la migración del sur hacia el norte del Caribe y México a Estados Unidos entre otros flujos migratorios, estos académicos indagaron más allá de la geografía y de las economías de empuje-jale para reevaluar la movilidad y explorar cuestiones de género (Georges 1992; Sutton 1992); pertenencia (Feldman-Bianco 1992; Richman 1992), clase y raza (Goldberg 1992; Rouse 1992).

Expandiendo este concepto en su trabajo etnográfico con Oaxaqueños rurales viviendo en California, el antropólogo Michael Kearney describió el momento transnacional como uno definido como un "tercer espacio" ligando a las comunidades de origen y de destino a través de relaciones sociales formales y prácticas culturales compartidas (Kearney 1996). El espacio multidimensional creado por los actores transnacionales trascienden fronteras nacionales y definieron nuevas oportunidades (Bokser Liwerant 2009). Los transmigrantes siguieron nuevos caminos mientras que mantuvieron creencias indígenas y prácticas tradicionales (Fox y Rivera-Salgado 2004; Kearney 2000), y mientras tanto que las migraciones en sí de los transmigrantes pueden ser motivadas por cambios económicos en sus países de origen (Cohen 2001); en ciertos puntos de destino, negociaron un nuevo conjunto de retos creando así identidades únicas que se desarrollaron alrededor del estatus legal como indocumentados (Hersberg y Lykes 2012; Merry, Pelaez, y Edwards 2017), su género (Mahler 1999) y ecología (Moran-Taylor y Taylor 2010) entre otros factores.

A través de las primeras dos décadas del siglo veintiuno, la idea de transnacionalismo ha continuado a desarrollarse en su complejidad y ampliarse en cuestiones de su aplicación. Mientras que el enfoque fue central para los análisis transnacionales iniciales, acerca de la manera en que los actores y no-actores mantuvieron una coherencia cultural a través del tiempo y espacio; también creó el entendimiento de cómo el espacio transnacional fue negociado en relación al estado, sistemas de poder y la localidad (véase la discusión en Smith y Guarnizo 1998; Stephen 2007). Con el emphasis en las

3

negociacione sobre pertenencia, Levitt y Glick Schiller (2004) discuten el espacio transnacional como un escenario en donde corrientes siguen caminos multidireccionales conectando a comunidades de destino y de origen simultáneamente. A veces estos hilos de pertenencias son limitantes pero a la vez también liberan y crean espacios críticos para el desarrollo de nuevas identidades (Carling y Hoelscher 2013; Conway 2000; Faist 2010; Itzigsohn 2004; Paerregaard 2008). Una preocupación adicional mira más allá de los actores a las cosas que viajan con ellos y entre las comunidades de origen y destino (Hammar y Tamas 1997). Las cosas que se mudan varían de lo físico (véase Grieshop 2006 sobre el movimiento de comida por ejemplo) a lo abstracto y ganan valor en relación a los inmigrantes y los que permanecen en casa, los recursos que controlan y los mundos que están creando (Sirkeci 2009).

El transnacionalismo se mantiene central en la discusión de movilidad, y ha incrementado en valor en la descripción de los que no emigran (Brown y Connell 1994); los hijos y nietos de los inmigrantes (Boehm 2008; Heymann, Flores-Macias, Hayes, Kennedy, Lahaie, y Earle 2009); y en la definición más amplia de la formación social, y también de la economía política que enmarca tal movilidad (Besserer 2018; Carling y Hoelscher 2013; Faist 2010; Glaser 2014; Portes y Zhou 2012; Rodriguez 2013; Waardenburg 2017). A final de acabo, el transnacionalismo se convierte en más que una teoría — se vuelve un marco de referencia para un tipo de movimiento o etiqueta (Portes 2003), y también una herramienta metodológica para la investigación (Catolico 2017; Lattof 2018; Rios 2012). Como un marco de referencia, lo transnacional nos alerta a resultados específicos, caminos únicos y al reconocimiento que los flujos en cuestión y sus consecuencias no son unidireccionales o de corto plazo. Más bien se desarrollaran a través del tiempo y como formaciones sociales transnacionales flujos y reflujos entre agentes sociales, hogares, y comunidades. Enfocándose en los actores y no-actores, hogares migratorios y las comunidades de origen y de destino, transnacionalismo se convierte en una herramientas para evaluar a la naturaleza y estructuras de los movimiento a través del tiempo y espacio (Cohen y Sirkeci 2011; Cohen y Sirkeci 2016).

Los investigadores y sus trabajos en este volumen siguen construyendo el valor del transnacionalismo en el estudio de las migraciones a través de tres direcciones. El primer conjunto de artículos por Gomez Johnson; Gonzalez Zepeda; Naranjo Giraldo; y Lacomba Vazquez y Perelló Carrascosa refinen el transnacionalismo como un marco teórico en investigaciones históricas, notan como las formaciones sociales transnacionales son creadas y cómo el estado ejercita control a través de medios legales y políticas. Gomez Johnson responde a la creencia que el transnacionalismo es nuevo y captura los orígenes y la historia transnacional de migrantes mexicanos. Gonzalez Zepeda construye sobre esa historia y explora el papel importante que las asociaciones mexicanas para inmigrantes juegan para aquellos actores asentados en los Estados Unidos y su acoplación a su país receptor. En la discusión de Naranjo Giraldo sobre "la crisis en la migración," seguimos cómo el transnacionalismo se vuelve parte del diálogo político que mantienen el valor no solo para simplemente identificar el proceso pero para representar y quizás más importantemente mal representar los resultados. Finalmente, esta sección concluye con la discusión de Lacomba Vazquez y Perelló Carrascosa sobre los mecanismos que los estados crean para limitar y controlar la movilidad y resultados transnacionales.

El segundo conjunto de trabajos por Ceballos Cuadrado; Cabezon-Fernandez y Sempere- Souvannavong; y Bedoya Bedoya siguen a tres grupos únicos. Ceballos Cuadrado nota el paper que las redes intermediarias entre los migrantes mientras que negocian sus vidas en Sevilla. Cabezon-Fernandez y Sempere-Souvannavong ofrecen una visión acerca del movimiento de Norte a Sur y como los inmigrantes españoles viajan a Algeria para redefinir su país receptor basándose en construcciones históricas que en su mayoría han sido desacreditados que se forjan de suposiciones discriminatorias del pasado. Bedoya Bedoya nos lleva a Sud América. Su discusión sobre los venezolanos quienes se han reubicado a Colombia recientemente sigue cómo las nuevas redes sociales son organizadas, el rol de la familia y las influencias que vienen de la continua inestabilidad política de la región.

El tercer grupo de trabajos por Bianco y Cobo; Cobo y Bianco y, Carvajal Calderón desarrollan el transnacionalismo como ambamente un lente metodológico y una herramienta de programación en el desarrollo de aplicaciones para asistir en la educación y en el entrenamiento ya sea para instruir a refugiados en nuevos idiomas o en la preparación de enfermeras. Los trabajos de Bianco y Cobo, al igual que, Cobo y Bianco ofrecen dos puntos de vista sobre los retos continuos que los refugiados se enfrentan cuando aprenden esos idiomas nuevos. Los autores argumentan que los idiomas maternos pueden ser un apoyo fundamental para los actores en su aprendizaje de nuevos idiomas y en su trato con sus países receptores. Dirigiéndonos hacia los inmigrantes de América Latina quienes se han asentado en España y que trabajan como enfermeras, Carvajal Calderón describe las oportunidades y retos que se enfrentan y cómo sus redes sociales apoyan (y a veces limitan) su integración.

Este volumen sigue nuevas voces importantes en su desarrollo de viertas transnacionales en su estudio de migraciones. Mientras que agregan a la teoría y a la ampliación de los estudios migratorios, también proporcionan ejemplos únicos en las maneras que el transnacionalismo se desarrolla y sigue caminos no previamente presentados. Finalmente, estos trabajos agregan a las investigaciones para sugerir caminos de programación y de la integración de actores transnacionales sin regresar a los días que obligaban a los inmigrantes o refugiados a su integración, renunciando así a su identidad y historia particular. Un importante reto que permanece, cuestiona si el transnacionalismo sobrevivirá en un mundo que está crecientemente más sospechoso de extranjeros y en donde la xenofobia define las políticas migratorias. Los autores de esta colección argumentan que si hay un lugar para los enfoques transnacionalistas y para las políticas que celebran a las diferencias mientras que construyen conexiones.

Bibliografia

Besserer, F. (2018). Transnational studies twenty years later: a story of encounters and dis-encounters. Etnográfica: Revista do Centro de Estudos de Antropologia Social 22(1):109-130.

Boehm, D. A. (2008). "For my children:" Constructing family and navigating the state in the U.S.-Mexico transnation. Anthropological Quarterly 81(4):777-802.

Bokser Liwerant, J. (2009). "Latin American Jews- A Transnational Diaspora." in Transnationalism: Diasporas and the advent of a new (dis)order. Eliezer Ben Rafael, Yitzhak Sternberg with Judit Bokser Liwerant and Yossi Gorny (eds.), Brill, Leiden-Boston.

Brown, R. P.C., and J. Connell (1994). The Global Flea Market: Migration, Remittances and the Informal Economy in Tonga. Development and Change 24(4):611-647.

Carling, J. and K.Hoelscher (2013). The Capacity and Desire to Remit: Comparing Local and Transnational Influences. Journal of Ethnic and Migration Studies:1-20.

Catolico, O. (2017). A grounded theory study: displacement, migration, and resettlement of Cambodian refugee women. London: SAGE.

Cohen, J. H. (2001). Transnational Migration in Rural Oaxaca, Mexico: Dependency, Development and the Household. American Anthropologist 103(4):954-967.

Cohen, J. H., and I. Sirkeci (2011). Cultures of migration: the global nature of contemporary mobility. Austin: University of Texas Press.

Cohen, J. H., and I. Sirkeci (2016). Migration and Insecurity: Rethinking Mobility in the Neoliberal Age. In Anthropology after the Crisis. J. Carrier, ed. Pp. 96-113. London: Routledge Publishing.

Conway, D. (2000). Notions Unbound: A critical (re)reading of transnationalism suggests that U.S.-Caribbean circuits tell the story better. In Theoretical and Methodological Issues in Migration Research: Interdisciplinary, intergenerational and international perspectives. B. Agozino, ed. Pp. 203-226. Aldershot: Ashgate.

Faist, T. (2010). Towards Transnational Studies: World Theories, Transnationalization and Changing Institutions. Journal of Ethnic & Migration Studies 36(10):1665-1687.

Feldman-Bianco, B. (1992). Multiple Layers of Time and Space: The Construction of Class, Ethnicity, and Nationalism among Portuguese Immigrants. In Towards a Transnational Perspective on Migration. Annals of the New York Academy of Sciences, volume 645. Vol. 645. N. Glick Schiller, L. Basch, and C. Blanc- Szanton, eds. Pp. 145-174. New York: New York Academy of Sciences.

Fox, J., and G. Rivera-Salgado (2004). Indigenous Mexican Migrants in the United States. San Diego: University of California Press, the Center for U.S.-Mexican Studies and the Center for Comparative Immigration Studies.

Georges, E. (1992). Gender, class, and migration in the Dominican Republic: women's experiences in a transnational community. In Towards a transnational perspective on migration: race, class ethnicity and nationalism reconsidered. Vol. 645. N. G. Shiller, L. Basch, and C. Blanc-Szanton, eds. Pp. 81-99. New York: Annals of the New York Academy of Sciences.

Glaser, B. (2014). Americans and Climate Change: Transnationalism and Reflection in Environmental Writing. journals:ejas.

Glick-Schiller, N., L. Basch, and C. Blanc-Szanton (1992). Towards a Transnational Perspective on Migration: Race, Class, Ethnicity, and Nationalism Reconsidered. New

York: New York Academy of Sciences.

Goldberg, B. (1992) Historical Reflections on Transnationalism, Race, and the American Immigrant Saga. In Towards a Transnational Perspective on Migration, Annals of the New York Academy of Sciences, volume 645. N. Glick Schiller, L. Basch, and C. Blanc-Szanton, eds. Pp. 201-215. New York: New York Academy of Sciences.

Grieshop, J. (2006). The envíos of San Pablo Huixtepec, Oaxaca: Food, Home and Transnationalism. Human Organization 65(4):400-406.

Hammar, T., and K. Tamas (1997). Why do people go or stay? In International Migration, Immobility and Development: Multidisciplinary Perspectives. T. Hammar, G. Brochmann, K. Tamas, and T. Faist, eds. Pp. 1-20. New York: Berg.

Hersberg, R.M., and M. B. Lykes (2012). Redefining Family: Transnational Girls Narrate Experiences of Parental Migration, Detention, and Deportation. forum: qualitative social research 14(1):1-35.

Heymann, J., F. Flores-Macias, J.A. Hayes, M. Kennedy, C. Lahaie, and A. Earle (2009). The impact of migration on the well-being of transnational families: new data from sending communities in Mexico. Community, Work & Family 12(1):91-103.

Itzigsohn, J. (2004). Dominicans in Providence: The Formation of a Transnational Community in a Secondary City. In Dominican Migration: Transnational Perspectives. E. Sagás and S. E. Molina, eds. Pp. 74-95. Gainesville: University Press of Florida.

Kearney, M. (1996). Reconceptualizing the Peasantry: Anthropology in Global Perspective. Boulder: Westview Press.

Kearney, M. (2000). Transnational Oaxacan Indigenous Identity: The Case of Mixtecs and Zapotecs. Identities 7(2):173-195.

Lattof, S.R. (2018). Collecting data from migrants in Ghana: Lessons learned using respondent-driven sampling. Demographic Research 38(36):1017-1058.

Levitt, P., and N. Glick-Schiller (2004). Conceptualizing Simultaneity: a Transnational Social Field Perspective on Society. International Migration Review 38(3):1002-1039.

Mahler, S. J. (1999). Engendering Transnational Migration: A Case Study Of Salvadorans. American Behavioral Scientist 42(4):690-719.

Merry, L., S. Pelaez, and N. C. Edwards (2017). Refugees, asylum-seekers and undocumented migrants and the experience of parenthood: a synthesis of the qualitative literature. Globalization and Health 13(1):1-17.

Moran-Taylor, M. and M. Taylor (2010). Land and leña: linking transnational migration, natural resources, and the environment in Guatemala. Population and Environment 32(2):198-215.

Paerregaard, K. (2008). In the Footsteps of the Lord of Miracles: The Expatriation of Religious Icons in the Peruvian Diaspora. Journal of Ethnic and Migration Studies 34(7):1073-1089.

Portes, A. (2003). Conclusion: Theoretical Convergencies and Empirical Evidence in the Study of Immigrant Transnationalism. International Migration Review 37(3):874-892.

Portes, A., and M. Zhou (2012). Transnationalism and Development: Mexican and Chinese Immigrant Organizations in the United States. Population and Development Review 38(2):191-220.

Richman, K. (1992). "A Lavalas at Home/A Lavalas for Home" Inflections of Transnationalism in the Discourse of Haitian President Aristide. In Towards a Transnational Perspective on Migration, Annals of the New York Academy of Sciences, volume 645. N. Glick Schiller, L. Basch, and C. Blanc-Szanton, eds. Pp. 189-200. New York: New York Academy of Sciences.

Rios, B. R. (2012). Culture, migration, and sport: a bi-national investigation of southern Mexican migrant communities in Oaxaca, Mexico and Los Angeles, California. The Ohio State University.

Rodriguez, R.M. (2013). Beyond citizenship: emergent forms of political subjectivity amongst migrants. Identities 20(6):738-754.

Rouse, R. (1992). Making Sense of Settlement: Class Transformation, Cultural Struggle, and Transnationalism Among Mexican Migrants in the United States. In Toward a

Transnational Perspective in Migration: Race, Class, Ethnicity, and Nationalism Reconsidered. Vol. 645. N. G. Schiller, L. Basch, and C. Blanc-Szanton, eds. Pp. 25-52. New York: Annals of the New York Academy of Science.

Sirkeci, I. (2009). Transnational mobility and conflict. Migration Letters 6(1):3-14.

Smith, M.P., and L. E. Guarnizo (1998). Transnationalism from Below. New Brunswick, NJ: Transaction Publishers.

Stephen, L. (2007). Transborder Lives: Indigenous Oaxacans in Mexico, California, and Oregon. Durham: Duke University Press.

Sutton, C. R. (1992). Some thoughts on gendering and internationalizing our thinking about transnational migrations. In Towards a transnational perspective on migration: race, class ethnicity and nationalism reconsidered. Vol. 645. N. G. Shiller, L. Basch, and C. Blanc-Szanton, eds. Pp. 241-249. New York: Annals of the New York Academy of Sciences.

Waardenburg, F. (2017). Tearing down the Cold Wall: Blocked Transnationalism and shifting demographics within the Cuban-American community in Miami: openaccess. leidenuniv.nl.

CAPÍTULO 1

LA MIGRACIÓN A DISCUSIÓN: MÉXICO PAÍS DE ORIGEN, TRÁNSITO Y DESTINO DE MIGRANTES

Cristina Gómez Johnson

Introducción

En los últimos años el aumento de los índices de criminalidad y violencia en México y Centroamérica ha obligado a la población a migrar. Así los desplazamientos de población, si bien tienen como razón principal cuestiones económicas, es de destacar que eventos violentos sufridos en sus zonas de origen han sido también un detonante para abandonar sus poblaciones. Lamentablemente, esta situación no es reconocida por los estados, que prefieren ver las movilizaciones como solución a coyunturas socioeconómicas difíciles para algunos sectores de la población. Sin una protección nacional, las víctimas son vulnerables ante el crimen organizado y por ello recurren al desplazamiento externo, cruzando la frontera de manera irregular, lo que las vulnera por segunda ocasión –pues muchas veces vienen de un desplazamiento interno previo al internacional, en condiciones precarias también. En muchos casos, la violencia extrema que obliga a una población a huir tiene lugar en zonas socioeconómicamente vulnerables, por lo que las poblaciones sufren doble victimización cuando inician su desplazamiento interno. La vulnerabilidad aumentará si deciden iniciar un proceso migratorio internacional.

México es la mayor zona de tránsito de migrantes en el mundo. Un área de recepción y tránsito de migrantes, sobre todo centroamericanos, que van huyendo de situaciones estructurales de violencia. Aunque también, México es un país expulsor de flujos migratorios, tradicionales por supuesto, pero también aquellos que están impulsados por factores de seguridad. En este sentido, la categorización clásica de migración económica o forzada queda en tensión, frente al contexto actual en el que se mezclan, por un lado, la precariedad económica y social con coyunturas de violencia sostenida; poniendo a discusión el grado de voluntariedad o involuntariedad de las movilizaciones humanas actuales.

Un recorrido histórico

La Segunda Guerra Mundial determinó un tipo de migración hacia Estados Unidos, por la necesidad de mano de obra mexicana para sustituir a quienes se habían enrolado en el conflicto mundial. Así surgió el *Programa Bracero* (1947-1964) que permitía el ingreso de mano de obra mexicana para trabajar el campo estadounidense. Se trataba de trabajadores temporeros que ingresaban por tiempo determinado –generalmente para las cosechas- y debían abandonar el país cuando hubiera llegado a su fin. La finalización del programa no evitó que continuaran los flujos de mexicanos hacia Estados Unidos, aunque en condiciones de irregularidad, que se mantienen hasta la fecha. De esta manera, México se consolidó como país emisor de migrantes, con un incremento en los flujos, que fueron cambiando el mapa de movilidad debido a las políticas migratorias adoptadas por Washington D.C. Con el endurecimiento del control fronterizo, la migración circular casi se eliminó. Además, los migrantes tuvieron que recurrir a mecanismos complicados de apoyo para evitar los controles e instalarse en Estados Unidos.

Hasta entonces México no se había destacado por un desarrollo nacional apoyado en la llegada de extranjeros. El crecimiento natural de la población era suficiente para responder a las demandas demográficas, inclusive se consideró desmesurado hasta la primera mitad del siglo XX. En ese periodo se pueden destacar flujos de extranjeros, más que por su número por sus significados sociales y políticos, como el caso de los españoles expulsados por la Guerra Civil. Esta población, pequeña en número, contribuyó al ámbito cultural e intelectual del México de la primera mitad del siglo XX. En la siguiente mitad del siglo, sobre todo en los años 70, llegaron flujos provenientes de Sudamérica: chilenos, argentinos y uruguayos, huyendo de las dictaduras militares. A ellos les siguieron en la década de 1980 los centroamericanos que sufrieron guerras civiles, destacando los guatemaltecos y salvadoreños. Cuando estos conflictos se resolvieron, vino un periodo de reajuste, que planteaba el regreso de los exiliados centroamericanos. Sin embargo, después de la firma de los acuerdos de paz, en 1992 en El Salvador y en 1996 en Guatemala, no se vio una disminución de la emigración ni tampoco un aumento del retorno, quizá porque la esperada bonanza económica no llegó. Sumado a ello, los desastres naturales, la excesiva oferta de mano de obra, las maquilas y las pocas posibilidades laborales para un sector de la población, obligaron a salvadoreños, guatemaltecos y hondureños a abandonar sus tierras para emprender camino hacia el norte. Estos flujos se dirigían hacia Los Angeles, California; Chicago, Illinios; Houston, Texas; Miami, Florida; Nueva Orleans, Louisiana; Washington, DC; Nueva York, Nueva York y el norte de Nueva Jersey, México solamente era el tránsito para llegar a sus metas.

Los ataques terroristas del 11 de septiembre 2001 cambiaron los patrones de movilidad en la zona. Las políticas de contención se endurecieron haciendo más complicado el cruce, los migrantes empezaron a ser vistos como amenaza a la seguridad en igual nivel que los narcotraficantes o los traficantes de armas y personas. Así, México –al igual que Estados Unidos– aumentó el gasto en personal de seguridad para el control fronterizo, pero también para el combate al narcotráfico. Estos cambios obligaron a los migrantes a diversificar las rutas, aumentando los riesgos y los costos del cruce. De ahí que los migrantes asuman que las violaciones y vejaciones por las que pasan son parte del pago que hacen por transitar por México de manera irregular. El robo es el delito más repetido en años recientes, aunque también sufren violaciones sexuales, maltrato o extorsión por parte de las autoridades y de la población a su paso, además de accidentes en el tren."[…] en el 2017 los principales delitos que se cometieron contra las personas migrantes fueron el robo, las lesiones, extorsión, el secuestro y el abuso de autoridad, en porcentajes de 76.06%, 5.14%, 4.04%, 3.82% y 2.90%" (REDODEM 2017: 40). El gobierno mexicano ha manifestado un escaso interés en abordar este problema. Aunque de manera formal se ha comprometido a proteger los derechos de los migrantes en la nueva Ley de Migración[1], aprobada en 2011, en la práctica esto no es tan obvio. Las revisiones de documentación, los aseguramientos y deportaciones se realizan con escaso respeto a los derechos de los migrantes. La mayoría de las agresiones contra migrantes provienen de las propias fuerzas y autoridades estatales. Segun los datos recabados por REDODEM en 2017, el 17.18% de los delitos contra migrantes fueron cometidos por la policía municipal. El 15.51% por otros agresores del Estado mexicano seguido muy de cerca de los agentes del Instituto Nacional de Migración (INM) con 15.13%, la policía federal con 13.46% y la policia estatal aparece con un porcentaje de 10.26% (REDODEM 2017).

Al revisar los 162 artículos de la Ley, divididos en ocho títulos, es posible identificar las prioridades del Estado mexicano: control y cierre de fronteras. El título segundo se ocupa en 12 artículos de los "Derechos y obligaciones de los migrantes", en donde se aclara que éstos tienen los mismos derechos reconocidos por la Constitución y tratados internacionales firmados por México, sin importar su situación migratoria. A este se suma el título quinto que se ocupa de "La protección a los migrantes que transitan por territorio nacional", aunque retoma una figura muy criticada por las asociaciones

---

[1] La Ley de Migración se aprobó en 2011, aunque hubo un retraso de diez meses para la aprobación del reglamento que operativizara la normativa. El objetivo global de esta normativa era marcar una postura del Estado mexicano frente la movilidad humana del presente siglo. Así un año después de publicar el reglamento, en junio de 2013, se hizo una modificación que mejorara la protección de los menores no acompañados que transitan por nuestro país. Asimismo, la Ley General de Población quedaba sin vigencia, en los procedimientos penales que implicaban los movimientos migratorios. Es decir, la nueva normativa calificaba como una falta administrativa el ingreso y tránsito irregular por México, lo que se traducía en una multa, ya no más en la posibilidad de ingresar a la cárcel. A pesar de los avances, al menos en el discurso, para la garantía y protección de derechos de los migrantes, en la práctica esto no es tan evidente (Castilla 2014).

civiles: el aseguramiento (o presentación, como se menciona en la Ley). Sin embargo, no otorgan detalles de la forma en que los migrantes, irregulares o regulares, pueden exigir sus derechos. Mientras en el resto de los títulos, el cuarto y el sexto por ejemplo, se ocupan de la manera que tiene el Estado para controlar el ingreso de flujos de migrantes irregulares, así como las condiciones que deben cumplir en caso de permanecer en territorio mexicano. El título octavo se ocupa de las repercusiones legales en caso de caer en conductas de tráfico, introducción, albergue o transporte de extranjeros irregulares, lo que desmotiva la asistencia voluntaria de la sociedad (con excepción de las asociaciones civiles). En este sentido, la Ley migratoria contempla sólo dos títulos acerca de la atención y derechos de los migrantes, mientras que el resto se ocupa de las sanciones, control y ordenamiento de los flujos irregulares.

Además, los agentes migratorios no están capacitados en la atención primaria de los migrantes, su prioridad está concentrada en evitar el ingreso irregular de las personas. Para ello, se han habilitado mayor número de estaciones migratorias, se han propuesto, en conjunto con Estados Unidos, dos acciones: Iniciativa Mérida (2008) y Plan Frontera Sur (2014), que tienen por objetivo principal mejorar la seguridad interior de cara al aumento de cárteles de la droga en México. El tema migratorio es de primordial relevancia, pues ambos gobiernos están convencidos de la urgencia de blindar la frontera sur mexicana, con el afán evitar su "permeabilidad". El argumento para incrementar los controles de seguridad es justamente la intensificación del accionar criminal en la zona. Sin embargo, diversos informes de la sociedad civil organizada (Belén y Sin Fronteras, [2]2010; AI, 2010; CNDH 2009), hacen recuento de las violaciones de derechos que sufren los migrantes, y en algunos casos nacionales, por las autoridades mexicanas. La Policía Federal es la corporación más señalada, seguida del INM y las policías locales (CNDH 2011; CDH Fray Matías de Córdova 2008; Belén 2010).[3] Esta situación no ha cambiado desde 2008 cuando el gobierno de Felipe Calderón declaró la guerra al narcotráfico, y con ello la seguridad interior quedó no sólo a cargo de corporaciones policiales, sino también militares, sumado a los acuerdos antes mencionados firmados con el gobierno norteamericano.

Los Derechos Humanos han sido tema recurrente en las discusiones en torno a la movilidad humana. Aunque como hemos visto ni la Ley de Migración ni su Reglamento tienen claras las formas de garantizarlos, ni siquiera a los nacionales que van transitando por México hacia Estados Unidos. Ello sin mencionar el tema de refugio que no se ha adecuado a la realidad actual, ni en nuestro país ni el resto de países receptores de estos

---

[2] Sin Fronteras es una ONG dedicada a atención legal para migrantes. AI, es Aministía Internacional. Las referencias la encontrarás en la bibliografía.
[3] CDH Fray Matías de Córdova es una ONG dedicada a la atención de migrantes.

flujos. Los ideales plasmados en la Declaración de Nueva York para los Refugiados y Migrantes (2016) tenían como enfoque principal los derechos humanos, que se garantizarían con la firma del Pacto Mundial para la Migración segura, regular y ordenada, en donde México fue co-facilitador. Los países firmantes asumirán el compromiso de proteger y garantizar la seguridad, dignidad, libertad y derechos fundamentales de los migrantes sin importar su situación migratoria. Aunque en el caso mexicano esto no es tan sencillo.

A pesar de que, en el pasado, el asilo político y humanitario en México tenía una tradición, actualmente esto no es así. Solamente destacar que en el último reporte de la Comisión Mexicana de Ayuda a Refugiados (COMAR 2017), de las más de 14 mil solicitudes de asilo, más de 7 mil (un 60% aproximadamente) estaban sin resolución. Más aún, el procedimiento que debería estar resuelto en 45 días toma por lo menos un año, aunque generalmente supera los 12 meses, obligando a muchos a regresar a sus países de origen con riesgo de su vida, y sin mencionar la violación de derechos que sufren en su tránsito por territorio mexicano. Más allá de los factores de seguridad interna, es importante destacar que la cercanía con Estados Unidos no siempre ha sido positiva para el tema migratorio, lo que ha marcado una relación poco equilibrada entre ambos países.

Relación México-Estados Unidos, la esquizofrenia de la seguridad.

Recordemos que, por décadas, la frontera México-Estados Unidos ha sido una de las más transitadas del mundo (Massey 2003; Durand 1990; Vega y García y Griego 1985), no únicamente por migrantes mexicanos, sino también por centroamericanos y sudamericanos, que atraviesan territorio mexicano con el fin de instalarse en Estados Unidos. Esta zona se convirtió –sobre todo a partir de 1985– en un polo de atracción para trabajadores –regulares e irregulares– pero también para miembros de bandas criminales, que encontraban allí un terreno próspero para comerciar estupefacientes. Debido a ello, el gobierno estaunidense muy pronto comenzó a poner límites al ingreso de la población en general, aduciendo cuestiones de seguridad.[4] El binomio seguridad y migración ha servido para endurecer las políticas fronterizas del gobierno norteamericano, aunque aumentan los intercambios de mercancías y materias primas.

Pareciera que el incremento en el consumo y la producción de narcóticos –con el consecuente accionar de bandas criminales– fue una de las

---

[4] Los controles se generalizaron a toda la población, no únicamente para los extranjeros, sino también para ciudadanos y residentes. En años anteriores a los ataques terroristas, los ciudadanos norteamericanos podían ingresar a su país enseñando la credencial de la biblioteca, o simplemente afirmando "American citizen". Sin embargo, después del 11 de septiembre de 2001, todos los que tienen intención de ingresar a Estados Unidos, deben portar un carnet oficial.

principales razones para el cambio de la política exterior de Estados Unidos. El gobierno norteamericano decidió suspender, por "seguridad", la emisión de visas a ciudadanos mexicanos entre abril y agosto de 1986.[5] El pretexto era evitar la entrada de posibles terroristas, pero realmente era un reflejo del deterioro de la relación entre ambos países, y una forma de presionar a México para alinearse con la política antinarcóticos norteamericana (Orrenius 2004; Délano y Serrano 2010; Lajous Vargas 2013). Acompañando a esta decisión, el gobierno estaunidense propuso una nueva ley de migración, la Ley Simpson-Rodino (1986), que intentaba detener la "invasión silenciosa de los mexicanos". Buscaba confrontar dos aspectos que preocupaban al gobierno estadounidense: el terrorismo y el narcotráfico.

En los 90, se observa un periodo de contradicción en la política migratoria México-Estados Unidos, que contemplaba dos direcciones opuestas: la libre circulación de capital, bienes, mercancías y servicios –incluidos algunos profesionistas–, y por otro lado, el aumento de las barreras para trabajadores entre ambos países (Dunn 1996; Durand, Massey y Parrado 1999; Massey y Singer, 1995). Esto naturalmente repercutió en el patrón migratorio mexicano, que era más bien circular y masculino, y que evolucionó hacia uno "permanente" y familiar. Además, integró nuevos territorios como expulsores de migrantes, por ejemplo, Oaxaca, Guerrero, Puebla y Veracruz. La criminalización y persecución a la que se sometía a la población migrante le obligaba a disminuir sus movimientos y las tasas de retorno eran reducidas (Chabat 1990, 1994; Diez 2006; Dillon y Pipes 1997; Estévez 1992).

Finalmente, los ataques terroristas en Nueva York en 2001 marcaron el inicio de una nueva etapa represiva que se tradujo en aumento de vigilancia, deportaciones, persecución y estigmatización de los migrantes –mexicanos y centroamericanos– ya fueran residentes o de reciente llegada a Estados Unidos. Creció el presupuesto de la Patrulla Fronteriza y del Servicio de Inmigración y Naturalización (INS, por sus siglas en inglés), aumentaron las horas de vigilancia en la línea y se lanzaron varias operaciones que reforzaban la seguridad fronteriza, con programas como Bloqueo, El Paso o Guardián San Diego. Para la primera década del siglo XXI las horas de vigilancia aumentaron en un 74%, el presupuesto en 52% y las deportaciones en un 32%. El aumento de las deportaciones superó los peores años antiinmigrantes (en 1930 se contabilizaron 139 mil deportaciones, frente a las 500 mil por año de la era Obama) (Massey *et al.* 2009; Massey *et al.* 2002; Chávez 2001; Dobbs 2006). La idea de que México y sus habitantes eran un peligro para la seguridad de Estados Unidos se reforzó gracias a los medios de comunicación estadounidenses que abordaban el tema migratorio desde

---

[5] Recordemos que, en abril de ese año, Estados Unidos bombardeó Libia como respuesta al atentado terrorista en una discoteca en Berlín, perpetrado 10 días antes con el apoyo del gobierno libio. Esto ocasionó una escalada de violencia internacional, con atentados como el del vuelo 103 de Pan Am en 1988, en el que murieron 259 personas que viajaban de Londres a Nueva York.

una retórica alarmista: "inundación", "oleada", "invasión". Por tanto, la frontera se convirtió en un campo de batalla en el que Estados Unidos ejercía su poder castrense con el discurso de cuidar su seguridad. Así se dio un cambio en las rutas de paso y el incremento de los costos y riesgos del cruce.

A partir de 2005 comenzaron a disminuir los flujos hacia Estados Unidos –aunque con un crecimiento constante, pero inferior al de otros años–. Desde la década de 1950 ha habido un crecimiento continuo de mexicanos cruzando la frontera hacia Estados Unidos. Este crecimiento fue particularmente exponencial entre 1990 a 2000, y a partir de 2005 hasta 2015 continúa en aumento, pero moderado. Posiblemente, debido al endurecimiento de los controles fronterizos, las deportaciones y las redadas, en un contexto de crisis económica y desempleo que afectó al mundo entero. Washington estaba preocupado por el ingreso de terroristas a su país, de ahí que le exigiera a México el control de su frontera sur, por donde no solamente transitaban migrantes indocumentados, sino porque también era una ruta utilizada por el crimen organizado.

Al revisar la bibliografía, se observa que estos cambios –como el aumento de las restricciones y controles, o el endurecimiento de la ley migratoria– tuvieron estrecha relación con intereses económicos, y la violencia pareciera que fue utilizada como un pretexto para restringir la entrada de trabajadores mexicanos a territorio estadounidense. Más aún, antes de la firma del TLCAN (Tratado de Libre Comercio de América del Norte o NAFTA en inglés), las críticas hacia la política mexicana –y su pobre desempeño con respecto a la seguridad interna– se matizaron, y volvieron a ser objeto de debate después de la firma del acuerdo. Esto sin negar la limitada actuación del gobierno mexicano frente a estos abusos, pero también en la ausencia de programas sociales que garantizaran el acceso a servicios básicos a los ciudadanos, evitando una salida, por momentos, masiva. Y finalmente, la apatía que han demostrado las instituciones mexicanas de seguridad interna para evitar la escalada de violencia que inició en los 80, pero que en los últimos diez años ha empeorado considerablemente.

En este breve recorrido histórico se hace patente el desequilibrio de fuerzas que hay entre México y Estados Unidos, en una supuesta relación bilateral. La agenda migratoria ha sido, generalmente, impuesta por Washington, quien además ha abandonado las negociaciones para la firma del Pacto Mundial para la Migración. En este sentido, pareciera complicado llevar a buen término esta iniciativa, sin la voluntad de uno de los países con mayor flujo migratorio a nivel mundial. Un país que no sólo ha impuesto sus normas de seguridad a México, sino al mundo entero.

La migración en México en el contexto actual

Sumado a lo anterior, los ataques terroristas de 2001 cambiaron la relación bilateral entre México y Estados Unidos, que estaban en negociaciones para integrar el tema migratorio a los debates de política exterior. Sin embargo, a causa del atentado terrorista, estas discusiones se suspendieron y sustituyeron por el tema de seguridad, traducido en el aumento de la vigilancia y el uso de tecnología para evitar el ingreso de migrantes indocumentados, empeorando las condiciones de tránsito y la firma de acuerdos de colaboración para evitar la migración desordenada. Aunque son sin duda los centroamericanos los más afectados por esta política de control, pues en el tránsito se ven vulnerados no solamente por bandas de crimen organizado, sino también por cuerpos de seguridad del estado mexicano, no se puede negar que también impacta a los flujos de mexicanos hacia Estados Unidos.

En el informe de la Red de Documentación de Organizaciones Defensoras de Migrantes (REDODEM 2018), se confirma que un 11% de los migrantes registrados en los albergues han sufrido o han sido testigos de un delito. La mayor parte de estos eventos sucedieron en los estados fronterizos del sur (Chiapas, Veracruz, Oaxaca y Tabasco). En un segundo bloque se encontrarían los estados del centro y occidente (Guanajuato, Jalisco, Estado de México y Querétaro). Mientras que entre 2014 y 2017, las víctimas han identificado a las autoridades (policías municipales y Policía Federal, principalmente), particulares y crimen organizado como los principales violadores de derechos.

Tabla I. Perpetradores de Delitos (2014-2017)

	2014	2015	2016	2017
Autoridad	20.16%	41.51%	17.39%	25%
Particular	25.56%	12.72%	32%	75%
Crimen organizado	54.27%	45.72%	42%	
Guardia tren			6.05%	
Otros			3.07%	

Fuente: REDODEM, enero-diciembre 2017.

Tabla II. Agresores del Estado - Víctimas y Testigos en 2017

CORPORACIÓN	PORCENTAJE
Policía Municipal	17.18 %
Policía Estatal	10.26 %
Policía Federal	13.46%
Ejército	1.92%
Marina	0.38%
Agentes del INM	15.13%
Seguridad privada del tren	23.33%
Grupo policiaco indeterminado	2.82%
Otro	15.51%

Fuente: REDODEM, enero-diciembre 2017

A partir de 2001, México se vio obligado a modificar sus estrategias y controles de seguridad interna e internacional. La cercanía geográfica con

Estados Unidos le condicionó su política exterior, exigiéndole ser un contenedor de flujos irregulares, que podrían convertirse en una amenaza para Washington. Como se mencionó antes, a partir de 2006 se iniciaron procesos de colaboración para mejorar la seguridad fronteriza, primero con la Iniciativa Mérida, que tenía como objetivo principal la lucha contra el narcotráfico y el terrorismo, aumentando la seguridad fronteriza. Y después en 2014, con el Plan Frontera Sur, que tiene como prioridad el control fronterizo, lo que ha repercutido en las cifras de deportados que cada año van en aumento.

Según testimonios recabados desde 2013 a la fecha, el incremento de la vigilancia forzó a los migrantes a cambiar sus rutas, que lamentablemente se cruzaron con las del crimen organizado, que vio en estos flujos una nueva veta económica a explotar (CIDH 2014; REDODEM 2014, 2015, 2018, Knippen, Boggs y Meyer 2015). Al mismo tiempo, es importante destacar que el gobierno de Felipe Calderón (2006-2012) lanzó una estrategia de lucha contra el narcotráfico, la cual se concentró en la persecución militar únicamente proponiendo un enfrentamiento abierto a los principales cárteles. Esto junto con el crecimiento y diversificación de negocios ilegales, la desaparición de los principales lideres de los carteles, las disputas internas y el aumento del número de grupos delincuenciales ha significado el aumento de la violencia interna en México. El resultado fue un incremento inusitado de la violencia que se ve reflejado en el crecimiento de las cifras de homicidios, secuestros, desapariciones y desplazamiento forzado interno.

En los datos nacionales la tasa de homicidios refleja los ciclos de la violencia en México: hubo un proceso de descenso hasta 2004, con un incremento en 2005 y, a partir de 2008, un incremento exponencial teniendo un punto muy alto en 2011. Luego un leve descenso, pero los últimos años (2016-2017) nuevamente se incrementó, siendo 2017 el año con la mayor tasa de homicidios.

La administración de Enrique Peña Nieto no mejoró esta situación. Pensemos que la cifra de desplazados se calcula en más de 300 mil, según el Centro Noruego de Monitoreo de Desplazamiento Forzado (IDMC por sus siglas en inglés), que representa un 5.5% del total del continente y el 3.8% mundial. Sumemos los 30 mil desaparecidos, y las casi 400 fosas clandestinas desperdigadas en 23 de los 32 estados mexicanos, según cifras de la Comisión Mexicana para la Defensa y Promoción de los Derechos Humanos (CMPDH) y el Programa de Derechos Humanos de la Universidad Iberoamericana.[6] En todo caso, para explicar el incremento de la violencia

---

[6] Es importante destacar que, al no existir cifras oficiales respecto a este fenómeno, pues justamente la pretensión tanto de las desapariciones forzadas como las fosas clandestinas, es mantenerse desconocidas, se utiliza información recabada por organizaciones dedicadas a la defensa, promoción y recopilación de información. Mucha de ella a partir de búsquedas hemerográficas, entrevistas y documentos judiciales, así como índices de violencia oficiales.

no podemos quedarnos únicamente en razones coyunturales, sino también contemplar la desigualdad social estructural, escasa presencia estatal, aumento de rutas y bandas del narcotráfico, entre otras.

El Índice de Paz México (2018) retrata una situación de violencia, inacción estatal y violación de derechos, con repercusiones tanto para población extranjera como local. Según el informe, 2017 fue el año más violento del que se tiene registro. La tasa de homicidios llegó a 24 por cada 100,000 habitantes, lo que representa un incremento del 25% con respecto a 2016. La violencia doméstica también tuvo un aumento, 32% en los últimos tres años, que abonaría a la violencia fuera del hogar. Más aún, los costos que genera la violencia en el país superaron a la inversión en salud (ocho veces) y educación (siete veces), dos rubros que deben ser garantizados por el Estado, y que en el caso mexicano no se hace correctamente. Además, el presupuesto designado para seguridad interna y sistema judicial a penas alcanza el 1% del PIB; en contraste con otros miembros de la OCDE México invierte un 60% del promedio en este rubro. Así, no solamente la población nacional no tiene garantizados servicios básicos, sino que además los niveles de impunidad y bajo acceso a justicia aumentan por el poco interés del Estado. De ahí que la percepción de impunidad de los ciudadanos se haya triplicado en los últimos cinco años, pasando de 7% de la población en 2012 a 20% en 2017, al tiempo que el nivel de confianza en las instituciones está en el nivel más bajo desde 2012 -18% de los encuestados tiene confianza en ellas.

Asimismo, los contextos de los que provienen muchos de los migrantes actuales son de violencia estructural, que les empuja a dejar sus zonas de origen. Para entender estos flujos, es necesario observar las razones para salir, que en la mayoría de los casos se traducen en falta de oportunidades, falta de acceso al trabajo y educación. En resumen, índices de desigualdad muy altos que se convierten en factores de seguridad, debido al incremento de la violencia en la región. En este sentido, podríamos hablar de diversas situaciones de vulnerabilidad y violencia, por lo que es difícil generalizar sus impactos en la voluntad o involuntariedad de las movilizaciones humanas actuales. Se podría partir de dos grandes categorías: sistémica, manifestada en el desempleo, precariedad laboral, ausencia de derechos básicos -todo debería ser garantizado por el Estado-, y la violencia de coyuntura o por evento, que entonces no tendría una sola causa, como en el caso de la pobreza. "La disminución de la capacidad de regulación del Estado, y en consecuencia de su posibilidad de integración sistémica a través de las políticas sociales, ha sido interpretada como la causa de la expansión de la vulnerabilidad social, es decir, de la multiplicación de la pobreza y la miseria que se han convertido en la base del sentimiento colectivo de incertidumbre y temor individual a formar parte de los *desechables*" (Vite Pérez 2014: 231).

En cuanto al tránsito de migrantes por México, éstos sufren lo que ya se ha dicho en otros informes: vejaciones, extorsión, violencia física y psicológica por parte de autoridades; pero además son víctimas recurrentes de las organizaciones criminales, ya que los beneficios obtenidos son muy jugosos y las consecuencias inexistentes. Así, además de dedicarse al negocio de las drogas y armas, la trata de migrantes reporta ganancias millonarias anualmente. El empeoramiento de la seguridad en México ha impactado negativamente en la migración irregular que pasa por el país. Lamentablemente esta situación no es ajena a los connacionales, lo que ha obligado a sectores de población a dejar sus viviendas, sea para moverse dentro del territorio nacional o salir de las fronteras mexicanas. Los secuestros contra migrantes, "[…] pueden llegar a reportar al año alrededor de 50 millones de dólares para las bandas del crimen organizado que se dedican al tráfico de migrantes, la trata de personas y el tráfico de drogas" (CIDH 2014: 33)

Una situación de violencia "estructural" o prolongada en el tiempo tiene como consecuencia el debilitamiento del tejido social, que, sumado a un estado de derecho débil, constituye un caldo de cultivo para el accionar de grupos armados, que cobijados por la ausencia de justicia perpetran crímenes y extorsiones. Mientras, la sociedad no encuentra formas de contrarrestar estos ataques, más allá de salir de sus zonas de origen. Es importante destacar que cuando se trata de una movilización involuntaria o forzada por riesgo de vida, no hay necesariamente una organización previa a la partida. Muchos de los que se ven obligados a salir lo hacen abruptamente, y aunque tengan algunas redes –pues la mayoría de mexicanos y centroamericanos, en este caso, tienen familiares en Estados Unidos– no las han activado porque no tenían planeado migrar. La decisión de migrar es un imperativo, no es un proceso lineal, está conformado por varios desplazamientos internos que pueden o no convertirse en transfronterizos o internacionales.

Esta definición tradicional del desplazamiento forzado se tiene necesariamente que contrastar con la coyuntura actual de la movilidad humana. Si bien es cierto que la violencia física/vulneración de derechos se ha convertido en una segunda razón para salir de los países de origen, no podemos dejar de lado la pobreza estructural, la falta de atención a derechos básicos de los estados y el escaso acceso a justicia. En este sentido, aunque la zona de México-Estados Unidos-Centroamérica es una de las más transitadas, es importante destacar que también está en constante cambio. Hasta inicios del presente siglo, México era un país típicamente expulsor de migrantes y con unas tasas de transmigración relativamente altas, pero ahora se está convirtiendo en receptor de flujos. En este sentido, se percibe que a México llegan o se instalan tanto centroamericanos y sudamericanos que antes tenían como meta Estados Unidos, pero cuyas condiciones de tránsito dificultan este objetivo. Combinado con una reforma de Ley Migratoria que acepta la circulación de migrantes por su territorio[7] y reconoce la condición de refugio[8] a las personas que acrediten los requerimientos de la Ley sobre Refugiados, Protección Complementaria y Asilo Político.

De acuerdo con los datos recabados por REDODEM la violencia es el segundo factor por el que las personas salen de sus países de origen. Entre quienes señalan este motivo, el factor del contexto generalizado de violencia en su lugar de origen, principalmente de la zona norte de Centroamérica, aparece como el más recurrente para salir, con un valor de 57.05%. En segundo lugar está la persecución por el crimen organizado, con el 32%, un tercer factor es la violencia doméstica con el 5.56%, y el de persecución política y discriminación por orientación y/o identidad sexual, juntos con un 3.32%. "Los dos factores principales que inciden para tomar la decisión de salir de sus países de origen por motivos de violencia, son el contexto generalizado de violencia y la persecución por el crimen organizado. Estos dos factores representan conjuntamente el 89.05% de las causas por violencia que hacen que las personas migrantes huyan de sus países." (REDODEM 2018: 63)

Una de las consecuencias de este incremento generalizado de violencia en la región, ha dado como resultado un aumento de las solicitudes de refugio en México. Según la Comisión Nacional de Derechos Humanos (CNDH), en 2017, aumentó en 578% el número de solicitantes de refugio en México.[9] Lo que evidencia el crecimiento exponencial de las solicitudes de refugio en el último año. De acuerdo con REDODEM las causas de salida de las personas solicitantes de refugio en el 2017, "[…] fueron la intimidación y/o amenazas, con un 57.46%; le sigue la extorsión, entendida como el pago de cuotas, con un 14.30%; en tercer lugar están las víctimas de violencia física, con un valor de 7.80%; en cuarto lugar el reclutamiento forzado, con el 6.37%; en quinto se encuentra el homicidio de un familiar con 5.49%, y finalmente, con el 8.55%, el rubro de otras causas, donde encontramos a las víctimas de violencia sexual, secuestro, testigo de homicidio, trabajo forzado y ocupación/usurpación de vivienda, tierras y/o bienes." (REDOREM 2018: 68)

---

[7] Art. 7 La libertad de toda persona para ingresar, permanecer, transitar y salir del territorio nacional tendrá las limitaciones establecidas en la Constitución, los tratados y convenios internacionales de los cuales sea parte el Estado mexicano, esta Ley y demás disposiciones jurídicas aplicables (Ley de Migración 2011)

[8] Art. 13 (III). La posibilidad de solicitar el reconocimiento de la condición de refugiado, del otorgamiento de protección complementaria o de la concesión de asilo político y la determinación de apátrida, así como los procedimientos respectivos para obtener dichas condiciones (Ley de Migración, 2011).

[9] Comisión Nacional de Derechos Humanos. Afirma CNDH que aumentó en 578% el número de solicitantes de refugio en México, condición que aún se otorga de manera insuficiente, ante inseguridad, violencia, reclutamiento forzado y amenazas que enfrentan en sus países de origen. Ciudad de México, a 11 de octubre de 2017 Comunicado de Prensa DGC/332/17 http://www.cndh.org.mx/sites/all/doc/Comunicados/2017/Com_2017_332.pdf (Fecha de acceso mayo 2018)

De cualquier manera, al hablar de migración forzada por violencia, es importante analizar los aspectos estructurales que obstaculizan el correcto desarrollo de la población. Es decir, la falta de acceso a servicios básicos o a condiciones óptimas de educación y trabajo constituirían una violación a derechos, que obliga a la población a buscar opciones fuera de sus lugares de residencia. Si ampliamos el concepto de violencia (estructural), tomando en cuenta la violación de derechos y la migración forzada, entonces estaríamos frente a una situación de movilidad prácticamente involuntaria en casi todos los casos. Es decir, aquella que se ha denominado como "económica" respondería también a procesos gubernamentales fallidos que obligan a la población a salir. La movilidad en estos casos deja de ser voluntaria.

México, como facilitador del Pacto Mundial para la Migración, debe comprometerse seriamente a superar los retos antes mencionados, no solamente firmar tratados internacionales para respetar los derechos los migrantes, sino realmente hacerlo. Para ello, es importante que supere la fase formal y pase a la acción: dejar de invertir únicamente en el control fronterizo y empezar con la capacitación y sensibilización del personal migratorio y de seguridad, pero también con la verificación constante para garantizar el cumplimiento de los acuerdos.

Bibliografía

Amnistía Internacional (AI) (2010). *Víctimas Invisibles. Migrantes en movimiento en México,* Editorial Amnistía Internacional (EDAI), Madrid.

Artola, Juan (2006). Las relaciones entre migración y seguridad y su impacto en los flujos migratorios en México. *Relaciones Estado-diáspora: la perspectiva de América Latina y el Caribe, México,* Secretaría de Relaciones Exteriores y Universidad Autónoma de Zacatecas.

Belén Posada del Migrante, Humanidad sin Fronteras y Frontera con Justicia A.C. (2010). *Sexto Informe sobre la situación de los derechos humanos de las personas migrantes en tránsito por México,* Coahuila, México.

Castilla Juárez, Karlos (2014). "Ley de Migración mexicana: Algunas de sus inconstitucionalidades", Migración y Desarrollo, N° 23: 151-183.

Centro de Derechos Humanos "Fray Matías de Córdova" (2008). *La crisis de derechos humanos en la frontera sur de México,* Hogar de la Misericordia, Due Process Law Foundation, México.

Chabat, Jorge (1990). "Mexico's Foreign Policy in 1990: Electoral Sovereighty and Integration with the United States, *Journal of Interamerican Studies and World Affairs,* Vol. 33 (4): 1-25.

Chabat, Jorge (1994). "Drug trafficking in the U.S.-Mexican Relations: What you see is what you get", en Bagley, Bruce M. y Walker, William O., *Drug trafficking in the Americas,* New Brunswick: Transaction Publishers/North-South Center.

Chabat, Jorge (2009). "El narcotráfico en las relaciones México-Estados Unidos: las fuentes del conflicto", *Documentos de Trabajo del CIDE,* N° 193, CIDE, México.

Chávez, Leo (2001). *Covering immigration: population images and the politics of the nation,* University of California Press, Berkeley.

Comisión Mexicana de Defensa y Promoción de los Derechos Humanos Programa de Derechos Humanos de la Universidad Iberoamericana Ciudad de México (2017). *Violencia y terror. Hallazgos sobre fosas clandestinas en México.* http://www.cmdpdh.org/publicaciones-pdf/violencia-y-terror-hallazgos-sobre-fosas-clandestinas-en-mexico.pdf.

Comisión Nacional de los Derechos Humanosn (CNDH) (2016). *Informe especial sobre*

Desplazados forzado interno en mexico. http://www.cndh.org.mx/sites/all/doc/Informes/Especiales/2016_IE_Desplazados.pdf.

Comisión Nacional de los Derechos Humanosn (CNDH) (2011). *Informe especial sobre secuestro de migrantes en México,* Comisión Nacional de los Derechos Humanos, México.

Comisión Nacional de los Derechos Humanosn (CNDH) (2009). *Bienvenidos al inferno del secuestro. Testimonios de migrantes,* Comisión Nacional de Derechos Humanos, México.

Comisión Interamericana de Derechos Humanos (CIDH) (2014). *Derechos humanos de los migrantes y otras personas en el contexto de moviilidad humana en México,* OEA, Ministerio de Asuntos Exteriores y de Cooperación de España.

Cornelius, Wayne (1990). *Labor Migration to the United States: development outcomes and alternatives in Mexican sending communities,* Reporte final para Commission for the Study of International Migration and Cooperative Economic Development.

Craig, Richard (1981). "Operación Intercepción: una política de presión internacional", *Foro Internacional,* Vol. 22 (2): 203-230, El Colegio de México, México.

CSIS (1989). *The Congress and Mexico: Bordering on Change,* Washington.

Délano, Alejandra y Serrano, Mónica (2010). "Flujos migratorios y seguridad en América del Norte", en Alba, Francisco, Castillo, Manuel Ángel y Verduzco, Gustavo (coords.), *Los grandes problemas de México, Vol. III, Migraciones Internacionales,* El Colegio de México, México.

Diez, Jordi (2006): *Canada and Mexico's security in a changing North America,* School of Policy Studies, Queen's University, Kingston, Queen's-McGil University Press, Montreal.

Dillon, Sam y Pipes, Craig (1997). "Drug ties taint 2 Mexican Governors", *The New York Times,* 23 de febrero.

Dobbs, Lou (2006). *War on the middle class: how the government, big business, and special interest groups are waging ware on the american dream and how to fight back,* Viking, Nueva York.

Dunn, Timothy J. (1996). *The militarization of the U.S.-Mexico Border, 1978-1992: low-intensity conflict doctrine comes home,* Center for Mexican American Studies, University of Texas, Austin.

Durand, Jorge (2007). "El programa bracero (1942-1964). Un balance crítico". *Migración y desarrollo,* Vol. 9 (9): 27-43.

Durand, Jorge, Massey Douglas y Parrado, Emilio (1999). "The new era of mexican migration to the United States, *Journal of American History,* Rethinking History and the Nation-State as a Case Study (special issue), Vol. 86 (2): 518-536.

Durand, Jorge y Massey, Douglas (2003). *Clandestino. Migración México-Estados Unidos en los albores del siglo XXI,* Editorial Miguel Ángel Porrúa-Universidad Autónoma de Zacatecas, México.

Escalante Gonzalbo, Fernando (2013). "Paisaje antes de la batalla. Notas sobre el contexto de la guerra contra las drogas en México", *Revista Mexicana de Ciencias Política y Sociales,* N° 218: 73-104, Universidad Nacional Autónoma de México.

Estévez, Dolia (1992). "El narcotráfico, amenaza a la seguridad nacional mexicana", *El financiero,* 25 de febrero.

García y Griego y Verea, Mónica (1988). *México y Estados Unidos frente a la migración de indocumentados,* Universidad Autónoma de México, Coordinación de Humanidades, Miguel Ángel Porrúa, México.

Institute for Economics & Peace (2018). *Índice de paz México. Evolución y perspectiva de los factores que hacen posible la paz,* http://indicedepazmexico.org/wp-content/uploads/2018/04/Indice-de-Paz-Mexico-2018.pdf

Knippen, José, Boggs, Clay y Meyer, Maureen (2015). *Un camino incierto. Justicia para delitos y violaciones a los derechos humanos contra personas migrantes y refugiadas en México,* WOLA, Washington.

Lajous Vargas, Roberta (2013). *Historia mínima de las relaciones exteriores de México (1821-2000),* El Colegio de México, México.

Loaeza, Soledad (2007). "La Guerra Fría y el autoritarismo mexicano", en Florescano, Enrique (ed.), *La política en México,* Editorial Taurus, México.

Loaeza, Soledad (2005). "Gustavo Díaz Ordaz y el colapso del milagro mexicano", en Meyer, Lorenzo y Bizberg, Ilán (coords.), *Una Historia Contemporánea de México,* Tomo 2, Editorial

Océano, México.

Massey, Douglas (2003). "Una política de inmigración disfuncional". *Letras Libres*, Vol. 5 (53):16-20.

Massey, Douglas, Durand, Jorge y Malone, Nolane (2002). *Beyond smoke and mirrors: Mexican immigration in an era of economic integration*, Russell Sage Foundation, Nueva York.

Massey, Douglas S., Pren, Karen A. y Durand, Jorge (2009). "Nuevos escenarios de la migración México-Estados Unidos: Las consecuencias de la guerra antiinmigrante", *Papeles de Población*, Vol. 15 (61): 101-128

Meyer, Lorenzo y Bizberg, Ilán (coords.) (2005). *Una Historia Contemporánea de México*, Tomo 2, Editorial Océano, México.

Orrenius, Pia M. (2004). "The effect of U.S. Border Enforcement on the Crossing Behavior of Mexican Migrants", en Durand, Jorge y Massey, Douglas (eds.), *Crossing the Border. Research from the Mexican Migration Project*, The Russell Sage Foundation, Nueva York.

Red de Documentación de las Organizaciones Defensoras de Migrantes (REDODEM) (2018). *El estado indolente: recuento de la violencia en las rutas migratorias y perfiles de movilidad en México*, REDODEM, México. https://drive.google.com/file/d/17ZfAF-IHAD-NphvIlB8lbHXWqVUA7dbG/view

Red de Documentación de las Organizaciones Defensoras de Migrantes (REDODEM) (2015). *Migración en tránsito por México: rostro de una crisis humanitaria internacional*, REDODEM, México. https://www.entreculturas.org/sites/default/files/ informe_redodem.pdf

Red de Documentación de las Organizaciones Defensoras de Migrantes (REDODEM) (2014). *Migrantes invisibles, violencia tangible*, REDODEM, México. https://www.centerforhumanrights.org/PFS_Petition/Ex32_REDODEM_InformeMigrantes2014.pdf

Ramos, José María (1991). "La política de Estados Unidos hacia el narcotráfico y la frontera de México", *Frontera Norte*, Vol. 3 (5): 85-101.

Smith, Peter H. (1987). "México y Estados Unidos", *Nexos*, Julio 1987.

Vega, Gustavo y García y Griego, Manuel (Comps.) (1985). *México-Estados Unidos, 1984*, El Colegio de México, México.

Verduzco, Gustavo (1987). *Los falsos supuestos de la ley Simpson-Rodino*, El Colegio de México.

Vite Pérez, Miguel Ángel (2014). "Reflexiones sobre la violencia y vulnerabilidad en México", *Espiral*, Estudios sobre Estado y Sociedad, Vol. XXI (61): 227-258.

CAPÍTULO 2

LA METAMORFOSIS DE LA ORGANIZACIÓN TRANSNACIONAL: UN BALANCE SOBRE EL FUNCIONAMIENTO DE LAS ASOCIACIONES DE INMIGRANTES MEXICANOS EN ESTADOS UNIDOS

Carlos Alberto González Zepeda

Introducción

Cuando se habla de una organización regularmente se describe como un espacio donde interactúan individuos con intereses dispares que tejen diversas formas de relaciones: jerárquicas, sociales y de poder a través de las cuales negocian roles y actividades encaminadas al logro de objetivos comunes. Acción que recae en la labor y habilidades del liderazgo para posibilitar formas de trabajo que estimulen el compromiso de la membresía, encaminen las acciones individuales hacia el logro de metas colectivas y garanticen la estabilidad organizativa.

En el caso de las organizaciones de inmigrantes mexicanos en Estados Unidos es imposible comprender la naturaleza de su conformación y consolidación sin conocer el entramado de relaciones que las personas tejen en diversos espacios y momentos del proyecto migratorio. Y que les han servido para fortalecer los vínculos transnacionales entre las familias en las comunidades natales y de acogida. Con ello las actividades relacionadas a la construcción de una identidad colectiva, así como el desarrollo de un sentido de pertenencia al lugar que significa y desde donde se construye el proyecto migratorio. Los denominados clubes de oriundos son un ejemplo de las prácticas sociales que las personas migrantes ya establecidas desarrollan en el país anfitrión, ilustran una parte de la transnacionalidad y "las relaciones que se construyen extraterritorialmente con la [familia] comunidad, entidad o nación" (Moctezuma, 2011: 29, cursivas nuestras).

El objetivo de este texto es mostrar un panorama sobre la conformación y evolución de los clubes de oriundos provenientes de México que se han consolidado en Estados Unidos. Explicamos cuáles han sido los principales motivantes que han detonado la actividad organizativa de las personas migrantes, las actividades que llevan a cabo para vincular a la comunidad expatriada y realizar acciones concretas en las comunidades de origen. Se analizan algunas características organizativas, las agendas de trabajo, así como los retos y compromisos futuros que encaran en un contexto transnacional turbulento y cambiante.

El arraigo al terruño: formas organizativas migrantes en Estados Unidos

Las personas migrantes de origen mexicano que se han establecido en gran parte del territorio de los Estados Unidos participan en una serie intercambios materiales y simbólicos para mantener activas las redes transnacionales por medio de las cuales el migrante busca la reducción de los riesgos, el aumento de los beneficios y la solidaridad durante el proceso migratorio (Kremer, et al, 2016; Moctezuma, 2011). Dichos vínculos abarcan todos los aspectos de la vida social de las personas migrantes y entre más diversos sean, la extensión de las redes de intercambio y la intensidad de interconexión permitirán la movilización de diversos recursos económicos, sociales y culturales entre ambos lados de la frontera (Levitt, 2011; Salmón, 2018).

Una forma específica de representar estas conexiones son las organizaciones mutualistas, políticas, religiosas y cívicas que emergen en las redes transnacionales y se reorganizan para satisfacer las necesidades de sus miembros, permitiendo a las personas migrantes participar en ambos escenarios. Estos lazos están motivados por cuestiones de identidad, pertenencia, memoria social y sociabilidad, pero también por el afecto y las emociones que aumentan la viabilidad de las relaciones a larga distancia a través de las fronteras (Bada, 2017; Smyth, 2017; González Zepeda, 2017). Influyen, por ejemplo, en el envío de remesas y otros objetos materiales y simbólicos.[1]

Las primeras organizaciones de personas migrantes originarias de México se conformaron durante las primeras décadas del siglo XX en los Estados Unidos y compartían el enfoque mutualista de aquellas personas migrantes de origen europeo que se habían organizado en torno a las identidades nacionales y servían a la comunidad emigrada como espacios de reencuentro (Moya, 2005). En aquel tiempo, los migrantes europeos como los mexicanos modelaron las primeras organizaciones con un enfoque patriarcal

---

[1] Wise y Velayutham (2017), proponen algunas ventanas a través de las cuales es posible comprender y explorar las condiciones afectivas no materiales que fomentan y apuntalan las redes y relaciones transnacionales. Utilizando el concepto de "afecto transnacional" como una lente metodológica y teórica explican cómo los afectos y las emociones reproducen, y a veces redirigen, el sentido de los campos sociales transnacionales.

involucrando a familias enteras como el único medio para mantener activos estos grupos en una tierra lejana y adversa con la comunidad extranjera (Bada, 2016). A mediados de la década de 1970 estos grupos se reorganizaron con el propósito de unificar a la comunidad expatriada y fortalecer así la cultura mexicana a través del consumo de ciertos elementos evocadores y la celebración de rituales replicados de la comunidad natal. Una de las formas más populares que las personas migrantes utilizaron para reencontrarse en Estados Unidos fue la conformación de clubes de fútbol en nombre de sus pueblos de origen para atraer a sus paisanos y así unificarse en torno a la práctica deportiva en los barrios aledaños a donde residían (González Zepeda, 2018; Escala, 2012; Pescador, 2012). En poco tiempo esta práctica se extendió a todos los barrios de aquellas ciudades con alta concentración de personas de origen mexicano como Los Ángeles en California y Chicago en Illinois. Aparecieron clubes de fútbol provenientes de estados como Zacatecas, Jalisco, Guanajuato, Sinaloa y Michoacán principalmente, pero también algunos equipos de migrantes provenientes de Centroamérica como Guatemala, Honduras y El Salvador. De esta manera, se formaron las primeras ligas deportivas donde emergían los cimientos de la patria chica.

Los encuentros deportivos además de servir como pasatiempo para los migrantes, atrajeron a familias enteras que disfrutaban ver jugar al equipo que aludía a su pueblo natal como el Club Los Reyes fundado en la ciudad de Bell Gardens en 1970 por un grupo de migrantes provenientes del estado de Michoacán en México, que se reencontraron en la ciudad de Los Ángeles en California (Vega y González Zepeda, 2017). Las actividades recreativas, después de las arduas jornadas de trabajo, como el fútbol, permitieron a las familias socializar y ponerse al tanto de los últimos acontecimientos de su vida en el norte: de los nuevos empleos conseguidos, de las precauciones que debían tener en caso de estar en condición irregular, incluso fueron aprovechados por los migrantes para entablar relaciones de noviazgo, compadrazgo y amistad. En el caso de los migrantes que llegaban por primera vez a los Estados Unidos, las reuniones improvisadas en los parques significaban una oportunidad para reencontrarse con familiares y amigos, quienes los cobijarían brindándoles vivienda temporal y, con suerte, un empleo (González Gutiérrez, 1995; Escala, 2014; Bada, 2017). El fútbol abrió la puerta para la organización comunitaria de las familias migrantes radicadas en la unión americana, convirtiéndose en una de las formas más influyentes para unificar a la comunidad expatriada.

Además de la práctica deportiva, los grupos religiosos también desempeñaron un papel importante en la conformación de los primeros clubes de oriundos, era común que las personas migrantes celebrarán a los santos patronos de sus pueblos natales e incluso llevaran a las comunidades de destino réplicas de estas figuras y símbolos (Alarcón y Cárdenas, 2013; Hirai, 2009). Estos grupos de oración alentaron un sentido de solidaridad que creció rápidamente entre las familias participantes. Por ejemplo el Club

San Ángel, conformado por migrantes oriundos de Michoacán, además de participar en la liga deportiva, fortaleció la unión de sus paisanos en torno a la adoración de San Isidro Labrador organizando pequeñas reuniones en las casas de las familias establecidas en los alrededores de Gardena y Torrence en California. Estos espacios permitieron a los migrantes y sus familias reformular su lealtad, así como distintas formas de *ser* y *pertenecer* al pueblo natal (Moctezuma, 2011; Levitt, 2011).

Naturalmente, la convivencia en fiestas típicas como bautizos, quinceañeras y bodas donde las familias disfrutaban de la comida, la música y las danzas tradicionales impulsó la organización de los oriundos, permitiendo a los migrantes y sus familias distraerse, socializar y reivindicar su cultura (González Zepeda y Román, s/f). Pero también sirvieron para organizar colectas y donaciones en nombre de las familias más necesitadas en el terruño. Desde sus primeros arribos al país vecino del norte, los migrantes mexicanos buscaron las formas para construir espacios de ayuda mutua que hicieran más amena su estancia en el extranjero. Estos grupos organizados en torno a las prácticas deportivas y/o religiosas sirvieron como un punto de entrada a la sociedad civil estadounidense y brindaron espacios seguros para los participantes incluidos los migrantes indocumentados (Escala, 2016). Cuando la comunidad migrante se empezó a identificar como mexicoamericana se interesaron en forjar solidaridades con otros grupos de latinoamericanos con la esperanza de establecer una fuerte coalición hispana y abogar por sus derechos como grupo étnico (Bada y Mendoza, 2013).

Más adelante, durante la década de 1980, los flujos migratorios hacia Estados Unidos se incrementaron y cada vez más migrantes abandonaron sus pueblos en las comunidades rurales debido a la tradición histórica que en la migración internacional caracteriza a la región centro occidente de México —principalmente a estados como Jalisco, Guanajuato, Zacatecas y Michoacán— que expulsó una población estimada en 8.7 millones de migrantes de origen mexicano radicados en el país vecino del norte, y considerada como la segunda minoría más importante después de la población afroamericana (Durand, 2000: 29). Durante esos años se fortaleció la comunidad mexicana en los estados donde las primeras oleadas migratorias —allende el programa Bracero— se habían establecido como California, Texas, Illinois, Nevada y Washington. Lugares que fueron semilleros para la génesis de los clubes de oriundos y otras muestras de solidaridad entre la población migrante (González Zepeda y Escala, 2014).

En aquel tiempo una parte importante de la población migrante de origen mexicano establecida en Estados Unidos se encontraba en condición irregular, está situación les impedía realizar viajes constantes a su pueblo por los riesgos y el costo que implicaba el regreso al norte. Fue a través de cartas, llamadas telefónicas esporádicas y con el arribo de nuevos migrantes como se enteraban de los acontecimientos en el terruño (Orozco y Rouse, 2007).

Los recursos que lograban recolectar a través de las donaciones de los migrantes, eran enviados a través giros postales o aprovechando cuando algún familiar regresaba temporalmente a la comunidad natal. Regularmente el dinero se utilizaba para la compra de despensas, medicamentos, juguetes y otros enseres que repartían entre las familias más necesitadas (Bada, 2017; Moctezuma, 2011).

Algunos migrantes hacían llegar los donativos a través del sacerdote de la iglesia cuando éste viajaba a Estados Unidos para celebrar alguna misa, incluso varios de los clubes pioneros organizaron sus primeras colectas para financiar la fiesta patronal de su pueblo y otras actividades como la remodelación y/o embellecimiento de la parroquia.

Los primeros clubes estaban conformados por algunas familias y no tenían definida una estructura formal, sin embargo, los hombres que llevaban más tiempo viviendo en el norte y que de alguna manera representaban mayor jerarquía para el grupo, eran los que tomaban el liderazgo y se encargaban de organizar a la gente para realizar los eventos de recaudación: bailes, rifas y kermeses (Zabin y Escala, 1998; González Zepeda, 2018).

Los liderazgos —mayoritariamente hombres— organizaban reuniones en casas particulares donde, además se servir como espacios de socialización y reencuentro, vendían y consumían comida tradicional, escuchaban música y contribuían con donaciones monetarias destinadas para apoyar alguna causa en la comunidad. Aquellos que podían realizar el viaje al terruño llevaban ropa, zapatos y otros accesorios que regalaban a la gente en nombre de los norteños (González Zepeda y Román, s/f).

No obstante, un acontecimiento importante en la política migratoria de los Estados Unidos incrementaría la ida y vuelta de las personas migrantes a través de la frontera y reconfiguraría la forma de participar en estos grupos. La Ley de Reforma y Control de Inmigración de 1986 conocida como IRCA (Immigration Reform and Control Act), tuvo un efecto directo en la regulación de 3.2 millones de migrantes indocumentados y favoreció ampliamente a cerca de 2 millones de migrantes mexicanos (Durand, 2007: 76). IRCA abrió la puerta para que más migrantes participaran abiertamente en estos grupos, los miembros fundadores regularizaron su estatus y comenzaron a realizar viajes con mayor frecuencia a las comunidades natales donde aún eran visibles las carencias. Durante esa época la prosperidad en los mercados laborales en Estados Unidos permitió a varios migrantes contar con un modesto excedente de ingresos para gastarlo en beneficio de su pueblo a través de la participación en los clubes de oriundos (Orozco y Rouse, 2007).

Las principales motivaciones de las personas migrantes que se unieron a estos grupos para coordinar actividades filantrópicas estaban arraigadas en las prácticas de solidaridad que viajaban en ambas direcciones a lo largo de la frontera entre México y Estados Unidos. Durante la década de 1980 los clubes de oriundos popularizaron la organización de kermeses y rifas para recaudar dinero y apoyar obras sociales como la construcción de calles, lavaderos y pozos de agua en el terruño. Otros grupos se concentraron en utilizar los donativos para comprar equipo médico y otros instrumentos que conseguían por medio de los gobiernos locales de las ciudades donde residían.[2]

El compromiso filantrópico hacia su tierra natal los llevó a organizar verbenas que eran amenizadas por grupos musicales, donde los donativos recaudados eran utilizados para comprar autobuses escolares y ambulancias a módicos precios que a finales de la década de 1980 circulaban en algunas de las comunidades rurales luciendo el nombre del grupo de migrantes organizados en Estados Unidos (González Zepeda, 2012). A través de estas actividades los clubes de oriundos se popularizaron entre la comunidad mexicana asentada en norte y visibilizaron su compromiso con las comunidades natales gracias a las ayudas que entregaban a las familias más necesitas.

Los equipos de fútbol, los grupos de oración y las convivencias sociales en los barrios estadounidenses fueron detonantes para que la comunidad migrante practicara la solidaridad transnacional a través de los clubes de oriundos. En poco tiempo estos grupos ampliaron significativamente su misión, tanto que su evolución requirió la ampliación de la membresía, el modelaje de un liderazgo migrante y mejores estrategias para la recaudación de fondos.

La consolidación de un actor social transnacional: los clubes de oriundos

En la década de 1990 la población de origen mexicano radicada en Estados Unidos pasó de 8.7 millones en 1980 a 18 millones en 1996 por el impacto directo que tuvo IRCA en la población migrante, los procesos de reunificación familiar, el incremento de la migración indocumentada y las altas tasas de natalidad de población de origen mexicano en Estados Unidos (Durand, 2000: 29). Esto permitió que cada vez más migrantes regularizados y sus familias se unieran a los grupos existentes o formarán el propio para emprender el trabajo en favor de su pueblo natal.

Contrario a las primeras organizaciones de oriundos que se habían concentrado en abordar las necesidades de adaptación y socialización de los migrantes mexicanos en los lugares de destino, las nuevas organizaciones además de conformar mesas directivas donde cada uno de los participantes asumiría una función: presidente, secretario, tesorero y vocales; se concentrarían en invertir los recursos recaudados en obras de desarrollo en

---

[2] Al respecto véanse los trabajos de Bada (2017), Moctezuma (2011), Escala (2014).

sectores vulnerables como educación, salud y vivienda. Proyectos que, por supuesto, financiarían de forma independiente.

La visibilidad lograda por las personas migrantes a través de los clubes de oriundos atrajo la atención del gobierno mexicano que se percató del rápido incremento de estas formas organizativas: 441 hasta 1998, de los cuales el mayor número eran de Zacatecas (113), Jalisco (74), Guanajuato (40) y Michoacán (19); y a través de la red de consulados inició el acercamiento con la diáspora utilizando y promoviendo la creación de clubes de oriundos (González Zepeda, 2012). Dicho acercamiento implicó cierto control sobre los mexicanos en el exterior, sobre la forma en cómo deberían organizarse y sobre cómo gastar los recursos invirtiendo en el desarrollo de sus comunidades de origen (Duquette-Rury y Bada, 2013; González Zepeda y Román, s/f).

El enfoque proactivo del gobierno mexicano para involucrar a su diáspora y promover la formación de más organizaciones de migrantes se logró a través del Programa para las Comunidades Mexicanas en el Exterior (PCME) puesto en marcha a mediados de la década de 1990, y que tenía como principal objetivo promover el acercamiento con los connacionales radicados en los Estados Unidos para mejorar su calidad de vida y apoyarlos durante su proceso de adaptación a los lugares de acogida (González Gutiérrez, 2006). El PCME promocionó a los clubes de oriundos como un modelo organizativo ideal que serviría como interlocutor entre el gobierno mexicano y la sociedad civil mexicano-americana (Délano, 2010). Además permitió recabar la información de algunas organizaciones, los lugares de origen de sus agremiados y los lugares de destino en Estados Unidos.

Durante esa década las organizaciones de oriundos lograron llevar a cabo obras y proyectos cobijados por los gobiernos locales y por el PCME. Hay evidencia de clubes de oriundos de Zacatecas que desde finales de la década de 1980 cofinanciaban proyectos de infraestructura social en colaboración con los gobiernos locales (Moctezuma, 2011). Arreglos que se potenciaron con el acercamiento formal del gobierno mexicano y el interés en fortalecer y redirigir el rumbo de las remesas colectivas, así como el interés de la comunidad migrante en el desarrollo de sus pueblos natales. Claro, los gobiernos locales empezaron a fomentar el llamado uso productivo de las remesas, de modo que éstas se dedicaran no sólo al consumo familiar, sino como una herramienta para mejorar la provisión de infraestructura social y productiva en los lugares de origen de los migrantes (Aparicio y Meseguer, 2010). Algunos clubes que se fortalecieron y/o crearon durante esta década apoyaron a sus comunidades amueblando escuelas, consultorios médicos, reparando calles, entregando despensas y medicamentos.

Además, la buena relación que mantenía la comunidad mexicana con los gobiernos locales en Estados Unidos llevó a varios clubes de migrantes mexicanos a negociar vínculos más formales entre las ciudades de origen y las ciudades de destino. Así surgieron las primeras "ciudades hermanas" que son una muestra más de las prácticas transnacionales que abarcan la dimensión social, económica, política y cultural de los migrantes. Como la hermandad entre varias ciudades de California donde se ha concentrado un buen número de migrantes michoacanos: Inglewood y el municipio de Jiquilpan; Bell Gardens y el municipio de Los Reyes, por mencionar algunos. Las conexiones entre ambas localidades se expandieron, lo que condujo a la creación de nuevas prácticas de transnacionalismo en las que los clubes de oriundos persiguieron agendas simultáneas en dos espacios nacionales (Bada y Mendoza, 2013; Fox y Gois, 2010).

De la filantropía a la inversión social en la comunidad

En poco tiempo, los clubes de oriundos trascendieron el rol filantrópico para posicionarse como instrumentos transformadores en y de sus lugares de origen a través de su participación en programas que el gobierno mexicano implementó para institucionalizar algunas prácticas de solidaridad como las iniciativas 1x1, 2x1 que ya realizaban involucrando a los gobiernos locales y/o estatales (Moctezuma, 2011). A principios del año 2000 el gobierno de Vicente Fox creó el Instituto para los Mexicanos en el Exterior (IME), e inspirado por las iniciativas de los migrantes zacatecanos puso en marcha el programa Iniciativa Ciudadana 3x1 que posteriormente se institucionalizaría como Programa 3x1 para Migrantes en 2004 (Duquette-Rury y Bada, 2013; Soto y Velázquez 2006; Goldring, 2005). El programa tenía como principal propósito apoyar las iniciativas de inversión de los migrantes radicados en el extranjero para aumentar la cobertura y la calidad de la infraestructura social en las localidades de origen a través de las remesas colectivas (Soto y Velázquez, 2006; Duquette-Rury y Bada, 2013). El programa sería administrado por la Secretaría de Desarrollo Social de México (SEDESOL) y contaría con un Comité de Validación y Atención al Migrante (COVAM) conformado por representantes de las cuatro partes involucradas — migrantes, gobiernos municipales, estatales y federales— quienes financiarían el 25% del costo total del proyecto aprobado (Aparicio y Meseguer, 2010; Bada, 2016).

Los tipos de proyectos financiados por el Programa 3x1 correspondían a obras de infraestructura social básica como pavimentación y electrificación de calles, almacenamiento de agua potable, remodelación de plazas públicas, construcción de canchas deportivas, entre otros; y proyectos productivos que incluían la inversión de los recursos de los migrantes en el desarrollo de invernaderos agrícolas, granjas animales, y pequeños negocios (González Zepeda, 2012). Cabe mencionar que éstos últimos eran a fondo perdido, y una gran mayoría fracasaron por la poca capacidad de la organización para administrarlos a la distancia, el nulo acompañamiento de las instancias de gobierno durante la puesta en marcha del proyecto, así como por ausencia de un mercado competitivo para los productos que lograban producir

(González y Román, s/f; Cfr. Moctezuma, 2011), lo que llevó a varias organizaciones a perder el interés en estas actividades y desaparecer. En pocas palabras, el trabajo de los clubes de oriundos en el Programa 3x1 mostró a los gobiernos municipales y estatales que los migrantes eran capaces de participar en la solución de las necesidades más urgentes de sus comunidades natales.

A lo largo de su evolución, los clubes de oriundos mexicanos han cumplido con el objetivo de servir como un espacio de rencuentro, recreación y unión entre los migrantes, sus familias y la comunidad de origen. Varios dejaron de ser grupos informales motivados inicialmente por la nostalgia hacia el pueblo natal, para convertirse en organizaciones que además coordinan el trabajo colectivo impulsan la participación de miles de mexicanos en los numerosos clubes de oriundos repercutiendo en la vida familiar, laboral y social del migrante. Actualmente, según los datos del IME hasta 2016, los clubes de oriundos mexicanos son poco más de 1400 distribuidos en 42 estados de la unión americana.

Comentarios finales

Durante mucho tiempo los clubes de oriundos fueron considerados como organizaciones poco formales e incluso rudimentarias, al estar conformadas únicamente con el fin de reunificar a los paisanos que se encontraban dispersos en las regiones de destino, o como formas asociativas que buscaban donar una serie de recursos a la comunidad de origen para fortalecer los lazos de paisanaje y pertenencia. Sin embargo, lo cierto es que estas organizaciones han ganado mayor visibilidad que en otros tiempos y lejos de reducirse a mantener lazos con el terruño y ser una especie de colectividad emergente, resulta que son más complejos de lo que podemos imaginar y se ha escrito. Un ejemplo de lo complejas y formales que han llegado a ser estas formas de organización de las personas migrantes se puede ver en la destacada participación que tienen en la vida política en ambos lados de la frontera. Dicha visibilidad les ha abierto las puertas para involucrarse en la promoción del desarrollo de las comunidades natales a través de la participación en una serie de actividades que van desde la filantropía hasta la colaboración con los gobiernos locales para cofinanciar obras que buscan canalizar los recursos que estas organizaciones generan.

No es sorprendente que los clubes mexicanos constantemente estén buscando la forma de ser más eficientes, generar más recursos y llevar a cabo más obras y proyectos en la comunidad de origen con el fin de preservar su legitimidad y prestigio, aun cuando las acciones puedan no ser las más adecuadas para sus capacidades organizativas y para las necesidades reales de la comunidad. Por lo tanto, la constante búsqueda por ser organizaciones exitosas los lleva a generar una serie de vínculos con otras organizaciones con los que establecen alianzas de cooperación para recaudar fondos o bien para recibir capacitaciones que les permitan alcanzar sus objetivos.

En este sentido, este trabajo abre la puerta a una nueva vertiente sobre los estudios de migración, específicamente en los estudios sobre formas asociativas de los migrantes, que por lo general se han limitado a estudiar sólo algunos aspectos de su estructura organizativa, en particular la membresía y los liderazgos, y han dejado en el camino una gran variedad de temas que son fundamentales para comprender la existencia de estas formas de organización y sus implicaciones directas en el comportamiento de los individuos que las conforman.

Bibliografía

Alarcón, Rafael y Macrina Cárdenas Montaño, "Los santos patronos de los migrantes mexicanos a Estados Unidos", *REMHU* año XXI, Brasilia, núm. 41 (2013): 241-258.

Aparicio, Javier y Covandonga Meseguer, 2010, "La economía política de las remesas colectivas: El Programa 3x1en los municipios mexicanos", en Jorge Durand y Jorge A. Schiavon (Eds.), *Perspectivas migratorias. Un análisis interdisciplinario de la migración internacional,* México, CIDE, pp. 393-431.

Bada, Xóchitl, 2017, *Asociaciones de oriundos mexicanos en Chicagoacán. Del Compromiso cívico local a la acción transnacional",* México: El Colegio de Michoacán, pp. 278.

Bada, Xóchitl, 2016, "Collective Remittances and Development in Rural Mexico: a View from Chicago´s Mexican Hometown Associations", *Population, Space and Place* 22, núm.4: 343-345

Bada, Xóchitl y Cristóbal Mendoza, 2013, "Estrategias organizativas y prácticas cívicas de asociaciones de migrantes en Chicago: una perspectiva transnacional desde el lugar", *Revista Migraciones Internacionales,* Tijuana, El Colef, vol.7, núm.1, pp.35-67.

Délano, Alexandra, 2010, "El Instituto de los Mexicanos en el Exterior ¿Un instrumento de política exterior?", en *Mexicanos en el exterior: Trayectorias y perspectivas (1990-2010),* México, Instituto Matías Romero, SRE, págs. 81-92.

Duquette-Rury, Lauren y Xóchitl Bada, 2013, "Continuity and Change in Mexican Migrant Hometown Associations: Evidence from New Survey Research", *Migraciones Internacionales,* Tijuana, El Colegio de la Frontera Norte, vol.7, núm, especial 1, pp._ 65-99.

Durand, Jorge, 2007, "La construcción de una nueva identidad: latinos en Estados Unidos". En *Migración y reconfiguración transnacional, flujos de población,* coordinación de Marcela Ibarra Mateos, 59-84. Puebla: Universidad Iberoamericana Puebla.

Durand, Jorge, 2000, "Tres premisas para entender la migración México-Estados Unidos", *Relaciones* 83, Zamora: El Colegio de Michoacán: 18-35.

Escala Rabadán, Luis (Coord.) (2016), *Asociaciones de inmigrantes y fronteras internacionales,* Tijuana: El Colegio de la Frontera Norte.

Escala Rabadán, Luis, 2014, "Asociaciones de inmigrantes mexicanos en Estados Unidos: logros y desafíos en tiempos recientes", *Desacatos,* núm.46: 52-69.

Escala Rabadán, Luis, 2012, "Migración, redes sociales y clubes de fútbol de los migrantes hidalguenses en Estados Unidos", en Guillermo Alonso Meneses y Luis Escala Rabadán (Coords.), *Offside/Fuera de lugar. Futbol y migraciones en el mundo contemporáneo,* Tijuana, El Colef, Clave, pp. 133-150.

Fox, Jonathan y William Gois, 2010, "La sociedad civil migrante: diez tesis para el debate", *Migración y Desarrollo,* Red Internacional de Migración y Desarrollo, vol.7, núm.15, pp.81-128.

Goldring, Luin, 2005, "Implicaciones sociales y políticas de las remesas familiares y colectivas", en Raúl Delgado Wise y Beatrice Knerr, (Coords.), *Contribuciones al análisis de la migración internacional y el desarrollo regional en México,* UAZ/Miguel Ángel Porrúa, págs. 67-92.

González Gutiérrez, Carlos, (2006), "Del acercamiento a la inclusión institucional: la Experiencia del Instituto de los Mexicanos en el Exterior", en Carlos González Gutiérrez (Coord.), *Relaciones Estado-Diáspora: aproximaciones desde cuatro continentes,* México: Miguel Ángel Porrúa, págs. 181-220.

González Gutiérrez, Carlos, 1995, "La organización de los inmigrantes mexicanos en Los Ángeles", *Revista Mexicana de Política Exterior,* IMRED, México, núm. 46, pp. 59-101.

González Zepeda, Carlos Alberto, 2018, "Relaciones de poder, conflicto y supervivencia organizacional. Una aproximación desde las entrañas del Club Jiquilpan USA", en Norma Baca Tavira y Ariel Mojica Madrigal (Coords.), *Movilidades y migrantes internacionales. Reflexiones sobre campos de relaciones socio-económicas en comunidades de migrantes en México y Estados Unidos,* México: Gedisa editorial, pp. 297-328.

González Zepeda, Carlos Alberto, 2017, "La organización transnacional en controversia. Clubes de oriundos mexicanos en Estados Unidos", *Odisea. Revista de Estudios Migratorios,* Buenos Aires: Instituto de Investigaciones Gino Germani, Facultad de Ciencias Sociales, Universidad de Buenos Aires, núm.4: 55-84.

González Zepeda, Carlos Alberto y Luis Escala Rabadán, 2014, "Modelos organizativos e isomorfismo institucional entre asociaciones de migrantes michoacanos en Los Ángeles California", *Migración y Desarrollo,* Vol. 12, Núm. 22, pp. 91-122.

González Zepeda, Carlos Alberto, 2012, *Isomorfismo institucional y promoción del desarrollo local en asociaciones de migrantes michoacanos en Los Ángeles, California* [Tesis de Maestro en Desarrollo Regional]. El Colegio de la Frontera Norte, A.C. México.

González Zepeda, Carlos Alberto y Patricia Román Reyes, (s/f), "Las organizaciones de migrantes y la gestión de las remesas en el camino del desarrollo comunitario", Documento de trabajo.

Hirai, Shinji, 2009, *Economía política de la nostalgia. Un estudio sobre la transformación del paisaje urbano en la migración transnacional entre México y Estados Unidos,* México: UAM-Iztapalapa, Juan Pablos Editor.

Kremer, Liliana, Claudio Bolzman, Khadija Elmadmad, Michele Vatz y Carlos Yáñez, 2015, "Diálogo conceptual. De las redes transnacionales a los territorios", en *Redes Transnacionales. Perspectivas entrelazadas Norte-Sur,* en dirección de Michele Vatz y coordinación de Gail Mummert, 35-56. Zamora: El Colegio de Michoacán, Universidad Humberto Hurtado.

Levitt, Peggy, 2011, "A Transnational Gaze", *Migraciones Internacionales,* Tijuana, El Colegio de la Frontera Norte, vol.6, núm.1, enero-junio, pp. 9-44.

Moctezuma Longoria, Miguel, 2011, *La transnacionalidad de los sujetos. Dimensiones, metodologías y prácticas convergentes de los migrantes mexicanos en Estados Unidos,* Zacatecas, UAZ, Miguel Ángel Porrúa, pp. 285.

Moya, José, 2005, "Immigrants and Associations: A Global and Historical Perspective", *Journal of Ethnic and Migration Studies,* vol.31, núm.5, pp.833-864.

Orozco, Manuel y Rebecca Rouse, 2007, "Migrant hometown associations and opportunities for Development: A global Perspective", *Migration Policy Institute,* disponible en: <http://www.migrationpolicy.org/article/migrant-hometown-associations-and-opportunities-development-global-perspective

Orozco, Manuel y Katherine Welle, 2005, "Hometown Associations and Development: Ownership, Correspondence, Sustainability, and Replicability", in Barbara J. Merz, (Comp.), *New patterns for Mexico: observations on remittances, philanthropic giving, and equitable development,* United States, Harvard University, pp. 157-179.

Pescador, Juan Javier, 2012, "¡Vamos Taximaroa! Asociaciones de futbol mexicanas/chicanas y comunidades transnacionales/translocales, 1967-2012", en *Off Side / Fuera de lugar. Futbol y migración en el mundo contemporáneo,* coordinación de Luis Escala Rabadán y Guillermo Alonso Meneses, 29-47. Tijuana: El Colegio de la Frontera Norte.

Salomón Perriliat, Esteban, 2018, *Navegar fronteras. Diferencia cultural, trabajo y ostentación entre migrantes indocumentados en Nueva York,* México: El Colegio de Michoacán, pp. 310.

Soto Priante, Sergio y Marco Antonio Velázquez, 2006, "El proceso de institucionalización del Programa 3x1 para migrantes", en *El programa 3x1 para migrantes ¿Primera política transnacional en México?, coordinación de* Rafael Fernández de Castro y Rodolfo García Zamora y Ana Vila Freyer, 11-20, México: ITAM, UAZ, Miguel Ángel Porrúa.

Smyth, Araby, 2017, "Re-reading remittances through solidarity: Mexican hometown associations in New York City", *Geoforum* 85: 12-19.

Vega Godínez, Alejandro y Carlos Alberto González Zepeda, 2017, "El Club Los Reyes, génesis, evolución y desafíos de un actor social transnacional", *Gestión y Política Pública* XXVI, núm. 2: 527-576.

Wise, Amanda y Selvaraj, Velayutham, 2017, "Transnational Affect and Emotion Immigration Research", *International Journal of Sociology* 47, núm. 2: 116-130.

Zabin, Carol y Luis Escala Rabadán, 1998, *Mexican Hometown Associations and Mexican Immigrant Political Empowerment in Los Angeles,* Center for Labor Research Education, UCLA, Department of Sociology.

CAPÍTULO 3

LAS POLÍTICAS GLOBALES CONSTRUYENDO "CRISIS DE MIGRANTES Y REFUGIADOS" - LA PRODUCCIÓN JURÍDICA Y POLÍTICA DE TRANSMIGRANTES INDESEABLES

Gloria Naranjo Giraldo

Introducción

El reconocimiento de la existencia de *nexos* entre tipos de migración (irregularidad, refugio, desplazamiento) pero también de los diferentes posicionamientos de *las personas y pueblos en movimiento*, plantea retos de conceptualización, en el presente, sobre todo en torno a las *continuidades* entre procesos migratorios, toda vez que la caracterización de las *discontinuidades* (la disyunción *en el debate humanitario*: "si es migrante no es refugiado" o "los refugiados no son migrantes"), ha dejado de ser suficiente. Hacer un planteamiento del problema de esta manera, tiene que ver, también, con una mayor conciencia *en el debate académico*, sobre el necesario distanciamiento, desde las ciencias sociales, del discurso político y de las políticas, esto es de la construcción jurídica y política de las etiquetas de "migrante irregular", "refugiado", "desplazado", "indocumentado", "ilegal", "falso solicitante de asilo", entre muchas otras, y asumir el reto de no seguir traduciendo a categorías científicas, a veces indiscriminadamente, las categorías de las políticas.

Varios autores (Van Hear 2009; Scalettaris, 2007; Malkki 1995; Chimni 2008; Bakewell 2011; Koser y Martin 2011), entre otros, se han propuesto construir categorías y explicaciones sociológicas, antropológicas y politológicas, diferenciadas de las categorías jurídicas y de las políticas públicas propias de los sistemas de protección internacional y sus instituciones a cargo: refugiados y desplazados (ACNUR), migrantes laborales (OIT), o esa "heterodoxia" que pretende representar la OIM respecto a las migraciones internacionales.

Es difícil, en el contexto construido de la existencia de "crisis migratorias y de refugiados" desde el Sur hacia el Norte, considerar conceptual, política o éticamente válido, que de lo que se trata es de sostener las diferencias entre los flujos de migración mixta, para preservar el "canal de asilo", colaborando con la "gestión de las migraciones" y en la "prevención de la inmigración ilegal" cuando sea necesario, tal como sostienen ACNUR, y otros organismos internacionales, en estricto cumplimiento de las políticas del sistema interestatal. Pues hay muchos indicios de que, en la práctica, viene ocurriendo todo lo contrario: se están tomando medidas para prevenir "los movimientos de refugiados" como estrategia/o detrás de la estrategia para preservar el "canal de la irregularidad", y con él, garantizar las necesidades de la "industria de la migración" mediante el mecanismo de la "multiplicación de la mano de obra". (Cohen y Sirkeci, 2016)

Así, lo que hoy en día parece un poco ingenuo es entender que la reducción de la elegibilidad para los privilegiados de la etiqueta "refugiado" sea por culpa de los "falsos solicitantes" que lo convierte en un gran problema humanitario y de "crisis del sistema de protección internacional", que también lo es. Afirmamos que se trata de un problema político y de *políticas antirefugiados,* inscrito, además, en los cambios políticos (y culturales) de las llamadas *políticas antiinmigrantes.* Estos son los resultados políticos y humanitarios (o antihumanitarios) de la lógica binaria "voluntarios/forzados" que produce discriminación por parte del régimen de protección entre los "verdaderos" refugiados y el resto de migrantes, muchos de ellos construidos jurídica y políticamente como "ilegales".

El contexto de surgimiento de "crisis de migrantes y refugiados"

La tesis de Castles (2003) que sostiene que la Era Contemporánea está definida por la *globalización de la migración* (tanto forzada como voluntaria), y por la interacción con las *transformaciones sociales transnacionales,* proporciona el punto de entrada para explorar cómo ha surgido una proliferación de etiquetas de "refugiado", incrustadas en las frases "nexo migración/asilo" y "flujos migratorios mixtos", y cómo es que los migrantes forzados son ahora una categoría en una población mucho mayor de los migrantes que se desplazan por un conjunto de razones sociales, económicas y políticas.

Las migraciones internacionales, los conflictos y la migración forzada son una parte integral de la división Norte-Sur. Sin embargo, sus consecuencias son asumidas como una amenaza a la seguridad, el bienestar y la identidad para los países del Norte. Percepción que se consolida al final de la Guerra Fría cuando los refugiados ya no eran bienvenidos al Norte, entre otras razones, porque ya no denunciaban simbólicamente el mundo del "socialismo realmente existente" y porque se trataba de "nuevos solicitantes de asilo" declarados como *diferentes.*

Este *mito de la diferencia,* argumentado en los siguientes términos: a) la mayoría quieren ir al Norte, b) proceden de conflictos internos y no interestatales, por tanto los responsables principales son los países de origen, c) se trata de movimientos migratorios económicos encubiertos de refugiados políticos, d) en fin, llegan para abusar de la hospitalidad (Chimni 2008); fue invocado para justificar la institucionalización de un *Régimen de no-entrada* en el Norte, (el cual explica, a su vez, la caída del número de refugiados en el mundo después de 1995), algunos de cuyos elementos, como los requisitos de visado, habían iniciado desde antes. Y para justificar un *Régimen de Contención* en el Sur, algunos de cuyos elementos son: a) mantener a los solicitantes en las zonas de origen, b) la ayuda humanitaria, c) las misiones de paz, d) e incluso la intervención militar.

La mayoría de los países ha puesto en marcha una batería muy similar de instrumentos jurídicos, legislativos y de políticas para disuadir a los refugiados y a otros migrantes, para restringir severamente el acceso de las personas que llegarán a sus fronteras, y no han descansado para reducir los derechos y la asistencia ofrecida a los que se las arreglaron para lograr la entrada en todo el "mundo desarrollado" (Zetter 2007). Esto revela la ambigüedad de los esfuerzos de la "comunidad humanitaria internacional", y la falta de responsabilidad de los estados del Norte y los organismos intergubernamentales con las políticas de "Prevención de la Migración Forzada", al tiempo en que deja al descubierto que las políticas de "Cooperación al Desarrollo" son más retórica que realidad (ver: Sirkeci, I. and J.H. Cohen. 2016. Cultures of Migration and Conflict in Contemporary Human Mobility in Turkey, European Review, volume 24(3): 381-396).

En efecto, las prioridades de estas políticas de control han variado significativamente en diferentes momentos históricos. Desde 1995, cuando se empieza a reportar la caída en el número de refugiados y de solicitantes de asilo en los países del Norte Global, hasta finales de 2016 cuando estos países acogen, apenas, a 10,596.000, un 16% de un total de 65.6 millones, lo que indica, según cifras de ACNUR, que los restantes 55,104.000, equivalentes al 86% de desplazados internos y refugiados del mundo, son acogidos en los propios países del Sur Global.

Políticas globales, "crisis migratorias" e "industria de la migración"

En el panorama descrito en el punto anterior, se inscribe la explicación sobre cómo en respuesta a las diferentes categorías de personas "en movimiento", una nueva dinámica impulsa la decisión política y el discurso político contemporáneo sobre los refugiados y los migrantes en general, las agencias y los actores involucrados, y las modalidades de su intervención. Roger Zetter (2007: 181-182) describe muy bien cinco características de esta respuesta política frente a los solicitantes de asilo y otros migrantes:

En primer lugar, aprobando una gran variedad de instrumentos extraterritoriales para la interdicción, por ejemplo, el procesamiento en alta mar de las solicitudes de asilo, las devoluciones a terceros países, los acuerdos bilaterales de retorno, los oficiales de enlace en los aeropuertos.

En segundo lugar, multiplicando las políticas restriccionistas dentro de todos los principales países de asilo: con nuevas agencias gubernamentales que gestionan la creciente afluencia de refugiados con procedimientos burocráticos complejos que transforman la etiqueta de refugiados hacia mayores resultados discriminatorios.

En tercer lugar, los cambios en las políticas y prácticas nacionales se reflejan en los llamados superficiales hechos por algunos gobiernos en los últimos años para renegociar la Convención de Ginebra de 1951. Se argumenta que hay "refugiados genuinos", que fueron mal recogidos por la etiqueta de la Convención. Se culpa a las víctimas y se ve como inconmensurable controlar la elegibilidad para el estatuto de refugiado.

En cuarto lugar, en los países del "mundo desarrollado" se despliegan una variedad de etiquetas para la "protección temporal" o la llamada categoría "estatuto de refugiado b", que mantiene a la gran mayoría de los solicitantes de refugio en un estado transitorio, a menudo durante años, sin que haya ninguna base en el derecho internacional para este tipo de protección temporal.

La multiplicación de nuevas etiquetas de "protección temporal" para designar diferentes tipos de solicitantes de refugio y sus instrumentos asociados, tienen como objetivo habilitar a las burocracias para gestionar y, argumenta Zetter, para rechazar las solicitudes de refugio. Estas son formas deliberadas de transformación del proceso para crear muchas más categorías preferenciales de protección temporal. (Zetter,2007: 182). Mención especial merece la manera como las diferentes etiquetas de "refugiado" y "migrante económico" con frecuencia, y tal vez deliberadamente, han sido *fusionados* por los intereses de los Estados-nación; la etiqueta "migración irregular" capta de manera efectiva esta incertidumbre y confusión.

Los Estados, *fusionando intencionalmente* a los refugiados como migrantes, aplican una especie de "rechazo automático", un primer *punto de control*. En el presente, cualquier límite borroso entre migrantes forzados, y otros migrantes, hace más difícil y reduce la oportunidad para alcanzar el estatus de refugiado, o peor aún, se penaliza a los demandantes que tratan de evitar estos obstáculos. Aún más, otros *puntos de control* han sido estratégicamente ubicados antes de poder alcanzar el estatus de refugiado: solicitante, protección temporal, personas de interés, permanencia humanitaria, y un largo etc. Y más todavía. Otras etiquetas actúan como *embalses* para contener la entrada y el acceso al estatus: "clandestinos", "irregulares", "ilegales", "objeto de mafia de tráfico", "deportables". De esta manera, los solicitantes de asilo son empujados -metafórica y geográficamente- hacia atrás en el proceso; como "migrantes económicos", en el mejor de los casos; como "migrantes irregulares" o "ilegales", en el peor.

Mientras esta fusión intencional e indebida es cubierta con la etiqueta "migraciones irregulares", lo que habría que poner en primer plano, también, es que la metáfora de los *embalses* podría representar igualmente una *cuenca* para la "industria de la migración" (Castles 2003) transnacional. Los gobiernos del Norte utilizan tácitamente el asilo y la "migración irregular" como una manera de satisfacer las necesidades de mano de obra, sin admitir públicamente la necesidad de tales contingentes migratorios. O dicho en palabras de Mezzadra (2013), existe una fábrica social "normal" que sostiene en alto la importancia de la migración en el mundo contemporáneo: mediante el mecanismo de la "multiplicación de los diversos estatutos jurídicos" de los migrantes, se garantiza la "multiplicación de la mano de obra".

Y de manera vertiginosa esta política, con sus políticas públicas, vendrá a reflejarse en las manifestaciones de *"sociedades antiinmigrantes"*, algunas de las cuales, *abonadas* con políticas migratorias y fronterizas previas, no han hecho más que *florecer* activamente, por ejemplo, en aquella Europa, la de la "crisis de refugiados" del año 2015. Los *discursos políticos* que insisten en la amenaza a la seguridad nacional son amplificados en los *discursos sociales* para hacer hincapié en las supuestas amenazas a la cultura nacional y al Estado de Bienestar por parte de los migrantes. No en pocas ocasiones unos discursos son el reflejo de los otros, y se refuerzan entre sí.

La producción jurídica y política de *transmigrantes indeseables*

La producción de irregularidad migratoria es un campo de análisis crítico que estudia el papel de la ley, las políticas migratorias, la economía o las representaciones sociales. Este tipo de estudios han renacido con fuerza desde los inicios de la década de 2000, aunque cuentan con antecedentes importantes en los trabajos pioneros de Burawoy (1976) y Bach (1978). El primero, defendió que el "trabajo migrante" es creado y recreado por el Estado, ya que está en sus manos establecer si el migrante será tratado bajo las mismas condiciones que el trabajador nativo o no (Burawoy 1976: 1076, citado en González-Cámara 2011)). El segundo, insistió en que la "migración irregular" fue creada por las intervenciones políticas y legales del Estado norteamericano en la frontera con México (Bach 1978: 548, citado en González-Cámara 2011). Como parte de estos antecedentes, en el contexto español, se destacan los trabajos de Jabardo (1995:. 87) sobre la creación de la categoría del "migrante ilegal" en la primera Ley de Extranjería española; de Izquierdo (1996b, 1996a, citado en González-Cámara 2011) que desarrolló la idea de la "producción institucional de indocumentados".

En la década de 2000 se destacan, entre las más importantes, las investigaciones de Coutin (2000) sobre cómo la Ley de Inmigración relega a los migrantes salvadoreños en Estados Unidos a una inexistencia legal que es producida a través de la exclusión, la limitación de derechos, la restricción en el acceso a servicios y el desmantelamiento de la personalidad legal a través de las leyes que criminalizan la presencia de "migrantes irregulares" (Coutin 2000: 28, 55, citado en González-Cámara 2011). Y también las investigaciones de De Génova (2002), que proponen visibilizar el papel de la ley en la producción de irregularidad migratoria y poner en tela de juicio el tratamiento de la irregularidad como una realidad "transhistórica" en la génesis y representación de la "ilegalidad" de la migración mexicana a Estados Unidos (De Genova 2002: 431, citado en González-Cámara 2011).

A pesar de la importancia del proceso de producción legal de irregularidad, la aprobación de legislaciones que definen las formas sancionadas de entrada y residencia por parte de los Estados no es suficiente para hacer efectiva la categorización de ciertos migrantes como irregulares ni para establecer la condición de la irregularidad. Ésta es una parte fundamental de su proceso de producción, pero ha de venir acompañada de la implementación de políticas que apliquen y hagan efectiva la ley: es lo que llamaríamos *la dimensión política de la producción de irregularidad migratoria*.

A propósito de "migrantes irregulares" e *irregularización migratoria*

En función de la política que las instituciones de un Estado decidan aplicar se puede, o bien *ignorar la presencia de migrantes sin autorización*, no actuar y, por tanto, no aportar ningún rasgo específico a la irregularidad frente a la regularidad migratoria; o bien, *se pueden aligerar los trámites de adquisición de permiso de residencia y trabajo* y reducir la irregularidad a una situación que se resuelve con un simple trámite administrativo, lo que supone adelgazar significativamente el contenido de la irregularidad. O bien, *se pueden implementar políticas que efectivamente doten de significado específico al estatus del migrante no autorizado*, definiéndolo como una categoría diferente frente a otros tipos de estatus legales para los migrantes y limitando el acceso a derechos. Sólo en este último caso se puede afirmar que se genera un estatus y unas relaciones específicas entre el migrante irregular y la sociedad, de manera que sólo así cabría hablar de irregularidad migratoria. Es en este sentido que se puede afirmar que la irregularidad es producida políticamente, y no sólo legalmente (Abraham y Van Schendel 2005: 19; Clandestino Research Project 2009a: 3; Düvell, 2010: 302, citados en González-Cámara 2011).

Las políticas específicas que acompañan a las legislaciones en materia de inmigración dan lugar, además, a que la categoría de *irregular* se aplique sobre migrantes procedentes de unos determinados Estados (con determinadas características étnicas, educativas y socioeconómicas) y no de otros, lo que delimita de forma más específica *el contenido de la irregularidad*. Así, se puede considerar que la irregularidad no sólo está definida a través de la Ley de Inmigración, sino también a partir de medidas políticas y de políticas. Existe, además, nos dice González Cámara (2011: 77) una segunda dimensión a través de la cual la política contribuye a la producción de irregularidad: mediante los discursos políticos sobre la migración se concreta que la presencia de migración no autorizada es indeseada y que supone una amenaza a la seguridad, al bienestar y a la identidad nacional. Como consecuencia, se identifica específicamente como una presencia "ilegal". La construcción de la imagen del migrante como un *irregular* o *ilegal* se basa en su representación como un infractor de las normas establecidas para la convivencia en el Estado receptor (Cohen an Sirkeci, 2011).

El migrante irregular ha violado la Ley de Inmigración, ha cruzado la frontera de forma ilícita y además altera el orden público. Pero por encima de todas estas violaciones de la ley, la *irregularidad del migrante* se construye a partir de la transgresión que ha perpetrado de la soberanía del Estado. En este sentido son ilustrativas las palabras de Nevins:

"El supuesto problema de la "inmigración ilegal" resuena tan profundamente en el público en general no debido simplemente al bagaje ideológico en términos de raza, etnicidad, clase e identidad nacional que el término transmite sobre los extranjeros (aunque indudablemente es altamente significativo), sino también debido al poder del Estado en modelar la mentalidad colectiva sobre su ciudadanía para distinguir entre ´bien´ y `mal` y para valorar la naturaleza *cuasi sagrada* de sus fronteras nacionales. La supuesta ilegalidad del inmigrante no autorizado no está basada (al menos abiertamente) en características sociales, económicas, políticas o raciales/étnicas del inmigrante; más bien está basada en las infracciones que el inmigrante ha cometido entrando en el territorio sin autorización o excediendo los límites establecidos por su visado. A este respecto, el ´ilegal´ es culpable de una transgresión geográfica (a la soberanía) por el supuesto crimen de estar en un espacio particular sin autorización del Estado" (Nevins 2002: 121, citado en González-Cámara 2011).

Una variante radicalizada del discurso antiinmigrante ha ahondado a lo largo de la primera década del siglo XXI en la imagen del migrante irregular como enemigo a través de declaraciones que sostienen que los migrantes son terroristas potenciales. Esta yuxtaposición de la figura del migrante con la del terrorista contribuye a la producción del migrante irregular como *"extranjero enemigo"*, como *"sospechoso de terrorismo"*, como *"amenaza invasora"* y, además, es empleada, a juicio de De Genova, para violar el derecho a un debido proceso, para reducir los derechos y para hacer más precaria y vulnerable la situación de este trabajador. (De Genova 2006: 2). (González Cámara, 2011: 79)

Otra variante de los discursos políticos que también interviene en la construcción de la irregularidad migratoria se expresa ampliamente en el ámbito regional e internacional. Desde estas instancias la gestión de la migración irregular se ha planteado nuevamente a partir de cuestiones relacionadas con la criminalidad como el tráfico de personas o la trata de seres humanos (Clandestino Research Project 2009a: 2; Godenau 2003: 202; OIM 2010, citado en González-Cámara 2011).

En sentido complementario, es importante llamar la atención sobre el hecho de que la insistencia del discurso político sobre la migración irregular también se ha convertido en un discurso culturalista de "autodefinición de la identidad." Proporcionarse una identidad no sólo significa establecer los rasgos que lo caracterizan a uno, sino que es un proceso que también requiere marcar las diferencias que lo separan de los demás. Se puede sostener, según González Cámara (2011) que la construcción del migrante irregular como una presencia no deseada está relacionada con las políticas de ciudadanía y nacionalidad y con la tarea constante a la que se enfrenta una institución política de redefinir su alcance y sus límites.

Por otra parte, es necesario atender a los discursos que refuerzan la construcción de la imagen del migrante como irregular y a las percepciones sociales acerca de su presencia que se pueden rastrear en discursos informales y populares. Una primera puntualización importante es la relación estrecha que existe entre los discursos políticos sobre la irregularidad y la representación y los discursos sociales sobre la misma, pues no en pocas ocasiones los unos son un reflejo de los otros y se refuerzan entre sí. Los discursos políticos que insisten en la amenaza a la seguridad nacional que trae consigo la migración irregular, son amplificados en los discursos sociales para hacer hincapié en las supuestas amenazas a la cultura nacional y al Estado de bienestar.

La opinión pública y los partidos populistas y de corte xenófobo han identificado al migrante irregular como la causa del desempleo y como un foco de competencia desleal en relación con el trabajador nacional porque está dispuesto a trabajar por salarios más bajos. Esta visión está aderezada por su representación como una presencia que sobreexplota los servicios sociales del Estado de bienestar, como la salud, o que acapara aquellas prestaciones (asistencia social) que son escasas y que han de distribuirse entre la población con menos recursos. Por otro lado, en determinados contextos, el debate acerca de la proporción de servicios que reciben por parte del Estado en relación con los impuestos que pagan es recurrente.

Otro foco de representaciones negativas del migrante irregular en la sociedad de acogida descansa sobre la supuesta amenaza que conlleva su presencia para el mantenimiento de la cultura y la identidad nacional. Las costumbres de los migrantes irregulares, la religión, la lengua, las relaciones familiares, cultura, etc. son percibidos como una colonización de la sociedad receptora que hace peligrar sus valores y los rasgos que son definidos como comunes y representativos de sus miembros (Huntington 2004). Este discurso obtiene legitimidad de forma indirecta mediante la categorización de la presencia del migrante no autorizado desde el ámbito legal y político como irregular, pues refuerza la tesis de que su presencia no es bienvenida.(González Cámara 2011: 85).

En definitiva, a través de estas representaciones sociales del migrante irregular como amenaza se obtiene la trasposición de la diferencia que el Estado establece entre los nacionales y los extranjeros en la ley, al ámbito social, y su reproducción en las relaciones que día a día mantienen los ciudadanos con aquellos que son categorizados formal e informalmente como migrantes irregulares. La desigualdad y la asimetría que los Estados conforman a través de la ley se convierten, así, en un criterio normativo que se aplica en los círculos sociales y que se reproduce y convierte en permanente.

Transformaciones politizadas -e indeseabilidad- de la etiqueta refugiados

Las burocracias necesitan etiquetas para identificar las categorías de clientes con el fin de implementar y administrar las políticas diseñadas para ellos. Pero el concepto de etiquetado proporciona una poderosa herramienta para *explorar la política* en lo que parecía ser *una arena apolítica de las prácticas burocráticas*. El concepto revela cómo las etiquetas burocráticas se reproducen tanto en el discurso político imperante como en el vocabulario popular, y son instrumentales en politizar aún más la etiqueta (Zetter 2007). Las etiquetas peyorativas son una característica particular de la nueva era de la globalización: "solicitantes de asilo espontáneos" (con implicaciones de irresponsabilidad y supuestamente diferente de un solicitante de asilo previsto), los "solicitantes de asilo ilegales", "falsos solicitantes de asilo", "refugiado económico buscador de asilo", "inmigrante ilegal", "objeto de trata de migrantes", "solicitante de asilo fallido", "solicitante de asilo indocumentado", "inmigrante indocumentado". El vocabulario es variado en su ámbito de aplicación, pero singular en su intención de rechazar a los no bienvenidos. Estas etiquetas degradadas indican el poder cada vez más pernicioso del etiquetamiento y proporcionan una visión de las transformaciones politizadas de la etiqueta "refugiado".

Cualquier persona, todavía, tiene derecho a solicitar el estatuto de refugiado, nos dice Zetter (2007) pero la etiqueta de "refugiado" está controlada (y fragmentada) por la mezcla draconiana de medidas disuasorias, políticas y regulaciones. Las nuevas y, a menudo, peyorativas etiquetas, se crean y se incluyen en el discurso político, la política y la práctica. El anterior disfrute de derechos se reduce y, sobre todo, el restriccionismo criminaliza cada vez más a los que reclaman la condición de refugiado y que buscan desesperadamente el asilo. El resultado es un nuevo conjunto de etiquetas que muestran que la etiqueta de protección del "refugiado" ya no es un derecho básico de la Convención, sino un premio altamente privilegiado que pocos merecen y algunos afirman *de facto*. El resultado, no tan paradójico, es subvertir aún más la etiqueta de refugiados en apoyo de los imperativos políticos, y como etiquetas burocráticas que se reproducen en y ellas mismas reproducen el discurso político.

Esto ha permitido a los gobiernos nacionales responder con las posturas *antiinmigrantes* que ahora impregnan gran parte del "mundo desarrollado", al tiempo en que dan la ilusión de que las políticas están siendo gestionadas e implementadas de manera sistemática para hacer frente a la inmigración. Las preocupaciones políticas y las inquietudes públicas se han institucionalizado en una serie de nuevas, complicadas y excluyentes subetiquetas de "refugiado", que ocultan y legitiman los objetivos políticos de la regulación y el control, haciendo de las reclamaciones un simple proceso burocrático. De esta manera, los procedimientos de inmigración se convierten en el vehículo para la mediación de los intereses de los Estados (Zetter 2007: 185).

Al mismo tiempo, el proceso de transformación de la etiqueta "refugiado" ha proporcionado el impulso para que los Estados puedan cooptar a ACNUR en su agenda política más amplia, y reproducir las preocupaciones sociales como una política y práctica normalizada. La responsabilidad de los transportistas, las multas para los empresarios que utilicen los solicitantes de asilo y otros "inmigrantes ilegales", las sanciones para traficantes son todos ejemplos de la variedad de disposiciones legales que amplían el alcance del Estado también hasta la ciudadanía en su conjunto. La incorporación de la comunidad en general como agentes de las políticas nacionales de inmigración, con penalizaciones por la falta de cumplimiento, legitima aún más la agencia estatal en el control de la inmigración. "Todos terminamos siendo parte del proceso político de etiquetado" (Zetter, 2007: 185).

En su esencia, el discurso sobre la etiqueta de "refugiados" trasciende el mundo de las prácticas institucionales y los procesos legales, y llega hasta la sociedad. Se transmiten ansiedades sobre *"el miedo a los otros"* y sobre las relaciones sociales entre los recién llegados y las comunidades. Esto refleja una creciente preocupación culturalista, porque se percibe, al parecer, que las "identidades nacionales seguras" del pasado disminuyen en una era global. La cuestión de los asentamientos de migrantes y su incorporación está problematizada, en términos políticos, por la percepción de que las nuevas tendencias en la migración, de algún modo, desafían las nociones de una "identidad nacional" cohesionada... [y] pone en peligro las normas y valores comunes por los cuales un Estado-nación...se identifica (Zetter et al 2006: 5, citado en Zetter 2007: 185).

Una serie de factores acentúan la ansiedad acerca del "otro": un discurso político estridente; la ambigua disposición hostil de los medios de comunicación para con los refugiados y solicitantes de asilo; el ascenso de la extrema derecha nacionalista en los partidos políticos de Europa y Estados Unidos; o las políticas que detienen a los solicitantes de asilo o los dispersan por la fuerza entre las comunidades ya marcadas por una severa turbulencia social, privaciones y desigualdades estructurales. El telón de fondo de la llamada mundial contra el terrorismo del 11/9, y la "securización de la migración", aumentan la ansiedad sobre el "otro". La soberanía y el Estado-nación parecen estar amenazados, tanto literal como metafóricamente, ya que, por ejemplo, las fronteras del Sur, y en menor medida del Este de Europa, son permeables y violadas constantemente por los refugiados y los migrantes (¿son migrantes o refugiados?) que entran "ilegalmente" (Zetter 2007: 185.)

El discurso político ha sido convenientemente servido por la confusión conceptual, de manera que la etiqueta de los refugiados privilegiados, y el mayor número de sub-etiquetas, se han convertido en una forma rápida para todo tipo de migrantes y el vehículo para la reacción de nuevas reglamentaciones. Al igual que la criminalización de los refugiados que entran "ilegalmente" en un país de asilo, otras subetiquetas también transforman una identidad en algo que se ajusta a la imagen populista y politizada de la etiqueta, dependiendo, sobre todo, del hecho de ser un extranjero, porque no tienen derecho a pertenecer. Sólo por conformidad a esta etiqueta transformada, y a una que reproduce una versión politizada de una categoría institucional, puede ejercer un refugiado su reclamo fundamental (Zetter 2007: 186.)

Politización de la etiqueta desplazados internos: la protección como estrategia de contención de potenciales flujos de refugiados

Puede afirmarse que el desplazamiento interno como restricción de la libertad de movimiento internacional de las víctimas, o lo que sería lo mismo, el control del cruce de las fronteras internacionales se constituye en un factor importante en la comprensión de la politización de la etiqueta desplazados internos. En efecto, desde la década de los noventa, los flujos internacionales de potenciales refugiados han sido transformados en flujos de desplazados internos mediante la restricción de las oportunidades para cruzar fronteras nacionales y la contención de los migrantes en sus países de origen. Desde una perspectiva internacional de las migraciones, la institución del asilo está destinada a garantizar que, bajo ciertas condiciones, una persona que huye de la persecución pueda ejercer un derecho a salir de su país de origen (art. 12, Pacto de Derechos Civiles y Políticos), solicitar refugio en otro país (Convención sobre los Refugiados) y eventualmente obtener el estatus de refugiado en dicho Estado, lo que le permite no ser devuelto a su país de origen y permanecer temporalmente en su territorio o eventualmente ser enviado a un tercer país que le ofrezca condiciones de seguridad (art. 33, Convención sobre Refugiados de 1951). En conjunto, el sistema internacional de protección de refugiados garantiza el ejercicio de la libertad de recurrir a la migración fuera del país de origen como herramienta para defender la vida o la integridad.

Por el contrario, el sistema de protección a los desplazados internos busca atender a las personas que, huyendo de la persecución, deciden moverse para proteger su vida e integridad personal, pero no han cruzado una frontera internacional. Visto en conjunto, el sistema de desplazamiento interno procura proteger la libertad de movimiento de la persona, es decir, la capacidad que tiene para usar la migración como herramienta de protección de la propia vida, pero de manera restringida porque el desplazado interno no debe salir de su país. La restricción a la libertad de movimiento dentro del Derecho Internacional sobre los desplazamientos internos se logró mediante la creación doctrinal de un nuevo derecho, el "derecho a permanecer" o, el "derecho a no ser desplazado". De esa forma se consiguió que mientras los estándares jurídicos de protección a los refugiados tienden a garantizar *el movimiento transfronterizo*, los estándares jurídicos de protección a los desplazados tienden a garantizar *la permanencia dentro de las fronteras* del propio Estado.

Este giro dogmático constituye la piedra angular del Derecho Internacional de los Desplazados en cuanto permite concretar las decisiones políticas de la comunidad internacional que lo sustentan, es decir, la contención de flujos de refugiados. En otras palabras, la defensa de un derecho a permanecer para los desplazados internos es la expresión, en lenguaje humanitario, de la pretensión política de que *no crucen las fronteras internacionales* haciendo uso de los mecanismos jurídicos del derecho de los refugiados. La libertad restringida que se administra mediante el sistema de protección a los desplazados constituye la justificación jurídica de la protección, distinta a la libertad de movimiento, en que se fundamenta el Derecho de los refugiados. El Derecho de los desplazados no se basa inicialmente en la libertad para moverse –aunque no la excluye, pero la pone en un segundo lugar– sino en *el derecho a no ser desplazado*, es decir en *un derecho a permanecer en el lugar de origen*.

La institución del desplazamiento interno busca garantizar que los Estados de origen protejan a sus ciudadanos de las causas que producen la huida –componente de prevención–, que los protejan y atiendan una vez están desplazados –componente de atención– y que les garanticen su retorno y secundariamente su reubicación –componente de estabilización–. En este sentido, el Derecho de los desplazados procura que el Estado donde ocurre el desplazamiento tome todas las medidas que sean posibles para que las personas no se muevan fuera de sus fronteras. En otros términos, mientras el Derecho de los Refugiados constituyen obligaciones humanitarias en cabeza de los Estados de recepción de los refugiados, el Derecho Internacional de los desplazamientos internos constituye obligaciones de contención –prevención, atención, retorno– de las migraciones forzadas en cabeza de los Estados de origen de los migrantes. Esta transferencia ha supuesto la elaboración de una obligación para los Estados de no permitir la ocurrencia de migraciones forzadas hacia fuera de sus fronteras y un derecho correlativo de la comunidad internacional para intervenir directamente en tales estados mediante la calificación de las crisis de migraciones forzadas externas como amenazas a la paz internacional.

Palabras más, palabras menos, la alternativa del desplazamiento interno es una causal de exclusión del refugio. Cabe insistir, entonces, en que el anunciado humanitarismo del Derecho Internacional de los desplazados internos se soluciona en la más fría de las restricciones a la libertad de movimiento de las personas, preservando el interés de los estados en contener migraciones *indeseables*. Esas medidas pueden calificarse abiertamente como no-humanitarias, y todas en conjunto, se constituyen como mecanismos internacionales que se desarrollan contemporáneamente para garantizar que los estados no produzcan migraciones externas excesivas, y para contenerlas cuando se han producido desplazados internos, lo cual significa que las personas no pueden ser o aspirar a ser refugiadas. Con ello, dentro del Derecho Internacional para los desplazados internos se ha logrado, de manera efectiva, prescribir la contención de refugiados. El objetivo de restricción de migraciones no deseadas por la comunidad internacional, de esta manera, se ha venido cumpliendo.

Esa implicación doble, nacional y global, del desplazamiento interno generó un interés de los Estados por prevenir su ocurrencia; establecer obligaciones de contención por parte de los Estados donde tiene lugar; y movilizar los recursos internacionales para impedir que se conviertan en flujos migratorios internacionales 'desordenados'. (Vidal, 2005, P 68)

Conclusiones

El nexo migración-desplazamiento-asilo, parece un buen argumento para admitir como insostenible la diferencia entre refugiados, desplazados y otros migrantes forzados, respecto a las migraciones en general. También para avanzar en la búsqueda de alternativas de solución diferentes a las ya clásicas establecidas en la Convención de Refugiados de 1951 sobre retorno (repatriación), reasentamiento o integración local. Búsqueda que, sin desconocer algunas particularidades de los migrantes forzados y la necesidad de su protección especial, han desnaturalizado e historizado –por tanto, politizado- la lógica binaria "voluntario/forzado" y evitado reforzar en el ámbito académico la construcción jurídica y política de la "irregularidad migratoria", tomando precaución de participar en la estigmatización y criminalización de las migraciones internacionales.

En los países del llamado Norte Global, la cuestión de la migración irregular ocupa un lugar destacado en las agendas políticas (Dauvergne 2008: 148; López Sala 2003: 163), hecho que explica que el discurso acerca de su presencia esté altamente politizado (Clandestino Research Project 2009a: 2). La migración irregular fue sometida a un proceso de estigmatización en la década de los ochenta cuando su presencia fue asociada a problemas sociales como el desempleo. Posteriormente, la vinculación con la inseguridad ciudadana ha traído consigo su criminalización y la construcción de una imagen del migrante irregular que dista mucho de tener connotaciones positivas, aspectos que se han acentuado a partir de los atentados del 11 de septiembre de 2001 (De Genova 2006; López Sala 2003: 164; Godenau 2003: 202).

Más allá del interés por las cifras de flujos y contingentes de migrantes irregulares, el discurso político se ha centrado en las amenazas que supone para la sociedad de acogida su presencia desde un enfoque centrado en la soberanía nacional y se ha recurrido a la imagen de la *invasión* y a la recreación de un clima de alarma y emergencia. Como bien se sabe, la insistencia en la magnitud de los flujos evoca el imaginario de la invasión procedente del Sur, que por otra parte suele quedar desmentido por los datos sobre las formas de acceso y residencia irregulares más frecuentes, al menos en el caso de Europa.

La etiqueta de los refugiados se forma, transforma y se ha "normalizado" en el discurso político por las prácticas burocráticas que parecen necesarias, adecuadas e incluso benignas. Sin embargo, la familiaridad de las etiquetas institucionalizadas oculta el papel altamente politizado de estos procesos en la estructuración y la mediación de las relaciones sociales. La proliferación de nuevas etiquetas como una respuesta política de la mayoría de los estados de occidente a un problema desordenado, insoluble y confuso, no hace sino resaltar que la etiqueta de "refugiados", y sus múltiples subcategorías, reflejan un *discurso político sobre las migraciones* que ha deconstruido y reinventado interpretaciones y significados con el fin de legitimar intereses y estrategias de los Estados para regular la migración. *Las etiquetas (humanitarias) revelan la política en lo apolítico* (Zetter 2007:, 188.)

Un planteamiento sobre la politización de la etiqueta desplazados internos, debe remitirse en sus orígenes a la *estrategia preventiva* de flujos externos de migrantes forzados y que tiene como objetivo la contención de las migraciones dentro de los estados de origen. En efecto, tal y como se ha registrado en los memorandos del ACNUR sobre los criterios para la intervención en circunstancias de desplazamiento, el parámetro de fondo esgrimido frente a la comunidad de Estados es la utilidad que las actividades de protección reportan como estrategia de prevención de los potenciales flujos de refugiados. En esta perspectiva, los desplazados internos son una variable dependiente de la dinámica de los refugiados que interesaba a la comunidad internacional en cuanto podía producir algún efecto sobre las migraciones forzadas internacionales, y así, los desplazados internos interesaron como un factor significativo para la administración de los costos externos de las migraciones forzadas internacionales (Vidal 2005: 65).

El conjunto de esta exploración por los complejos mecanismos del derecho y la política global tiene como fin explicar los modos en que se abandona las distinciones entre los ámbitos nacionales e internacionales, constituyendo un *continuum* en el que viajan decisiones políticas de regulación y control que integran sumatorias de los intereses de los países donde se produce el desplazamiento interno con los intereses de los países que perciben en el desplazamiento una potencial amenaza de "migraciones masivas desordenadas". Esa sumatoria de intereses políticos se cohesiona bajo la sombrilla del lenguaje moral del Derecho Internacional que utiliza de manera efectiva el humanitarismo (Vidal 2005: 70).

Bibliografía

Agencia de la ONU para los Refugiados (Acnur). (2001). Global Consultations on International Protection. Third Track. The Asylum-Migration Nexus: Refugee Protection and Migration Perspectives From ILO. Recuperado de http://www.refworld.org/docid/3f33797e6.html

Bakewell, Oliver. (2011). Conceptualising displacement and migration: processes, conditions, and categories. In: *The Migration-displacement Nexus. Patterns, processes and policies* (pp 14-26). Studies in Forced Migration, Volume 32. United States: Berghahn Books.

Castles, Stephen. (2003). Towards a Sociology of Forced Migration and Social Transformation. *Sociology*, Vol. 77, no. 1, pp. 13-34.

Chimni, B. S. (2009). The Birth of a 'Discipline': From Refugee to Forced Migration Studies. *Journal of Refugee Studies* Vol. 22, No. 1. Oxford University Press, pp. 11-29.

Chimni, B.S. (1998). The Geopolitics of Refugee Studies: A View from the South. *Journal of Refugee Studies* Vol. 11. No. 4, pp. 350-374

Cohen, JH and I. Sirkeci. (2016). Migration and Insecurity: Rethinking Mobility in the Neoliberal Age. *In Anthropology after the Crisis.* James Carrier, editor. pp. 96-113. London: Routledge Publishing.

Cohen, JH and I. Sirkeci. (2011). The Cultures of Migration: The Global Nature of Contemporary Mobility. Austin: University of Texas Press.

De Génova, Nicholas, Sandro Mezzadra and John Pickles. (2014). New keywords: migration and borders. *Cultural Studies*, Routledge, pp 1-33.

Faist, Thomas. (1999). Developing Transnational Social Spaces: The Turkish-German Example. In: Ludger Pries *Migration and Transnational Social Spaces*, Ashgate.

González-Cámara, Nohelia. (2011). "Migrantes, procesos de irregularización y lógicas de acumulación y exclusión. Un estudio desde la filosofía política". Tesis de doctorado, Universitat Pompeu Fabra, España.

Koser, Khalid y Susan Martin. (2011). Introduction. En: The Migration-Displacement Nexus. Patterns, Processes and Policies. Studies in Forced Migration. Vol. 32 (pp. 2-13). New York y Oxford: Berghahn.

Malkki, Liisa. (1995). Refugees and Exile: from Refugee Studies to the National Order of Things. *Annual Review Anthropology*, 24, pp. 495-523.

Malkki, Liisa. (1992). National Geographic: The Rooting of Peoples and the Territorialization of National Identity among Scholars and Refugees. *Cultural Anthropology*, Vol. 7, No. 1,

Space, Identity, and the Politics of Difference, pp. 24-44.

Scalettaris, Giulia. (2007). Refugee Studies and the International Refugee Regime: A Reflection on a Desirable Separation. *Refugee Survey Quarterly*, 26 (3), pp. 36-47.

Van Hear, Nicholas and Rebecca Brubaker and Thais Bessa. (2009). *Managing mobility for human development: the growing salience of mixed migration*. Centre on Migration, Policy and Society (COMPAS) at the University of Oxford, pp 1-35.

Vertovec, Steven. (1999). Transnacionalismo migrante y modos de transformación. En: Portes, Alejandro y De Wind, Josh (coords.) *Repensando las migraciones Nuevas perspectivas teóricas y empíricas (157-182)* México: Porrúa/UAZ/Secretaría de Gobernación Instituto Nacional de Migración.

Vidal, Roberto. (2005). *Derecho global y desplazamiento interno. La creación, uso y desaparición del desplazamiento forzado por la violencia en Colombia*. Bogotá: Pontificia Universidad Javeriana.

Wimmer, Andreas and Glick Schiller, Nina. (2002). Methodological nationalism and beyond: nation-state building, migration and the social sciences. *Global Networks* 2, 4, pp. 301-334.

Zetter, Roger. (2007). More Labels, Fewer Refugees: Remaking the Refugee Label in an Era of Globalization. *Journal of Refugee Studies* Vol. 20, No. 2, Oxford University Press, pp 172-192.

CAPÍTULO 4

POLÍTICAS DE CONTROL DE LA MOVILIDAD: LOS ESTADOS ANTE EL TRANSNACIONALISMO

Joan Lacomba Vázquez and María Isolda Perelló Carrascosa

Introducción

En un mundo con una creciente movilidad poblacional, ya sea de carácter voluntario o forzado, los Estados tienden a reforzar el control sobre las personas y los territorios. La movilidad humana, asociada de una parte a la profundización del proceso de globalización (aquellos que fundamental-mente se desplazan en busca de un modelo de vida basado en el consumo material y cultural, asociado al éxito económico y social) y, de otra, a la inestabilidad política, los conflictos armados, la inseguridad, los desastres naturales o el cambio climático (los desplazamientos de personas en contra de su voluntad para proteger sus vidas), se ha convertido en objeto central del debate político. De esta suerte, los gobiernos y la opinión pública de muchos países, han incorporado las migraciones o el refugio como parte de los temas de discusión cotidiana, siendo estos señalados como una de sus principales preocupaciones.

El objetivo principal de este texto, es mostrar cómo, en paralelo con el incremento de la movilidad humana en el mundo, los Estados han venido desplegando de modo creciente políticas dirigidas a controlar, cuando no a dificultar o impedir, los desplazamientos de quienes tratan de buscar mejores oportunidades en otros lugares, coincidiendo con una creciente transnacionalización de los flujos migratorios.

Como argumentaremos a lo largo del artículo, los intentos por gobernar la movilidad chocan en ocasiones con la complejidad que tiende a adquirir ésta. Si en décadas pasadas las personas solían dejar un lugar para instalarse en otro, iniciando una nueva vida al margen de la que habían desarrollado anteriormente, en tiempos más recientes hemos podido ver cómo se ha extendido la opción de hacer de la movilidad una estrategia vital, aprovechando las posibilidades y los recursos que pueden maximizarse en uno y otro lado, sin necesidad de fijarse a un único espacio, sociedad, mercado o cultura[1]. Con sus envíos de dinero, productos e ideas en múltiples direcciones, empleando las nuevas tecnologías de la comunicación para ampliar su escala, o con el establecimiento de nuevos vínculos entre unos puntos y otros, los migrantes actúan como una fuerza reconfiguradora de las sociedades de origen y destino. En este contexto, la tensión entre la acción inmovilizadora de los Estados y la inercia transnacionalizadora inducida por el desplazamiento de las personas, y por el mismo proceso de globalización, constituye un significativo desafío político.

Efectivamente, para los Estados de recepción y de emisión, se plantean retos importantes. Por un lado, los Estados de destino tienen el reto de tratar de controlar a quienes intentan entrar en su territorio o ya se encuentran en el mismo; mientras que por otro lado, para los Estados de origen, el reto pasa fundamentalmente por extender su control sobre quienes salieron de ellos. Al mismo tiempo, tanto Estados de destino como de origen han mostrado un interés en aumento sobre el papel de las diásporas en el desarrollo nacional (Faist, 2008; Sinatti y Horst, 2015), lo que habría potenciado a nivel internacional el debate sobre los vínculos entre migraciones y desarrollo (Sørensen, 2012), con visiones e intereses a menudo contradictorios entre unos y otros países, así como entre unos y otros actores (organismos internacionales, Estados, migrantes, organizaciones de la sociedad civil o empresas).

Globalización, Estados y transnacionalismo

La globalización, es decir, la creación de una economía de mercado a escala planetaria y la extensión de un modelo de consumo que promueve la uniformización cultural y política, constituye la más potente fuerza remodeladora del mundo actual (Sassen, 2003). Pero, la potencia adquirida por el proceso globalizador, no puede terminar de entenderse sin tener en cuenta el papel que juega en el mismo la movilidad de las personas, tanto como producto de la propia globalización, como en su rol de difusora y aceleradora de ésta.

En el contexto de la intensificación de la globalización, los espacios de los Estados se han venido quedando pequeños para las actividades y los proyectos de muchas personas que ven el mundo como un territorio en el que moverse para alcanzar sus objetivos de mejora del bienestar personal o familiar. Para ellas, la migración no es más que una extensión de sus vidas por encima de los límites territoriales establecidos por los Estados, de modo que puedan aprovechar las oportunidades que perciben al alcance. Sin

---

[1] Por ejemplo, los migrantes senegaleses dedicados al pequeño comercio, o los migrantes ecuatorianos otavaleños, pueden pasar el verano en España para trabajar en la venta ambulante en los lugares turísticos de la costa, marchar en otoño a Francia para participar en las campañas agrícolas y regresar en el invierno a Senegal o Ecuador para hacerse cargo de sus familias y sus inversiones en origen.

embargo, los Estados siguen viendo la migración como una anomalía, cuando no como una amenaza –sobre todo los Estados de recepción–, o un elemento que produce incertidumbre –en especial los Estados de origen–.

La migración supone un desafío a la soberanía de los Estados nación, que ven cuestionada la base territorial sobre la que ejercen el control de la población (Pries y Sezgin, 2012). Con una globalización que debilita el papel económico y político de los Estados (con la consecuente pérdida de capacidad de decisión y gestión de los asuntos públicos en favor de las grandes empresas transnacionales o de organismos supraestatales), estos tratan de reafirmar su soberanía, reforzando sus fronteras y su defensa (Brown, 2015). De manera que los costes y la eficiencia limitada, son entonces irrelevantes frente el deseo de dotarse de dispositivos de protección ante la percepción de una amenaza, al mismo tiempo que se estimula el miedo mediante la fortificación y multiplicación de los controles migratorios.

Los Estados de recepción ven en la migración real o potencial un riesgo a su seguridad, y temen, como diría Sassen (2001), "perder el control" sobre su decreciente espacio de autonomía. Por su parte, los Estados de origen ven con inquietud el peso demográfico, económico o político adquirido por sus poblaciones en el exterior, tendiendo a establecer vínculos que garanticen cierto control sobre las mismas y asegurando su condición de súbditos nacionales. El resultado de la relación entre globalización y migración resulta finalmente paradójico, en tanto que, como señala Sassen, "la globalización económica desnacionaliza la economía nacional, mientras que la inmigración renacionaliza la política" (2001, p. 73). Por todo ello, "la inmigración puede considerarse un ámbito de investigación estratégico para examinar la relación –la distancia, la tensión– entre la idea de soberanía como control sobre quienes entran y las limitaciones que los Estados encuentran para desarrollar y aplicar una política sobre la cuestión. La inmigración es, pues, una especie de *llave* con la que acogotar las teorías sobre la soberanía" (Sassen, 2001, p. 75).

A su vez, los Estados que afrontan los flujos migratorios –bien sean estos de entrada o de salida– suelen hacerlo al margen de la creciente dimensión transnacional de los mismos, a pesar de que las ciencias sociales críticas con el nacionalismo metodológico, han insistido en destacar esta realidad que cuestiona el hecho de que los migrantes se vinculen en exclusiva a un único lugar o a un único Estado garantizando una lealtad exclusiva. Sin llegar a constituir una completa novedad, como señalan autores como Portes, Guarnizo y Landolt (1999), el transnacionalismo sí ha adquirido una nueva dimensión en su interacción con el proceso de globalización. Para dichos autores la globalización económica empuja precisamente a la transnacionalización de la migración y la extensión del capitalismo fomenta el transnacionalismo, mientras que para otros, como Levitt y Jaworsky (2007), el incremento de las prácticas transnacionales actuaría más bien como una respuesta a la globalización.

El auge de la perspectiva transnacional ha permitido mostrar los múltiples vínculos tejidos de modo continuado por los migrantes entre los lugares de origen y recepción (Martiniello y Bousetta, 2008), además de revelar cómo estos pueden alterar las antiguas realidades binarias (ser de aquí o ser de allí), creando nuevos campos sociales transnacionales que cruzan los límites delineados por los Estados, asumiendo dobles identidades y lealtades (Pries y Sezgin, 2012). Empero, desde el ámbito de los estudios transnacionales también se ha producido en ocasiones una mitificación de la figura del migrante como aquel que se enfrenta y que, en ocasiones, vence al Estado en su intento por limitar la movilidad humana (como el transmigrante que vive a caballo entre dos o más países y que desarrolla su vida por encima de las fronteras). Una idea que ha sido cuestionada o considerada como una exageración por diferentes autores (Waldinger o Fitzgerald), quienes han rebajado notablemente las expectativas en torno al comportamiento transnacional de los migrantes (Waldinger, 2008). Entre estos últimos, se ha puesto de relieve cómo el transnacionalismo de los migrantes es más bien un translocalismo[2], cuando no un nacionalismo transfronterizo, que no cuestiona ni erosiona el poder de los Estados, sino que extiende lo nacional más allá de los límites estatales sin alterar estos últimos. Ante quienes han visto en el transnacionalismo una forma de "globalización desde abajo" impulsada por los migrantes (Guarnizo o Levitt), otros han pretendido ver un comportamiento de mucha menor incidencia, asociado a la dinámica común de los flujos migratorios y la doble condición de los migrantes como emigrantes e inmigrantes a un mismo tiempo.

Los migrantes, como inmigrantes y emigrantes en una condición indisociable (Waldinger, 2015), son objeto de las legislaciones de su Estado de recepción y origen a un mismo tiempo, verbigracia el reconocimiento de las dobles nacionalidades o el voto en dos países. Así pues, Waldinger muestra cómo el interés de los Estados por intervenir en las vidas de los migrantes se convierte en una fuente de conflictos, al tratar de orientar sus intereses —por ejemplo, respecto a las remesas o al retorno— sin que sus prioridades hayan de ser necesariamente las mismas.

Por ejemplo, los Estados de recepción establecen legislaciones que limitan la movilidad de los migrantes una vez han entrado en sus territorios, dificultando sus idas y vueltas a los países de origen, al tiempo que debilitan el carácter transnacional de sus proyectos (Barbero y Blanco, 2016). Baste como muestra la legislación española de extranjería, la cual establece

---

[2] A diferencia del transnacionalismo, considerado como una fuerza capaz de crear campos sociales transnacionales por encima de las fronteras basados en redes densas de interacción e intercambio, el translocalismo haría referencia al efecto más convencional de las migraciones cuando establecen puntos de conexión entre unos y otros lugares, pero sin modificar significativamente los espacios sociales preexistentes.

condiciones que regulan no solo las entradas, sino también las salidas de quienes ya se han asentado en condiciones de regularidad, que, en el caso de realizarse por periodos prolongados de tiempo, pueden ocasionar la extinción y pérdida de la autorización de residencia. Por no hablar de las restricciones que afectan a las reagrupaciones, que las condicionan al cumplimiento de requisitos de índole económico, o a los desplazamientos de sus familiares en los países de origen (Pedone, Agrela y Gil, 2012). Más aún, desde los Estados de recepción se trata de incentivar o promover directamente el retorno definitivo de los migrantes, cuando estos ya no responden a la demanda del mercado laboral.

En cuanto a los Estados de origen, estos se interesan habitualmente por garantizar la permanencia de sus migrantes en el exterior con el objetivo de que puedan seguir mandando remesas, pero evitando al mismo tiempo que corten totalmente los vínculos con el país de nacimiento. Gamlen (2009) sostiene, en este sentido, que "cada inmigrante es a la vez un emigrante vinculado a una sociedad y un Estado de origen", por lo que "los Estados emisores pueden influir en esos vínculos incluso más allá de sus poderes coactivos territoriales, a través de una maquinaria que opera a escala transnacional dentro de la política global" (Gamlen, 2009, pp. 239-240). En realidad, los Estados de origen tratan más bien de potenciar una suerte de nacionalismo transfronterizo, como diría Walldinger, en lugar de articular un comportamiento plenamente transnacional entre sus migrantes, sobre los que también temen perder el control (Walldinger, 2015).

Por consiguiente, tanto Estados de recepción como de origen han intentado incidir sobre los flujos migratorios, tratando de modular su creciente dimensión transnacional (Levitt y De la Dehesa, 2003), aunque en direcciones no siempre coincidentes, como a continuación veremos.

Los Estados de recepción y sus límites a la movilidad[3]

Actualmente, la retórica securitizadora que produce la determinación de la figura del extranjero como una potencial amenaza para la estabilidad o el orden público de las naciones, está dominando tan intensamente el debate político, que se ha situado en un segundo plano la cuestión de cómo pueden las migraciones contribuir al desarrollo de los países (Perelló, 2018). En ese contexto, la libertad de circulación de las personas será enormemente restringida por las naciones receptoras, en aras de proteger su soberanía. Ciertamente, la selectividad de las migraciones está condicionada por la posesión de un título jurídico que permita la entrada, el tránsito, la

---

[3] Este apartado fue elaborado a partir del proyecto de Tesis Doctoral "Estudio comparado entre el impacto de la política migratoria estadounidense sobre la Frontera Norte de México y la política migratoria española sobre la Frontera Sur con Marruecos", aún en ciernes como parte del Programa de Doctorado en Ciencias Sociales de la Universidad de Valencia y codirigida por El Colegio de la Frontera Norte, México.

permanencia en el país de destino, o el acceso al derecho al asilo y refugio (Appadurai, 1996; Arango, 2003). Pero además, la adopción de políticas específicas para regular y frenar la llegada de migrantes, ha hecho restar importancia a modalidades que en épocas anteriores eran primordiales, como las migraciones laborales y las que conducen a la residencia permanente (Arango, 2007).

Como consecuencia de ello, el régimen migratorio que prevalece tanto en las denominadas "democracias occidentales", como "en las legislaciones contemporáneas de todos los continentes" (Kamto, 2005, p. 211), se basa cada vez más en la inclusión de medidas represivas. De este modo, junto con el cierre de fronteras, se incorporan prohibiciones legales específicas de entrada, o se ejercen actuaciones coercitivas excepcionales que recaen sobre las personas migrantes no autorizadas, como las deportaciones masivas. Unas prácticas que eran asociadas en épocas anteriores exclusivamente a regímenes no democráticos o dictatoriales.

El control de la migración irregular se ha convertido entonces en una prioridad en la agenda internacional, construyendo el discurso de seguridad sobre la base del terrorismo y de la amenaza que representan los flujos migratorios irregulares. En el espacio Schengen, un número creciente de Estados miembros han reincorporado los controles fronterizos sobre las personas dentro del territorio europeo, fruto de la crisis global de refugiados iniciada en 2015 (Guild, 2016, p. 72). Y aunque las políticas migratorias de control de flujos no constituyen *per se* una barrera física, convierten a la Unión Europea en un "bunker" impenetrable. Este es el caso de la Declaración de Malta de 3 de febrero de 2017, cuyo objetivo es crear un plan de acción sobre el área del Mediterráneo Central, para evitar que se repitan estos sucesos, haciendo efectivo los retornos y la readmisión de migrantes irregulares (y refugiados) en sus países de origen, aunque bajo el marco de los derechos humanos y contando con el apoyo de organismos como Alto Comisionado de las Naciones Unidas para los Refugiados (ACNUR) o la Organización Internacional para las Migraciones (OIM).

Asimismo, se contempla el establecimiento de campos de detención en Libia, ahora principal ruta migratoria de personas procedentes del África subsahariana, para frenar la presión en las fronteras terrestres, en colaboración con los países vecinos, para lo cual se están desviando los fondos de cooperación al desarrollo. No en balde, el Fondo Fiduciario de Emergencia para África, financiado con el 90% del presupuesto europeo destinado a la Ayuda Oficial al Desarrollo, está al mismo tiempo sufragando los gastos de formación de guardacostas libios. Hay que tener en cuenta que el acuerdo de marzo de 2016 con Turquía, firmado con condiciones similares, logró reducir en un 98% la llegada de refugiados a las costas griegas, tras lograr frenar drásticamente la entrada de migrantes a través del mar (González y Pérez, 3 de febrero de 2017; Consejo Europeo, 2 de marzo de

2017; Sánchez, 26 de abril de 2018).

Pero la preocupación por la seguridad también ha dado lugar a la generalización alrededor del mundo del empleo de dispositivos electrónicos de vigilancia, así como del despliegue de grandes barreras arquitectónicas que incorporan crueles elementos disuasivos, que responden más a un escenario de guerra que a un intento de frenar la llegada de personas extranjeras que precisamente están huyendo de ella. De modo que, junto con los conocidos muros fronterizos de Estados Unidos-México, Israel-Palestina o las vallas con concertinas de Ceuta y Melilla en el perímetro hispano-marroquí y el muro de arena de 2.720 km entre Marruecos y Mauritania en el Sáhara Occidental, se están levantando otros nuevos.

Desde que se construyó el muro de Berlín, se han pasado de las 16 vallas fronterizas a las más de 70[4] en todo el mundo (Hjelmgaard, 24 de mayo de 2018). Y los ejemplos son diversos: los 1.550 km de valla fronteriza con alambradas de púas entre Marruecos y Argelia; la frontera de Hungría con Serbia alzada en 2015 para detener el flujo migratorio de refugiados sirios, iraquíes y afganos, con sus 3,5 metros de altura y 175 km de longitud; la valla metálica de Macedonia con Grecia, muy similar a la de Hungría, la cual se reforzó mediante la colocación de una alambrada a la altura del suelo y el envío de agentes antidisturbios; o la valla que separa Turquía de Bulgaria en la localidad de Kraynovo, y el muro de Calais en el extremo francés del Eurotúnel, que cumplen la misma misión que las anteriores (Tomlinson, 21 de agosto de 2015; Benach, 24 de febrero de 2017; Cabaleiro, 23 de enero de 2018; Vargas, 26 de agosto de 2015). Más aún, en otras latitudes, se encuentran las menos conocidas vallas fronterizas de la India-Bangladesh, que constituye un entramado de alambre de púas de 4.094 km para para frenar el contrabando y la inmigración indocumentada, asociada ahora con el terrorismo internacional; o la valla que está siendo construida por el gobierno de Pakistán para evitar la incursión de grupos armados yidahistas procedentes de la vecina Afganistán.

Por consiguiente, el nexo entre migraciones y seguridad ha generado grandes transformaciones en el régimen de vigilancia fronteriza (Campesi, 2012, p. 4; Tabernero, 2013, p. 2), configurando un formidable dispositivo de control tecnológico que funciona mediante la reducción drástica de los derechos y libertades de los migrantes, aunque también a través de un amplio entramado de poderes y competencias administrativas en materia de vigilancia en este campo (Campesi, 2011; Campesi, 2012).

Igualmente, las políticas selectivas juegan un papel muy relevante en el control migratorio, cuyo objeto es promover el ingreso y establecimiento de personas que cumplan un determinado perfil, según las necesidades de cada

---

[4] Hasta el momento, se han contabilizado 77 vallas y muros fronterizos en todo el mundo. Al final de la Guerra Mundial, sólo existían 7 (Jones, 24 de mayo de 2018; Hjelmgaard, 24 de mayo de 2018).

momento (Vargas-Céspedes, 2010, p.59). Éstas estarán determinadas por la promoción de la entrada y estancia de ciertas categorías de extranjeros cuya predisposición a la integración en la sociedad receptora pueda resultar mayor que las de otros, por razón de aspectos tales como la lengua o la religión (López-Sala, 2005a, p. 33).

Este tipo de políticas selectivas se han vinculado frecuentemente al concepto de "gobernanza de la migración internacional", o lo que Doménech (2013) denomina como "política migratoria con rostro humano". La misma idea de promover una gobernanza de la migración internacional se planteó en el I Simposio internacional celebrado en Bangkok en 1999, que abordaba la cooperación regional para hacer frente al desafío económico, social, humanitario, político y securitario que representaba el fenómeno de la migración irregular y de las personas indocumentadas, y que culminó con la Declaración de Bangkok. A través de la misma, se estableció que debían ser consideradas las causas, manifestaciones y efectos de las migraciones, tanto positivos como negativos, en los países de origen, tránsito y destino (GRFDT, 2 de noviembre de 2016). Como afirma Sassen (2003), ello supondría una "transnacionalización de facto" en la gestión de los asuntos migratorios, por lo que los Estados ya no se circunscribían al ámbito de sus fronteras territoriales, sino que se implicaron también otros actores sociales y políticos nacionales e internacionales, tanto a nivel local como supranacional.

Tal modelo adquirió mayor relevancia tras los atentados del 11 de septiembre de 2001, pues a través del mismo, se persiguió transgredir el binomio que enfrenta a la seguridad y los derechos humanos, para vincularlos con el concepto de desarrollo. Incorporado en el espacio iberoamericano tras la Cumbre de Salamanca de 2005 (Santi 2010), y en 2006 en la I Conferencia Ministerial Euroafricana sobre Migración y Desarrollo, conocida como Proceso de Rabat (Sorroza, 2006), ha supuesto, especialmente en el último caso, la suscripción de acuerdos bilaterales y multilaterales para incidir en las políticas migratorias y facilitar el control de flujos en origen a través de instrumentos como la cooperación al desarrollo (Mármora, 2004; Ceriani, 2007, p. 4; Kamto, 2006, p. 243).

La consecuencia ha sido que solo aquellos desplazamientos regulares y ordenados, son considerados como un beneficio para el desarrollo de los países de origen y destino. Mientras que los que se producen de manera irregular y desordenada, se presentan como un problema de seguridad y una amenaza, al vincularlos a actividades criminales como el narcotráfico, el terrorismo internacional o a la trata de personas (Magliano y Clavijo, 2011, p. 151). Evidentemente, la presencia de personas migrantes y refugiadas conducen al Estado a adoptar una posición ambivalente, ya que ha de salvaguardar los derechos humanos al mismo tiempo que su soberanía. Un aspecto que se agrava en la gestión de la migración indocumentada, porque entran en conflicto la autoridad estatal de control de entrada y la obligación de proteger a aquellos que se encuentren dentro de su territorio (Sassen, 2001).

En otras palabras, lo que se pretende es crear una forma de gestión del fenómeno de la migración, cuyo fundamento ideológico humanitario sirva de alternativa a los postulados propios de la doctrina de seguridad nacional, que conducen a la criminalización de las personas migrantes (Mármora, 2004, p. 391). Pero realmente, en la búsqueda de la eficacia de la regulación de los flujos migratorios internacionales, se ha instaurado un nuevo régimen global de vigilancia fronteriza (Düvell, 2003) que comparte objetivos comunes con las políticas más abiertamente restrictivas (Stang, 2016, p. 10). De tal suerte que las políticas de control de la movilidad en un contexto de capitalismo global, buscan ejercer la persuasión, pero sin coerción, calculando y gestionando los riesgos a partir de criterios racionales o "patrones neutrales" (Mezzadra, 2012, p. 9).

Impulsadas actualmente por los organismos internacionales supranacionales, como la Organización Internacional para las Migraciones y las Naciones Unidas, estas políticas incluyen, como indican Mezzadra (2012) y Doménech (2013), toda clase de medidas represivas y sancionadoras para cumplir con el objetivo de una migración ordenada, legal y segura, al mismo tiempo que proclaman la defensa de los derechos humanos. Así, se introducen reformas en las legislaciones migratorias estatales para adaptarlas a las exigencias securitarias, o se promueven programas de regularización de migrantes irregulares. Pero también se justifica el empleo de medidas selectivas, que incluyen el uso de dispositivos tecnológicos de seguridad para el control de entrada y permanencia (como la biometría), u otros de carácter documental (como el visado). Igualmente se normalizan prácticas represivas excepcionales, como el rechazo en frontera, la detención en centros de internamiento de extranjeros y las deportaciones o expulsiones colectivas.

Tales medidas contribuyen a la categorización de las personas que migran en "deseables" e "indeseables", en función de cómo se hayan producido sus desplazamientos, esto es, ordenados/desordenados, voluntarios/forzosos y reducidos/masivos. Resultando de todo ello que se hayan superado los tradicionales criterios de elegibilidad occidentales de finales del siglo XIX y principios del siglo XX, los cuales estaban basados en aspectos tales como los criterios raciales o étnico-nacionales (Gabbacia, 1999; Doménech, 2013, p. 7).

Conviene subrayar que, a pesar del contexto de globalización y la consecuente reducción de la soberanía estatal, la política migratoria de los Estados sigue constituyendo una respuesta nacional a un fenómeno mundial, de modo que los Estados continúan ostentando la potestad soberana de determinar los criterios de admisión y expulsión de los no nacionales (Ceriani, 2007). Por lo cual, no existe ningún sistema global para regular el movimiento de las personas (OACDH 2015, p. 21), ni parece que la voluntad de los poderes públicos sea construir un marco jurídico-político universal en materia migratoria. En cambio, se siguen regulando unilateralmente determinados aspectos de la misma, como las condiciones de entrada y residencia, el reconocimiento de ciertos derechos sociales y económicos, o de participación política (López-Sala, 2006; GRFDT, 2 de noviembre de 2016).

Para investigadores como Snyder (2005), este proceso ha dado lugar a que las fronteras paradigmáticas del control migratorio de Estados Unidos y Europa, no tengan solo un cometido estrictamente militar o económico, sino también policial, al emplear la vía de la externalización de las funciones estatales de vigilancia fronteriza, mediante el despliegue de fuerzas de seguridad coordinadas internacionalmente (Bigo, 2002; Boswell, 2003; Varela, 2015). Ejemplo de ello es la transformación de algunos países en "Estados tapón" (López-Sala, 2006, p. 80), gracias al desplazamiento de recursos para que ejerzan el control migratorio, cuando se trata de una competencia exclusivamente estatal (González-Navas, 2013, p. 6).

Es decir, las políticas de control de la movilidad de los Estados de recepción entran a formar parte de la Política Exterior nacional. Por consiguiente, su acción se extiende hasta los mismos países de origen, implicando a sus gobiernos para impedir las migraciones directamente en el marco de acuerdos bilaterales, por medio de la delegación de labores de control y la implementación de dispositivos de vigilancia conjunta en las fronteras, como el caso de las patrullas mixtas del "Proyecto Seahorse Mediterráneo" entre España y Senegal o Mauritania, para impedir la salida de embarcaciones con migrantes desde sus costas. Pero también tratan de prevenirlas o disuadirlas mediante programas de apoyo al desarrollo local, como en el caso del modelo ensayado por diferentes países europeos en África. Este tipo de políticas, a menudo calificadas como "codesarrollo" ha recibido numerosas críticas, en tanto que han sido vistas como una estrategia de control de los flujos migratorios, más que como una forma real de promover el desarrollo (Lacomba y Boni, 2008). Sobre ello, autores como Sørensen (2016) han mostrado las contradicciones entre las políticas migratorias de determinados Estados (el caso de Dinamarca) y sus políticas de ayuda al desarrollo, al vincular el control de las migraciones con la cooperación con países de origen de la misma.

Los Estados de origen y el control de sus diásporas

Tal como terminábamos el anterior apartado, con la constatación de que las políticas migratorias de los Estados de recepción también se han extendido a los Estados de origen, algo similar viene ocurriendo en la dirección contraria, cuando los Estados de origen son los que cada vez más diseñan políticas y construyen dispositivos institucionales cuya incidencia tiene lugar en los Estados de recepción de los migrantes. De modo que podemos decir que del lado de los países de origen de la migración igualmente se han producido cambios significativos en sus políticas a lo largo de los últimos años, empezando por el mismo diseño de políticas públicas en relación con los flujos de sus nacionales.

En este sentido, Gamlen (2006) ha destacado cómo en las dos últimas décadas se ha incrementado notablemente lo que él mismo denominara como "políticas diaspóricas", es decir, aquellas políticas que están orientadas a extender el alcance de los Estados entre sus poblaciones en el exterior. Paralelamente, también se ha producido un aumento del interés científico y la literatura migratoria sobre la cuestión (Smith, 2003; Délano, 2014; Ragazzi, 2014), con diversos trabajos que han dado cuenta del aumento de este tipo de políticas, así como de las instituciones encargadas de implementarlas.

Además de Gamlen (2013), que tras analizar un total de 144 países para el período 1990-2010 detectó un considerable incremento de las instituciones nacionales vinculadas a las diásporas, cuyo número se habría aproximadamente sextuplicado, otros estudios han arrojado resultados coincidentes con esta tendencia. El informe de la OIM publicado en 2006, titulado "Incorporación de la migración en las agendas de políticas de desarrollo", da cuenta de las políticas dirigidas a convertir a la diáspora en agentes de desarrollo en un total de cuarenta y nueve países, de los que un 74% contaban con alguna estructura institucional especializada de vinculación con la diáspora (la gran mayoría de estas estructuras habían sido creadas con posterioridad al año 2000), al tiempo que un 92% de ellos disponían de políticas y programas destinados a sus propias diásporas en el extranjero. El libro editado por Rannveig (2009), bajo el título de "Closing the distance: How Governments Strengthen Ties with Their Diasporas", reportó la existencia de cuarenta y cinco instituciones orientadas a las diásporas en un total de treinta países en desarrollo, focalizando su análisis en tres países con amplia incidencia de la migración como Filipinas, Mali y México.

Asimismo, el manual preparado por Agunias y Newland (2012), titulado "Hoja de ruta para la participación de las diásporas en el desarrollo", toma como base una encuesta a los Estados participantes en el Foro Mundial para las Migraciones. Del resultado de esta encuesta se desprende la existencia de setenta y siete organismos y departamentos de cincuenta y cuatro países creados específicamente para canalizar su relación con las diásporas, aunque en esos mismos países se detectaron más de cuatrocientas instituciones que involucraban a las diásporas a través de diferentes programas y políticas. Entre las instituciones habría tanto ministerios, como subsecretarías, instituciones nacionales y locales, así como redes consulares y organizaciones cuasi gubernamentales. En cuanto a los programas, estos muestran una gran diversidad, abarcando cuestiones relativas a las remesas, las inversiones, el retorno, la fuga de cerebros, las contribuciones filantrópicas, la cultura de origen, la religión o el turismo de las diásporas.

La creciente implicación de los Estados de origen en el diseño de políticas y andamiajes institucionales dirigidos hacia sus diásporas ha sido estudiada también por Iskander (2010), para los casos concretos de Marruecos y México, a los que califica de "Estados creativos", tras haber sido considerados previamente como Estados resistentes al cambio, y en donde la acción de los migrantes ha hecho posicionarse al Estado con políticas innovadoras que, al mismo tiempo, han transformado las relaciones entre ambos. Por ejemplo, en el caso de Marruecos, un país tradicionalmente emisor de emigrantes, se han activado mecanismos para la promoción de su participación en las instituciones democráticas del país y en su proceso de desarrollo (Aboussi, 2011, p. 102). Y, en el caso de México, país con una larga tradición en el control de los flujos migratorios por parte del Estado (Fitzgerald, 2006; Smith, 2003), existe un largo camino en la institucionalización de la relación del Estado con la diáspora en los Estados Unidos. Sobre este último país, Alarcón (2006) señala el cambio de percepción producido en torno a los migrantes, algo que puede generalizarse al conjunto de los países de origen de la migración, donde los Estados han pasado de ver a los migrantes como mano de obra sobrante, a verlos como una fuente valiosa de recursos para sus economías y su desarrollo (Ragazzi, 2014).

De este modo, la importancia adquirida por las diásporas (Vertovec, 2009), también ha quedado reflejada en el plano político, donde destaca especialmente el papel otorgado al voto de los migrantes (Lafleur, 2011). De hecho, numerosos Estados de origen –además de Marruecos y México, otros como Colombia o Ecuador– han introducido cambios en sus Constituciones para reconocer la trascendencia del hecho migratorio o dar cabida a la participación política de sus migrantes mediante el voto o su representación en los parlamentos nacionales. Aunque también pueda darse la paradoja de los Estados de origen que no han reconocido su condición de ciudadanos a sus nacionales, hasta que estos se han convertido en emigrantes.

No obstante, la extensión de la intervención de los Estados y sus agencias en los asuntos de los migrantes (su entrada en el campo transnacional), ha producido cambios, como la reducción de la espontaneidad en las acciones de los propios migrantes y sus organizaciones, "generando un espacio negociado en el que los migrantes y los funcionarios gubernamentales compiten y colaboran alternativamente" (Portes y Fernández-Kelly, 2015, p. 14). Portes y Fernández Kelly hablan incluso de la aparición de una nueva categoría de "migrantes funcionarios" con acceso a las autoridades de origen y destino, dotados de capacidad de interlocución para llevar adelante los proyectos, y entre cuyas consecuencias estarían los riesgos de clientelismo (Portes y Fernández-Kelly, 2015, p. 18). Buen ejemplo de las relaciones clientelares entre migrantes y Estados serían las dinámicas generadas en torno a la implementación del Programa 3x1 en México (Fox, 2005), cuyas implicaciones políticas y económicas han sido estudiadas entre otros por Aparicio y Meseguer (2012). Este tipo de prácticas por parte de los Estados incluyen igualmente la cooptación de líderes y organizaciones de migrantes que habrían adquirido peso político en el extranjero, bien para contrarrestar su potencial (véase los intentos del Estado marroquí o del Estado argelino, en los años setenta y ochenta, por debilitar a las organizaciones de la oposición en Europa), o bien para actuar como contrapeso a otros grupos políticos (una actuación propia de las organizaciones nacionalistas turcas en Alemania frente a los grupos de la oposición kurda, como podemos ver en los trabajos de Østergaard-Nielsen, 2003).

Entre las políticas diaspóricas se encuentran también aquellas que han tratado de canalizar la migración, orientando los flujos de acuerdo con una determinada dirección geográfica o perfil humano. Buena parte de los Estados de origen con movimientos migratorios significativos han ejercido políticas sobre sus flujos, incluso para alimentar los mismos, como sucede en Filipinas, donde se apuesta por los migrantes como proveedores de remesas para el desarrollo y la protección de sus derechos laborales, con el objetivo de asegurar su permanencia en el exterior (Asís, 2006). Por el contrario, otros Estados habrían empleado sus políticas para impedir determinados flujos de salida, como ocurrió en Bangladesh en 1998, cuando incluyeron un veto a la migración femenina prohibiendo que las mujeres fueran empleadas en el trabajo doméstico en el extranjero. O, como en el caso de Indonesia, donde el Estado promueve la migración de sus mujeres hacia los países musulmanes del Golfo Pérsico y actúa como garante de la moralidad de sus comportamientos, algo que muestra el trabajo de Chan (2017), al analizar el papel activo del Estado en la selección y canalización de sus flujos, acompañándolos de un discurso legitimador que presenta a los migrantes como "héroes del desarrollo".

En muchas de estas situaciones, la organización de contingentes con perfiles y actividades ligadas a mercados laborales predeterminados, también ha contado con la estrecha colaboración entre Estados de origen y de recepción, de acuerdo con un sistema internacional de oferta y demanda de mano de obra. Así, nos encontramos en España con los contingentes agrícolas de mujeres marroquíes en la recolección de la fresa en Huelva, o el de los contingentes de trabajadores colombianos en las campañas frutícolas en Cataluña, organizados con la intermediación de sindicatos agrarios y ONGD como la Unió de Pagesos y la Fundació Pagesos Solidaris, los cuales han sido presentados como programas de migración circular y codesarrollo. Del mismo modo, también han sido presentados como iniciativas de codesarrollo los intentos por activar a grupos de migrantes en unos países para implicarse en el desarrollo de otros, con el soporte de Estados de origen y de recepción. De hecho, no son pocos los programas gubernamentales y no gubernamentales que han tratado de capacitar o de empoderar a grupos de migrantes, con el fin de implicarlos en el desarrollo en origen, en países como Francia (con el oficial Programa Desarrollo Local y Migración en varios países africanos), o en España (con programas implementados por ONGD, como MPDL y su programa de codesarrollo llevado a cabo a través de asociaciones de inmigrantes malienses).

Sin embargo, el campo de la acción política de los Estados de origen se hace todavía más complejo cuando –como ocurre cada vez más a menudo– ellos mismos se convierten a su vez en Estados de recepción de otros migrantes, obligando a poner en marcha políticas de doble dirección que pueden generar tensiones y contradicciones tanto entre las lógicas internas como externas. Al respecto, el caso de Ecuador es un buen ejemplo de un país que ha desplegado recientemente una nueva política migratoria dirigida a las poblaciones que llegan desde las vecinas Colombia y Perú, o más recientemente desde Venezuela, así como países asiáticos y africanos, al mismo tiempo que ha diseñado una ambiciosa política de vinculación con su diáspora, generando un difícil equilibrio entre los derechos reconocidos a los inmigrantes en su territorio y los exigidos a sus propios emigrantes en los Estados de recepción (Araujo y Eguiguren, 2009).

Algo similar estaría pasando en Marruecos, donde en este momento se enfrentan al desafío que supone la integración socio-laboral de los inmigrantes que no solo se encuentran en tránsito, sino que llegan para quedarse (es por ello que se puso en marcha en 2013 un proceso de regularización de aquellos ciudadanos procedentes en su mayor parte del África subsahariana, mientras que simultáneamente siguen produciéndose denuncias en torno al trato a los mismos). De la misma manera, México también ha pasado de ser una nación de emigración y tránsito, a nación de destino y de retorno de migrantes mexicanos[5]. Allí, al igual que en Ecuador o Marruecos, y al margen de la existencia de algunos programas de apoyo en destino a sus connacionales (como el programa 3x1 destinado a iniciativas de los migrantes organizados para realizar proyectos que contribuyan al desarrollo de sus localidades de origen), o en destino (como el Programa de Repatriación Humana), el Estado no contaba con una política migratoria que tratara de englobar todas estas nuevas dimensiones, hasta que en 2014 se diseñó el Programa Especial de Migración 2014-2018 (PEM) para la atención integral del fenómeno migratorio.

---

[5] A los habituales flujos migratorios de mexicanos y centroamericanos documentados e indocumentados que ponen rumbo al norte buscando atravesar la frontera, se les sumaron en 2016 otros procedentes de la región asiática, africana y del Medio Oriente, con la pretensión de ingresar a los Estados Unidos en busca de asilo. Esto ha obligado al Gobierno federal a ir improvisando medidas transitorias, como el otorgamiento de oficios de salida para transitar temporalmente por el país, hasta que se procediera a su regularización o fueran devueltos a sus países de origen (Sánchez, 30 de agosto de 2016), debido a que sus peticiones de protección internacional eran en su mayor parte rechazadas por las autoridades estadounidenses (Cárdenas, 2014).

Así pues, vemos cómo de manera cada vez más frecuente, los Estados de origen de la migración tratan por distintas vías de ejercer el control sobre sus flujos y sus migrantes, y cómo, de este modo, tratan también de proyectarse en el exterior de sus territorios a través de sus diásporas (González Gutiérrez, 2006).

Conclusiones

Los Estados de recepción y origen de la migración tienden a converger en su intención por controlar la movilidad, aunque sus intereses puedan ser –pero no siempre, ni totalmente– divergentes: para los primeros, el control de la movilidad pasa sobre todo por tratar de limitarla o de impedirla; para los segundos, el control se dirige sobre todo a modelar la movilidad con el fin de orientarla hacia determinados objetivos de desarrollo u objetivos políticos. Sin embargo, como sostiene Sassen, "un Estado puede tener el poder de escribir el texto de una política de inmigración, pero es probable que esté enfrentándose a complejos procesos transnacionales que solo pueden ser parcialmente abordados o regulados a través de una política de inmigración como convencionalmente se entiende" (Sassen, 2001, p. 75).

Los intentos de los Estados por controlar la movilidad chocan con los comportamientos transnacionales de los migrantes en línea con las tendencias globalizadoras. En el mundo globalizado en el que vivimos, la movilidad de los migrantes resulta fundamental para lograr maximizar las ventajas existentes en unos y otros lugares, tanto en beneficio personal, familiar o comunitario, como en beneficio del capitalismo internacional. Buena parte del éxito de la migración pasa precisamente por la movilidad continua para estar en cada momento en el sitio más propicio para los intereses económicos o sociales de los propios migrantes, y buena parte del éxito de la economía globalizada reside en la capacidad de movilizar personas en función de mercados laborales y de consumo.

Las prácticas transnacionales de los migrantes tienen difícil encaje en el marco de políticas diseñadas sobre una base territorial de carácter nacional/estatal, sobre todo cuando éstas se construyen bajo el temor a la pérdida de soberanía y la presión de opiniones públicas reacias a la apertura. Cada vez son más los Estados –tanto de recepción como, incluso, de origen de migrantes– que diseñan e implementan políticas restrictivas a las entradas en sus territorios o que construyen obstáculos físicos para impedirlas.

No obstante, este tipo de políticas también tienen efectos paradójicos, pues, al limitar la movilidad, tanto pueden dificultar las entradas como las salidas. De este modo, los Estados de recepción que dificultan las entradas, también suelen desarrollar políticas de integración orientadas al asentamiento de quienes se hallan en su territorio, al tiempo que dificultan las salidas si éstas no están ligadas al retorno definitivo. En cuanto a los Estados de origen, estos tienden a potenciar la permanencia de sus nacionales en el exterior como una manera de asegurar la continuidad en los envíos de remesas y aligerar la presión sobre los recursos internos. En definitiva, puede afirmarse que los Estados, tanto de origen como de recepción, prefieren migrantes inmóviles antes que transmigrantes.

Bibliografía

Aboussi, M. (2011). La nueva política migratoria marroquí ante retos de transnacionalismo y codesarrollo. *Revista de Estudios Internacionales Mediterráneos (UAM)*, n° 10, enero-junio, pp. 102-115. Recuperado el 15 de mayo de 2018 del sitio web: https://revistas.uam.es/index.php/reim/article/view/852/840

Agunias, D. R. y Newland, K. (2012). *Hoja de ruta para la participación de las diásporas en el desarrollo. Un manual para políticos y profesionales de los países de origen y de acogida*. Migration Policy Institute. Organización Internacional para las Migraciones (Washington, Ginebra).

Alarcón, R. (2006). Hacia la construcción de una política de emigración en México. En González-Gutiérrez, C. (coord.), *Relaciones Estado-Diásporas: aproximaciones desde cuatro continentes*. pp. 157-179. Ed. Miguel Ángel Porrúa (México).

Aparicio, F. J. y Meseguer, C. (2012). Collective remittances and the State: The 3x1 Program in Mexican municipalities. *World Development*, Vol. 40 (1), pp. 206-222.

Appadurai, A. (1996). *Modernity at large. Cultural dimensions of globalization*. University of Minnesota Press (Minneapolis and London).

Arango, J. (2003). La explicación teórica de las migraciones. Luz y sombra. *Migración y Desarrollo*, octubre, n° 001. Red Internacional de Migración y Desarrollo. Zacatecas, Latinoamericanistas.

Araujo, L. y Eguiguren, M. M. (2009). La gestión de la migración en los países andinos. *Boletín Andina Migrante*, n°. 3, pp. 2-10.

Asís, M. (2006). Desenvolviendo la caja de balikbayan: Los filipinos en el extranjero y su país de origen. En González Gutiérrez, C. (coord.). *Relaciones Estado-Diásporas: aproximaciones desde cuatro continentes*, pp. 23-51. Ed. Miguel Ángel Porrúa (México).

Barbero, I. y Blanco, C. (2016). El derecho de extranjería y su incidencia sobre el transnacionalismo migrante. *Migraciones*, n° 40, pp. 93-125.

Benach, M. (24 de febrero de 2017). Al menos 70 muros fronterizos separan más que nunca a los países en todo el mundo. *El Periódico.com*. Recuperado el 3 de marzo de 2018 del sitio web: https://goo.gl/5HAvbB

Bigo, D. (2002). Security and Immigration: Toward a Critique of the Government of Unease. *Alternatives*, vol. XXVII, 2002, pp. 63-92. Recuperado el 8 de noviembre de 2016 del sitio web Academia.edu: https://goo.gl/ryzzUd

Boswell, C (2003). The external dimension of EU immigration and asylum policy. *International Affairs*, Vol 79, n° 3, pp. 619-638.

Brown, W. (2015). *Estados Amurallados, soberanía en declive*. Versión digital (Epub). Ed. Herder (Barcelona).

Burgess, K. (2005). Migrant philanthropy and local governance in Mexico. En Barbara M (ed). *New patterns for Mexico. Remittances, philanthropic giving and equitable development*, Harvard University Press (Cambridge).

Cabaleiro, J. (23 de enero de 2018). La tensión fronteriza entre Argelia y Marruecos se blinda. *Periodistas en español.com*. Recuperado el 16 de mayo de 2018 del sitio web: https://goo.gl/jjgugq

Campesi, G. (2011). *The Arab Spring and the Crisis of the European Border Regime. Manufacturing the Emergency in the Lampedusa Crisis*. RSCAS Working Papers 2011/59, Fiesole, European University Institute. Recuperado el 20 de junio de 2017 del sitio web: http://cadmus.eui.eu/handle/1814/19375

Campesi, G. (2012). Migraciones, seguridad y confines en la teoría social contemporánea.

Revista Crítica Penal y Poder, núm. 3, pp. 166-186. Recuperado el 25 de septiembre de 2016 del sitio web del Observatorio del Sistema Penal y los Derechos Humanos Universidad de Barcelona: https://goo.gl/mm2RHu

Cárdenas, L. (1 de junio de 2014). Extorsión, secuestro y amenazas. Nuevas razones para pedir asilo. *NEXOS*. Recuperado el 31 de mayo de 2016 del sitio web: https://goo.gl/mE5yAO

Ceriani, P. (2007). *Los derechos humanos de los migrantes y las contradicciones del principio de soberanía. Estrategias, oportunidades y desafíos para la sociedad civil.* Forum Migraciones de la FIDH, Lisboa, 21 de abril. Recuperado el 10 de mayo de 2017 del sitio web: https://www.fidh.org/IMG/pdf/Ceriani_resum_es.pdf

Chan, C. (2017). Migrantes como víctimas y héroes nacionales: cuestionando la migración como camino al desarrollo en Indonesia. *Revista de Estudios Sociales*, n° 59, pp. 30-43.

Comisión Económica para América Latina y el Caribe (CEPAL). (2006). *América Latina y el Caribe: migración internacional, derechos humanos y desarrollo.* Ed. por Jorge Martínez Pizarro. Recuperado el 19 de septiembre de 2017 del sitio web: https://goo.gl/59SpDP

Consejo de Europa. (2 de marzo de 2017). *Declaración de Malta de los miembros del Consejo Europeo sobre los aspectos exteriores de la migración: abordar la ruta del Mediterráneo central.* Recuperado el 16 de mayo de 2018 del sitio web: https://goo.gl/uZiS7F

Délano, A. (2014). The diffusion of diaspora engagement policies: A Latin American agenda. *Political Geography*, n°. 41, pp. 90-100.

Doménech, E. (2013). Las migraciones son como el agua: Hacia la instauración de políticas de "control con rostro humano". *Polis, Revista Latinoamericana,* n° 35. Migraciones sur-sur: Paradojas globales y promesas locales. Recuperado el 7 de agosto de 2017 del sitio web: https://polis.revues.org/9280

Düvell, F. (2003). The globalisation of migration control. *OpenDemocracy.* Recuperado el 10 de junio de 2018 del sitio web: https://goo.gl/86mFzc

Eguiguren, M. M. (2011). *Sujeto migrante, crisis y tutela estatal: Construcción de la migración y modos de intervención desde el Estado ecuatoriano.* Tesis de Maestría. FLACSO-Ecuador (Quito).

Faist, T. (2008). Migrants as transnational development agents. *Population, Space and Place,* n° 14 (1), pp. 21-42.

Figueroa, B. y Zabala, J. (Sin fecha). De fuga a recuperación de cerebros: la Red de Talentos Mexicanos en Silicon Valley. Recuperado el 15 de mayo de 2018 del sitio web del Departamento de Ciencias de la Computación: https://goo.gl/D58imc

Fitzgerald, D. (2006). Inside the Sending State: The Politics of Mexican Emigration Control. *International Migration Review*, n°. 40, pp. 259-93.

Fox, J. (2005). Repensar lo rural ante la globalización: la sociedad civil migrante. *Migración y Desarrollo*, n° 5, pp. 35-58.

Gabbacia, D. (1999). The Yellow Peril and the Chinese of Europe: Global Perspectives on Race and Labor, 1815-1930. En Lucassen, L y Lucassen, J (edits.), *Migration, Migration History, History. Old Paradigms and New Perspectives*, pp. 177-196. Ed. Peter Lang (Berlín).

Gamlen, A. (2006). Diaspora Engagement Policies: What are they, and what kinds of states use them? *Working Paper,* n° 32, Centre on Migration, Policy and Society. University of Oxford.

Gamlen, A. (2009). El Estado de emigración y los vínculos con la diáspora. En Escrivá, A. Bermúdez, A. y Moraes, N. (eds.) *Migración y participación política*, pp. 237-264. Ed: CSIC (Córdoba).

Gamlen, A.; Cummings, M.; Vaaler, P. M. y Rossouw, L. (2013). Explaining the Rise of Diaspora Institutions. *IMI Working Papers Series*, n°. 78. International Migration Institute, University of Oxford.

Global Research Forum on Diaspora and Transnationalism (GRFDT). (2 de noviembre de 2016). *Documento de referencia para la mesa redonda 3.2 del FMMD. Principios, instituciones y procesos para una migración segura, ordenada y regular.* Recuperado el 3 de octubre de 2017 del sitio web: https://goo.gl/a5Vcwk

González G., C. (coord.). (2006). *Relaciones Estado-Diásporas: aproximaciones desde cuatro continentes.* Miguel Ángel Porrúa (México).

González, M. y Pérez, C. (7 de febrero de 2017). La UE reforzará la expulsión de inmigrantes

Políticas de control de la movilidad

irregulares. *El País*. Recuperado el 12 de diciembre de 2017 del sitio web: https://goo.gl/hm6NLp

González-Navas, A. (2013). *Estudios críticos de seguridad, migraciones internacionales y ayuda al desarrollo*. Comunicación presentada en el XI CONGRESO DE AECPA. La política en tiempos de incertidumbre. GT 6.15 Estudios críticos de seguridad: casos prácticos. Universidad Pablo de Olavide de Sevilla, 18-20 de septiembre de 2013. Recuperado el 2 de marzo de 2017 del sitio web: https://goo.gl/qK59TT

Guardia Civil. (1 de abril de 2014). *El Comité de Dirección del Proyecto Seahorse se reúne en la Dirección General de la Guardia Civil*. Recuperado el 18 de mayo de 2018 del sitio web: https://goo.gl/5J1m3a

Guild, E., (2016). Seguridad, terrorismo y asilo en el espacio Schengen. *Anuario CIDOB de la Inmigración 2015-2016*, pp. 59-78. Recuperado el 4 de enero de 2018 del sitio web: https://goo.gl/Q6mZ7R

Hjelmgaard, K. (24 de mayo de 2018). From 7 to 77: There's been an explosion in building border walls since World War II. *USA Today*. Recuperado el 10 de junio de 2018 del sitio web: https://goo.gl/NSNz6L

Iskander, N. (2010). *Creative State: Forty Years of Migration and Development Policy in Morocco and Mexico*. Ithaca (Cornell University Press).

Kamto, M. (2005). Informe preliminar sobre la expulsión de extranjeros, del Sr. Maurice Kamto, Relator Especial. Expulsión de Extranjeros. [Tema 7 del programa] Documento A/CN.4/554. http://legal.un.org/ilc/documentation/spanish/a_cn4_554.pdf

Kamto, M. (2006). Segundo informe sobre la expulsión de extranjeros, del Sr. Maurice Kamto, Relator Especial. Expulsión de Extranjeros. [Tema 8 del programa] Documento A/CN.4/573* http://legal.un.org/ilc/documentation/spanish/a_cn4_573.pdf

Kuschminder, K., y Metka, H. (2011). The power of the strong state: A comparative analysis of the diaspora engagement strategies of India and Ethiopia. *UNU-MERIT Working Paper Series*, no. 44. United Nations (New York).

Lacomba, J. y Boni, A. (2008). The role of emigration in foreign aid policies: The case of Spain and Morocco. *International Migration*, Vol. 46 (1), pp. 123-148.

Lacomba, J. y Escala, L. (2013) Limits and challenges for the participation of migrants' associations in state development policies in Morocco and Mexico. *International Review of Sociology*, 23 (1), pp. 161-179.

Lafleur, J. M. (2011). Why Do States Enfranchise Citizens Abroad?: Comparative Insights from Mexico, Italy and Belgium. *Global Networks,* n°. 11, pp. 481-501.

Levitt, P. y De la Dehesa, R. (2003). Transnational Migration and the Redefinition of the State: Variations and Explanations. *Ethnic and Racial Studies*, 26 (4), pp. 587-611.

Levitt, P. y Jaworsky, B.N. (2007). Transnational migration studies: past developments and future trends. *Annual Review of Sociology*, 33, pp. 29-56.

López-Sala, A. (2006). Pasar la línea. El Estado en la regulación migratoria desde una perspectiva comparada. *Revista Internacional de Filosofía Política*, n° 27 (julio). Recuperado el 4 de agosto de 2017 del sitio web: https://goo.gl/KNLofg

López-Sala, A. M. (2005). El control de la inmigración: política fronteriza, selección del acceso e inmigración irregular. *Arbor: Ciencia, pensamiento y cultura*, pp. 27-39. Recuperado el 4 de agosto de 2017 del sitio web: https://goo.gl/2HfnnH

Macedonia empieza la construcción de una valla en su frontera con Grecia. (28 de noviembre de 2015). *Cadena Ser*. Recuperado el 16 de mayo de 2018 del sitio web: http://cadenaser.com/ser/2015/11/28/internacional/1448703219_506295.html

Magliano, M. J. y Clavijo, J. (2011). *La trata de personas en la agenda* política *sudamericana sobre migraciones: La securitización del debate migratorio. Análisis político*, n° 71 (enero-abril), pp. 149 – 163. Recuperado el 5 de agosto de 2017 del sitio web: https://revistas.unal.edu.co/index.php/anpol/article/viewFile/44244/45540

Mármora, L. (2004), *Las políticas de migraciones internacionales*, Buenos Aires, OIM, Paidós

Martiniello, M. y Bousetta, H. (2008). Les pratiques transnationales des immigrés chinois et marocains de Belgique. *Révue Européenne des Migrations Internationales*, Vol. 24 (2), pp. 45-66.

Mezzadra, S. (2012). Capitalismo, migraciones y luchas sociales. La mirada de la autonomía.

Vázquez & Carrascosa

Nueva Sociedad, n° 237, pp. 159-178. Recuperado el 20 de octubre de 2017 del sitio web: http://www20.iadb.org/intal/catalogo/PE/2012/10585.pdf

Oficina del Alto Comisionado para los Derechos Humanos de Naciones Unidas (OHCHR). (2015). *Migración y derechos humanos. Mejoramiento de la Gobernanza basada en los Derechos Humanos de la Migración Internacional.* Recuperado el 14 de octubre de 2017 del sitio web: https://goo.gl/ntqoKy

Oficina del Alto Comisionado para los Derechos Humanos de Naciones Unidas (OACDH), Organización Internacional del Trabajo (OIT), Unión Interparlamentaria (UI). (2015). *Migración, derechos, humanos y gobernanza. Manual para Parlamentarios N° 24.* Recuperado el 7 de agosto de 2017 del sitio web: https://goo.gl/nRJrvf

OIM. (2006). Incorporación de la migración en las agendas de políticas de desarrollo. *Diálogo Internacional sobre la Migración,* n° 8. (Géneve).

OIM. (2007). *Diásporas como Agentes para el Desarrollo en América Latina y el Caribe.* (Géneve).

OIM. (2012). *Perfil Migratorio de Perú 2012.* (Géneve).

OIM. (2013). Diasporas and Development: Bridging Between Societies and States (Background Paper). *International Dialogue on Migration 2013.* Diaspora Ministerial Conference, 18 and 19 June 2013.

Østergaard-Nielsen, E. (2003). *Transnational politics: The case of Turks and Kurds in Germany.* Routledge (New York).

Pakistán construye una valla con más de 40 puestos de control a lo largo de la frontera con Afganistán. (2 de julio de 2017). *Agencia EFE.* Recuperado el 16 de mayo de 2018 del sitio web: https://goo.gl/D8BLCQ

Pedone, C., Agrela, B. y Gil, S. (2012). Políticas públicas, migración y familia. Una mirada desde el género. *Papers,* 97 (3), pp. 541-568.

Perelló, M. I. (2018). Aproximación teórica al concepto de securitización de la política migratoria. *Século XXI – Revista de Ciências Sociais, Dossiê Migrações, Fronteiras, Deslocamentos e Mobilidades,* vol. 8, n° 1, p. 266-311. Recuperado el 24 de enero de 2018 del sitio web: https://periodicos.ufsm.br/seculoxxi

Portes, A. y Fernández-Kelly, P. (2015). *The State and de grassroots. Immigrant transnational organizations in four continents.* Berghahn (New York).

Portes, A., Guarnizo, L. E. y Landolt, P. (1999). The study of transnationalism: pitfalls and promise of an emergent research field. *Ethnic and Racial Studies,* vol. 22 (2), pp. 217-237.

Pries L., Sezgin Z. (2012). Migration, Organizations and Transnational Ties. En Pries L., Sezgin Z. (eds), *Cross Border Migrant Organizations in Comparative Perspective. Migration, Diasporas and Citizenship.* Ed. Palgrave Macmillan, (London).

Ragazzi, F. (2014). A comparative analysis of diaspora policies. *Political Geography,* no. 41, pp. 74-89.

Rannveig, D. (Ed.) (2009). *Closing the Distance: How Governments Strengthen Ties with Their Diasporas.* MPI (Washington).

Sánchez, A. (30 de agosto de 2016). México enfrenta una oleada de africanos. *El Universal.* Recuperado el 30 de agosto de 2016 del sitio web: http://goo.gl/RHR5lO

Sánchez, G. (26 de abril de 2018). Las ONG europeas constatan que la UE forma y equipa a guardacostas libios con fondos de cooperación al desarrollo. *Desalambre. Eldiario.es.* Recuperado el 16 de mayo de 2018 del sitio web: https://goo.gl/YLUpYf

Santi, S. (2010). *¿Beneficios para todos? Crisis, desarrollo, y gobernabilidad, en la agenda política iberoamericana sobre migraciones.* Ponencia presentada en el IV Congreso de la Red Internacional de Migración y Desarrollo, Quito, 18- 20 mayo de 2011.

Sassen, S. (2001). *¿Perdiendo el control?: la soberanía en la era de la globalización.* Bellaterra (Barcelona).

Sassen, S. (2003). *Los espectros de la globalización.* Fondo de Cultura Económica: Buenos Aires.

Secretaría de Desarrollo Social (Gobierno de México). *Programa 3x1 para Migrantes.* Recuperado el 1 de mayo de 2018 del sitio web: https://goo.gl/LZVdx3

SEGOB (2006). *Hacia una política migratoria del Estado Mexicano. Centro de Estudios Migratorios.* Recuperado el 1 de mayo de 2018 del sitio web: https://goo.gl/hHxbri

SEGOB (23 de septiembre de 2015). *Programa Especial de Migración 2014-2018 (PEM).*

Recuperado el 1 de mayo de 2018 del sitio web: https://goo.gl/K7nnRH

Sevilla, A. (3 de enero de 2017). Marruecos pone en marcha una nueva regularización de inmigrantes. *La Vanguardia Internacional.* Recuperado el 10 de mayo de 2018 del sitio web: https://goo.gl/hXaRqk

Sinatti, G. y Horst, C. (2015) Migrants as agents of development: Diaspora engagement discourse and practice in Europe, *Ethnicities*, 15 (1), pp. 134-152.

Smith, C. (2003). "Migrant Membership as an Instituted Process: Transnationalization, the State and the Extra-territorial Conduct of Mexican Politics. *International Migration Review* no. 37, pp. 297-343

Snyder, T. (2005). *The Wall around the West*. Recuperado el 2 de noviembre de 2016 del sitio web Eurozine: http://www.eurozine.com/the-wall-around-the-west/

Sørensen N. N. (2016). Coherence and Contradictions in Danish Migration-Development Policy. *European Journal of Development Research*, 28 (1), pp. 62-75.

Sørensen, N. N. (2012). Revisiting the Migration-Development nexus: from social networks and remittances to markets for migration control. *International Migration*, 50 (3), pp. 61-76.

Sorroza, A. (2006). *La Conferencia Euroafricana de Migración y Desarrollo: más allá del "espíritu de Rabat".* Área: Demografía y Población / África Subsahariana / Europa - ARI N° 93/2006. Recuperado el 30 de marzo de 2015 del sitio web del Real Instituto Elcano: http://goo.gl/sNpCha

Stang, M. F. (2016). De la Doctrina de la Seguridad Nacional a la gobernabilidad migratoria: la idea de seguridad en la normativa migratoria chilena, 1975-2014. En *Seguridad y democracia: ¿antinomia irreductible?*, *Revista Polis*, n° 44, pp. 1-21. Recuperado el 14 de octubre de 2017 del sitio web: https://polis.revues.org/11848

Tadesse, T. (14 de septiembre de 2017). *New laws should be used to strengthen international relations, benefit migrants and help counter terrorism.* Institute for Security Studies. Recuperado el 10 de mayo de 2018 del sitio web: https://goo.gl/ts6EQL

Tomlinson, S. (21 de agosto de 2015). World of walls: How 65 countries have erected fences on their borders – four times as many as when the Berlin Wall was toppled – as governments try to hold back the tide of migrants. *MailOnlineNews*. Recuperado el 3 de marzo de 2018 del sitio web: https://goo.gl/TS3zEJ

Varela, A. (2015). La "securitización" de la gubernamentalidad migratoria mediante la "externalización" de las fronteras estadounidenses a Mesoamérica. *Con-temporánea*, n° 5, diciembre, pp. 1-17. Recuperado el 23 de septiembre de 2016 del sitio web: https://revistas.inah.gob.mx/index.php/contemporanea/article/view/6270/7104

Vargas, J. (26 de agosto de 2015). Europa levanta siete vallas contra el mayor éxodo humano desde la II Guerra Mundial. *Diario público*. Recuperado el 16 de mayo de 2018 del sitio web: http://www.publico.es/internacional/europa-levanta-siete-vallas-mayor.html

Vargas-Céspedes, J.P. (2010). *Las políticas migratorias, ¿qué son?, ¿para dónde van?* En Benito, V.J. (Coord.). Seminario Iberoamericano sobre Políticas Migratorias, Cooperación al Desarrollo, Interculturalidad e Integración Social de los Emigrantes Latinoamericanos en España, Mesa 1, Las políticas migratorias en Iberoamérica. pp. 53-78. Recuperado el 19 de abril de 2013 del sitio web: http://goo.gl/ztFC5I

Vertovec, S. (2009). *Transnationalisme*. Routledge (New York).

Waldinger, R. (2008). Between *here* and *there*: Immigrant cross-border activities and loyalties", *International Migration Review*, Vol. 42 (1), pp. 3-29.

Waldinger, R. (2015). *The Cross-border Connections. Emigrants, Immigrants and Their Homelands.* Harvard University Press (Cambridge, London).

CAPÍTULO 5

LA CONCEPTUALIZACIÓN DE LA MIGRACIÓN DE RETORNO COMO PARTE DEL PROCESO MIGRATORIO: LA PERSPECTIVA TRANSNACIONAL Y EL PARADIGMA DE LA MOVILIDAD EN DIÁLOGO

Sònia Parella, Alisa Petroff, Clara Piqueras, and Thales Speroni

Introducción

El estudio de la migración de retorno no resulta fácil, y mucho menos cuando este tipo de desplazamiento se produce en un momento como el actual, en el que se asiste a dinámicas de migración internacional cada vez más complejas que generan nuevos patrones de migración y nuevas tipologías y perfiles de migrantes (Rivera, 2013; Jáuregui y Recaño 2014). Una limitación inherente a los primeros estudios sobre la migración de retorno era el hecho de conceptualizar el retorno como movilidad de las personas migrantes hacia sus lugares de origen con la intención de establecerse ahí y concluir el ciclo migratorio (Gmelch, 1980; Hirai, 2013). Este esquema simplificador resultaba demasiado rígido a la hora de analizar todas las modalidades que adquiere el hecho de regresar al lugar desde el que se emigró.

De acuerdo con Rivera (2013), hoy en día partimos ya de un cierto consenso académico a la hora de asumir que el retorno se produce como resultado de la confluencia entre las condiciones estructurales y las condiciones subjetivas/objetivas que dan forma a la experiencia migratoria. Asimismo, el retorno no puede ser concebido como la conclusión o punto final de la trayectoria migratoria (en términos de regreso definitivo y permanente), sino como una fase o etapa más del proceso migratorio, que impacta sobre los lugares y las personas, y cuya realización exige tomar en cuenta todas las barreras, fronteras y relaciones de poder que condicionan el cuándo y el cómo se produce este retorno (Rivera, 2009; De Hass y Fokkema,

2010; Sinatti, 2011; Vathi y King, 2017; Pujadas y Tapada 2017). Es desde este punto de partida que situamos la revisión conceptual sobre el concepto de "retorno", a partir de la incorporación de las perspectivas teóricas holísticas e integrales que ofrecen herramientas epistemológicas, teóricas y metodológicas para abordar el retorno en todas sus formas, y que se desmarcan del "nacionalismo metodológico".

En cuanto a las formas de retorno, hay que asumir que muchos sujetos, tras regresar a su país de origen, retoman su proyecto migratorio por medio de diversos tipos de nuevas movilidades, insertadas en complejas trayectorias e itinerarios. Resulta preciso, por lo tanto, abordar el fenómeno desde miradas que *deconstruyan* las categorías clásicas de las migraciones de retorno, y que permitan considerar formas más complejas de movilidad, como por ejemplo las migraciones pendulares o circulares, que superan los planteamientos dicotómicos temporales (Cortes, 2009). Asimismo, se debe partir de la idea de que las nuevas *movilidades post-retorno* (Vathi y King, 2017) no son necesariamente resultado de procesos de retorno y de reintegración sostenible "fallidos" (Kuschminder, 2017); sino que deben ser entendidas como un eslabón más del circuito migratorio y, por lo tanto, deben ser abordadas (nuevamente) en toda su complejidad.

La superación del "nacionalismo metodológico" dentro del campo de los estudios migratorios responde a un debate mucho más amplio, que implica abandonar la centralidad del Estado-nación y sus fronteras como unidad de organización (contenedor natural) de la vida social y política (Llopis, 2007). Tal presupuesto epistemológico es el que autores como Smith (1979), Beck (2004) y Wimmer y Glick Schiller (2002) han denominado el síndrome del "nacionalismo metodológico", especialmente contraindicado cuando se trata de identificar y comprender las migraciones internacionales en general, y mucho más en un contexto de globalización de la vida social, que intensifica exponencialmente las conexiones transnacionales a todos los niveles y que convierte en obsoletas las categorías dicotómicas a la hora de abordar los movimientos migratorios (en términos de origen-destino migratorio).

Dos son las perspectivas teóricas que se desarrollan en este texto, desde el análisis de su complementariedad, de sus especificidades y del potencial que ofrecen para el estudio de la migración de retorno: por un lado, la perspectiva transnacional (apartado 2) y su capacidad de mostrar el carácter no lineal del proceso migratorio, así como la emergencia de procesos y relaciones sociales que trascienden las fronteras de los Estados-nación y que no tienen una concreción sólo geográfica, sino que conectan todos los ámbitos que estructuran las vidas de las personas migrantes (familiar, económico, religioso, político, etc.).

Por el otro, la perspectiva de los estudios sobre movilidades (apartado 3). A pesar de que este enfoque en torno a la preeminencia de la movilidad para la vida social no ha prestado demasiada atención a las migraciones internacionales, sí ofrece potentes herramientas conceptuales para incorporar la migración internacional (y, por ende, el retorno) como una categoría más dentro de lo que se ha denominado el "paradigma de la movilidad" (Urry, 2007). Asimismo, permite teorizar sus causas y consecuencias dentro de los parámetros que consideran la (in)movilidad un recurso en sí mismo y un elemento clave de diferenciación social a escala local y global. El texto concluye con un apartado en el que se ponen en relación ambas perspectivas y se recogen los principales retos para el abordaje de la migración de retorno.

La migración de retorno desde la perspectiva transnacional

El estudio de la migración de retorno desde la perspectiva transnacional constituye un importante reto epistemológico y metodológico, ya que aborda el dinamismo y la complejidad de la circulación migratoria y la simultaneidad de los procesos sociales que transcurren de forma multilocalizada (Wimmer y Glick Schiller, 2002). Mientras que los enfoques teóricos más tradicionales asumen la migración como un evento-ruptura en el espacio tiempo (Cortes, 2009), la perspectiva transnacional se refiere al conjunto de procesos sociales que vinculan y traspasan las fronteras geográficas, políticas y culturales (Basch, *et al.*, 1994). En esta línea, durante las dos últimas décadas han proliferado los estudios empíricos sobre la migración de retorno abordados desde la perspectiva transnacional. Eso ha permitido superar el nacionalismo metodológico que concibe el Estado-nación como unidad analítica natural (Glick Schiller, 2005) y que equipara al conjunto de la sociedad con la noción de un Estado-nación anclado territorialmente (Kearney, 1996; Wimmer y Glick Schiller, 2002; Guarnizo, 2006; Paerregaard, 2008).

Desde la perspectiva transnacional se cuestiona la postura asimilacionista que concibe la incorporación en el país de destino migratorio y el mantenimiento y refuerzo de lazos con el país de origen como dos fenómenos excluyentes (De Haas, 2005). Según las teorías asimilacionistas, al migrar las personas deben abandonar el vínculo con la sociedad de origen para asumir las lógicas societales del lugar de llegada (Guarnizo, 2006). Sin embargo, desde el lente transnacional se reconoce que las personas que migran, lejos de desarraigarse de su vida social en origen, expanden su entorno social a través de las fronteras (Smith y Guarnizo, 1998; Suárez, 2008), estableciendo vínculos de distinta índole entre dos o más territorios nacionales. Esta asunción permite romper con la idea de uni o bidireccionalidad de los procesos migratorios (y de retorno), prevaleciendo un enfoque que contempla la multi-localización de los individuos y de las prácticas, vínculos y relaciones, que traspasan las fronteras geográficas (Faist *et al.*, 2013). No obstante, no hay que dar por hecho que todos los individuos desarrollan y mantienen prácticas y vínculos transnacionales. En este sentido, tal y como señala Portes (2005), el grado y las formas de las acciones transnacionales son heterogéneas, variando asimismo entre las diferentes comunidades migrantes, tanto en su intensidad como en su tipología.

Además, cabe resaltar que las relaciones sociales transnacionales están inmersas en estructuras de poder asimétricas que las condicionan de forma significativa (Glick-Schiler 2005; Cohen y Sirkeci, 2016).

El conjunto de relaciones y prácticas transfronterizas entre las personas migrantes y otros actores (migrantes o no) han sido descritas a partir de diferentes categorías, donde destacan la de "espacios sociales transnacionales" (Faist, 2000), "campos sociales transnacionales" (Levitt y Glick Schiller, 2004), o "formación social transnacional" (Guarnizo, 1997; Landolt, 2001). Se trata de conceptos similares, aunque con algunos matices en sus acepciones[1], que tienen en común el hecho de referirse a relaciones o prácticas –de carácter material e inmaterial– que involucran diversos niveles y múltiples escalas geográficas (Smith y Guarnizo, 1998; Portes *et al.*, 1999; Faist, 2000; Levitt *et al.*, 2003).

Son diversos los trabajos que se han desarrollado con el propósito de afinar la categoría analítica de lo transnacional, distinguiendo el tipo de agente (por clases sociales, por grado de movilidad, por status legal, etc.), los ámbitos de acción (político, económico, cultural, religioso, etc.), así como las formas, alcances y niveles (Suárez, 2008: 923). Una de las principales aportaciones es la de Guarnizo y Smith (1998) y Portes *et al.* (1999) que diferencian entre las prácticas transnacionales "desde arriba" y "desde abajo". Las primeras se refieren a las acciones impulsadas por el Estado, dirigidas al conjunto de connacionales que se encuentra residiendo en el exterior[2]. Aquellas impulsadas "desde abajo" se encontrarían protagonizadas por los propios sujetos. Pueden tratarse de relaciones y actividades de carácter multi-direccional que tienen lugar entre las personas que han migrado y aquellos individuos que han permanecido en el país de origen. Estos últimos, a pesar de no haber experimentado movilidad espacial, son partícipes —directa o indirectamente— del proyecto migratorio y, por tanto, juegan un papel importante en la configuración de estas prácticas.

Del mismo modo, el espacio social transnacional puede estar comprendido por diferentes países que no corresponden necesariamente con el lugar de origen del migrante, pero en los que el individuo dispone de una red social con la que mantiene un vínculo estable y sostenido en el tiempo

---

[1] Mientras que el concepto de "espacio social transnacional" se enmarca dentro de la teoría de redes, estando dicho espacio sostenido (o generado) por una alta densidad de vínculos y relaciones que presentan diferentes niveles de institucionalización (Faist 2000); el de "campo social transnacional" responde al enfoque de redes egocéntricas, donde se reconoce el conjunto de múltiples redes entrelazadas de relaciones sociales a través de las cuales se intercambian de manera desigual ideas, prácticas y recursos (Glick Schiller, 2005). Por su parte, el concepto de "formación social transnacional" hace referencia a un tipo de organización social que supera los límites de los Estados-nación, y que se expresa en relaciones multilocales y multinivel (Guarnizo, 1997; Landolt, 2001).

[2] Tales acciones responden a políticas oficiales que legitiman y promueven las conexiones transfronterizas con los connacionales que residen en el exterior, siendo el objetivo inmediato de éstas la *recuperación* (políticas de vinculación) o la *reincorporación* (políticas de retorno) de los connacionales que residen en el exterior (Mármora, 2002).

(Cohen, 2001; Guarnizo, 2003). Así, el incremento de los puntos de destino migratorio y las conexiones transnacionales en los itinerarios migratorios en la actualidad demandan complejizar el análisis de las dinámicas migratorias (Lozano y Martínez Pizzaro, 2015). En este sentido, examinar las migraciones de retorno desde la perspectiva transnacional como parte de contextos sociales más amplios, plantea la necesidad de superar un análisis que únicamente contempla cómo las personas se desplazan (físicamente) de un lugar a otro (origen-destino, y viceversa). Para ello es necesario incluir las múltiples formas de circulación que incorporan tanto los aspectos materiales –remesas económicas, mercancías, etc.–, como los elementos no tangibles —prácticas culturales y sociales, etc— (Rivera, 2012a).

Por todo lo dicho anteriormente, el retorno no puede concebirse exclusivamente desde la óptica del regreso físico al lugar de origen, sino que debe incluirse en su análisis el entramado de prácticas sociales, políticas, económicas y culturales en dichos lugares, así como la consolidación de redes y vínculos transnacionales en las que están inmersas las personas (Alfaro, 2004). En esta misma línea, la literatura contempla también otras formas de retorno en las que el proyecto acontece más como una "vuelta a *casa* transitoria" que está inmersa en la dinámica de las relaciones transnacionales (Cavalcanti y Parella, 2013; Cavalcanti y Boggio 2004). De la misma forma, Masferrer (2014) señala que el regreso no tiene por qué llevarse a cabo necesariamente al país de nacimiento del migrante, ya que muchas veces los individuos prefieren escoger un punto en su trayectoria migratoria (cit. en Lozano y Martínez, 2015), considerado como una "residencia base" o "lugar de referencia" (Domenach y Picouet, 1990). En este contexto, como anotan Cavalcanti y Parella (2013: 112), se debe pensar la migración de retorno desde las "nuevas" configuraciones de tiempo y espacio, donde el regreso a origen y las imágenes que con él se asocian se han multiplicado de forma novedosa, debiendo de reconocerse y abarcarse a nivel conceptual la visión dinámica del mismo.

Por otro lado, la contextualización histórica de los procesos migratorios (Tapia, 2014) en general, y del retorno en particular (Lozano y Martínez Pizarro, 2015), es central para superar visiones dicotómicas, especialmente las que tienen que ver con la idea de "éxito/fracaso" de la migración/retorno, e incluso las aproximaciones relacionadas con el tipo de "voluntariedad" de dicho regreso. Sin duda alguna, los procesos de toma de decisión y el acto en sí de emprender el retorno van más allá del cálculo racional que los individuos hacen de su situación. Desde la perspectiva transnacional se han entendido estos procesos como una expresión de las aspiraciones y capacidades (Carling, 2002) de la persona, así como de las condiciones económicas, políticas y sociales de los países en los que se instala y de los lugares a los que se retorna (Lozano y Martínez Pizarro, 2015). Se trata, por consiguiente, de procesos incrustados o enraizados (*embedded*) que se encuentran condicionados por múltiples estructuras, que cubren desde el nivel micro –

relaciones y obligaciones familiares–, el nivel meso –relaciones y obligaciones comunitarias e institucionales–, hasta el macro estructural –contextos de los lugares de la migración– (Guarnizo, 2006: 82).

De ese modo, referirse a los procesos de retorno en términos dicotómicos de éxito-fracaso simplifica en exceso las experiencias migratorias y la multiplicidad de factores que pueden incidir en la toma de decisión de regresar. Además, responsabiliza a los individuos íntegramente de las circunstancias bajo las que regresan al lugar de origen. En este sentido, la superación dicotómica –y reduccionista– propia de perspectivas objetivistas-estructurales o subjetivistas-infrasocializadas, encuentra en la categoría de enraizamiento (*embeddedness*) la posibilidad de adoptar un enfoque más complejo y profundo (Granovetter, 1985; King, 2002).

A menudo se ha definido el retorno voluntario como una "decisión genuina y posiblemente reflexionada"; mientras que por retorno forzado se asume como una "definición problemática" (Lozano y Martínez Pizarro, 2015: 16) que responde en la mayoría de los casos a una orden de expulsión emitida por el país de destino. Por su parte, Van Houte y de Koning (2008) afirman que todas aquellas personas que no han logrado obtener un permiso de residencia para permanecer legalmente en el país de destino y regresan al país de origen, experimentan un retorno *involuntario*[3]. Así, según las autoras, el retorno únicamente sería voluntario en aquellos casos en los que los sujetos que están en situación regular en el país de migración deciden regresar a origen tras haber sopesado, en base a la información disponible, la situación en ambos territorios (origen-destino). Sin embargo, las autoras distinguen entre aquellos casos donde el sujeto regresa como consecuencia de su situación irregular, de aquellos retornos que son resultado de una expulsión por parte de las autoridades del país.

A pesar de esta distinción teórica entre retorno forzado y voluntario, y dado el escenario que ha caracterizado durante la última década el Norte global (crisis económica, empeoramiento de las condiciones laborales, e incremento de un discurso político restrictivo hacia la población migrante), resulta imperativo cuestionar la dualidad referida a la voluntariedad o no del retorno. Partir de esta bipolaridad en contextos de retorno complejos supone omitir o desconocer numerosos matices y campos intermedios que superan la linealidad y la simplificación de la distinción entre retorno voluntario e involuntario. Eso se debe a que muchas personas, si bien no han sufrido una expulsión administrativa, se han visto obligadas a retornar por las condiciones de precariedad y vulnerabilidad, lo que cuestiona el carácter

---

[3] La postura política de la Unión Europea y sus países miembros ante la migración de retorno responde a una lógica en la que las personas en situación jurídica irregular son incentivadas a regresar a sus países de origen (Cassarino, 2004), denominando a estos retorno como "voluntarios". Claro ejemplo de esto ha sido la Directiva de Retorno 2008/115/CE, o las políticas de retorno impulsadas en la década de los setenta orientadas a población solicitante de asilo, refugiada, o en situación jurídica irregular a favor de promover su regreso a sus países de origen (Black y Gent, 2006).

voluntario y deliberado de dicha decisión.

Por otro lado, el estudio del retorno desde la perspectiva transnacional conceptualiza la migración de retorno como un proceso y una etapa más del ciclo migratorio, asumiendo que los fenómenos migratorios no se configuran a través de fases aisladas entre sí. Desde esta perspectiva, se rechaza la concepción lineal del proceso migratorio propia de la visión clásica y se sostiene que la movilidad de las personas comprende *circuitos complejos* (Rivera, 2009). La migración de retorno, entendida como un acto que va más allá del simple hecho de volver al país de origen (como espacio estático en el tiempo), debe ser abordada como un *nuevo* movimiento migratorio compuesto por diferentes etapas interconectadas (Parella *et al.*, 2017). Ello significa comprender el retorno como un proceso de intencionalidad, de toma de decisión, y de preparación ante el retorno, así como de movilización de recursos tangibles e intangibles tanto en origen como en destino (Cassarino, 2004; Cobo, 2008).

A su vez, cabe prestar atención a cómo esta nueva movilidad puede producir la emergencia de nuevas negociaciones de fronteras sociales y nuevas lógicas de inclusión y exclusión social. Ello requiere incluir en el análisis los procesos de (re-)incorporación al espacio territorial y social al que llega el sujeto. En este sentido, diversos autores han subrayado que si bien existe una amplia producción científica centrada en los modelos de inserción, incorporación o asimilación de las personas migrantes en los lugares de destino, menor atención se ha prestado al proceso de (re-)incorporación al que se enfrentan las personas migrantes cuando regresan a sus lugares de origen (King, 2017; Rivera, 2015). En esta misma línea, Lozano y Martínez Pizzarro (2015) señalan cómo los estudios sobre retorno –y especialmente la producción desde los países del Norte global– se han centrado en el análisis del proceso de retorno desde la perspectiva que abarca casi exclusivamente las consecuencias que dichas salidas tienen en las sociedades y economías de destino migratorio, omitiéndose en el análisis lo que sucede a los individuos una vez han retornado al país de origen, o han migrado hacia un tercer territorio.

Uno de los trabajos de referencia sobre la cuestión vinculada a la reintegración corresponde a Black *et al.* (2004, 2006), quienes proponen un marco analítico en torno a la categoría de "retorno sostenible" (*sustainable return*)[4], que contempla las esferas física, socioeconómica, y política y de seguridad, así como también los distintos elementos a partir de los cuales cabe atender a dicha sostenibilidad, como son la percepción objetiva y subjetiva del retorno sostenible, o las condiciones en origen.

---

[4] A pesar del abordaje conceptual que diversos autores han realizado del concepto de "retorno sostenible" (Black *et al*, 2004; Koser and Kuschminder, 2015; Strand *et al.*, 2016), dicha categoría carece de definiciones y medidas acordadas (Kuschminder, 2017).

79

Por su parte, la propuesta de Van Houte y Davids (2008) gira en torno al concepto de "re-incrustación"[5] (*re-embeddedness*), definido en base a un marco multidimensional que permite analizar el proceso a través del cual un individuo encuentra su posición en una sociedad y adquiere un sentido de pertenencia y de participación dentro de la misma. Las autoras operativizan el concepto a partir de tres dimensiones interrelacionadas que se refuerzan mutuamente: la económica, la psicológica y la que tiene que ver con las redes sociales. La conexión existente entre las distintas dimensiones implica que cualquier escenario de incertidumbre o vulnerabilidad al que se enfrente el individuo en uno de los niveles (macro-micro) puede tener algún tipo de impacto en los otros niveles. Así, pensar la migración en clave de circuito (Rivera, 2009) permite superar el dilema de la reincorporación estrictamente a nivel macro –en términos laborales y económicos, pero también institucionales y socioculturales (Van Houte, 2016) –; y contempla las implicaciones que el regreso tiene a nivel meso (relacional) y micro (dimensión familiar, social y emocional).

Las movilidades de retorno desde el paradigma de la movilidad

El retorno también puede ser analizado como resultado de la confluencia de las reflexiones teórico-metodológicas que, desde la perspectiva de la movilidad humana, conceptualizan la "movilidad" como una de las categorías centrales para las sociedades, desde un planteamiento que aúna en un mismo marco todos los movimientos espaciales (Moret, 2018). Este enfoque integra las migraciones transnacionales, las diásporas y exilios, con el análisis del turismo, los desplazamientos de expatriados, o incluso la movilidad cotidiana en un marco global (Pujadas y Tapada, 2017), permitiendo analizarlos de forma conjunta.

A pesar de que esta perspectiva ha mostrado menor interés por las migraciones internacionales (en comparación con otras formas de movilidad), contiene, de acuerdo con los trabajos de Moret (2017, 2018), un gran potencial a la hora de incorporar diferentes formas de movilidad dentro de los estudios sobre migraciones internacionales y superar los modelos lineales que sólo contemplan origen-destino. A su vez, esta perspectiva es inherentemente incompatible con el denominado "nacionalismo metodológico", al alterar las nociones de lugar, regiones y nacionales como bases estáticas fundamentales de la identidad de las personas (Cresswell, 2010).

Otra de sus bondades es la posibilidad de teorizar la (in)movilidad como recurso desigualmente distribuido, lo que permite incorporar el acceso a la

---

[5] El concepto de "embeddedness" es definido por Van Houte (2016: 98) –aplicado en el estudio de las migraciones transnacionales– como un proceso continuo de identificación y participación de un individuo en uno o múltiples espacios de pertenencia a nivel multilocal y multidimensional.

misma como una forma de diferenciación social que tiene que ver con la producción de poder y las relaciones de desigualdad (Cresswell, 2010; Moret, 2018). En este sentido, son muchas las voces que señalan que el mundo global ha entrado en la era de la movilidad (Sheller y Urry, 2006; Urry, 2007). Sin embargo, no son menos los posicionamientos críticos que tratan de evitar un análisis excesivamente optimista en torno a este "giro hacia la movilidad", que no considere que los marcos en los que se produce tal movilidad no son en absoluto neutros y no suponen aspectos intrínsecamente positivos y con capacidad de *empowerment* para las personas implicadas (Faist, 2013). En definitiva, estas críticas evidencian que la "gran narrativa" que vincula movilidad y fluidez es demasiado entusiasta (Hannam *et al.*, 2006). Lejos de ser así, existen marcos atravesados por relaciones de poder y control que impiden un acceso a la movilidad indiscriminado y generalizado, y que establecen mecanismos para limitar, estigmatizar y bloquear la movilidad de determinadas categorías de personas o grupos sociales, tanto a nivel normativo como simbólico (Shamir, 2005; Cohen y Sirkeci, 2011; Glick Schiller y Salazar, 2013; Pujadas y Tapada, 2017).

A la hora de estudiar las movilidades hay que tomar en cuenta la relación entre las distintas formas de movilidad obligatoria o forzada y las que responden a decisiones voluntarias, incluyendo el turismo (Hannam *et al.*, 2006). Según estos autores, las movilidades deben analizarse mediante instrumentos conceptuales y metodológicos que permitan captar las distintas consecuencias que tienen para las personas la (no)movilidad. Para muchas, el hecho de poder viajar cruzando fronteras internacionales constituye una forma de lograr conexiones y estatus social, una fuente de poder, un recurso indispensable para mantener la posición social o bien para lograr la movilidad social ascendente. Para otras en cambio, la coerción del movimiento genera dramas humanos (incluida la muerte), como los que padecen migrantes y personas refugiadas en muchos lugares del mundo; o bien provoca reasentamientos en lugares no deseados (Hannam *et al.*, 2006).

A partir de estas posturas más críticas, autores como Massey (1994) o Cresswell (2010) se refieren a la teorización sobre la movilidad como eje de diferenciación social en la producción de relaciones de poder y desigualdades como "políticas de movilidad". No toda movilidad es igualmente relevante. Se trata de tomar en cuenta aquella movilidad (a diferencia de lo que sería un mero desplazamiento) que suponga un cambio en la vida de las personas, ya sea en términos de identidad o de posición social (Kaufmann *et al.*, 2004). De ahí que lo que adquiere verdadero interés sea el análisis de sus causas y sus consecuencias, en función de los constreñimientos políticos y legales que le dan forma y que nos permitirían distinguir, a título de ejemplo, entre, por un lado, la promoción de la libertad de movimiento de personas dentro de los países asociados al espacio de Schengen y, por el otro, los crecientes controles fronterizos que impiden la llegada de migrantes de fuera de la UE a través de cauces legales. De ese modo, las prácticas de movilidad aparecen directamente vinculadas a estrategias que los migrantes desarrollan, a modo de recurso que las personas pueden optar por activar en un momento dado. Esta sería, en términos de Cresswell (2010), la principal diferencia entre "movimiento", como término meramente descriptivo, y "movilidad", que va mucho más allá de su dimensión física e incluye también las relaciones de poder que la atraviesan (Moret, 2018).

La consideración de la posibilidad (o no) de cruzar las fronteras como un recurso ha sido ampliamente desarrollada por la literatura en torno a la noción de circulación (Peraldi, 2001; Cortes y Faret, 2009), que incluye tanto las prácticas de movilidad individuales como los sistemas de movilidad. Desde esta premisa, autores como Tarrius (1993, 2000) han desarrollado el concepto de "territorios circulatorios", desvinculados de los parámetros de los Estados-nación y con sus propias jerarquías y formas de sociabilidad. Los territorios circulatorios son creados a partir de lógicas de movilidad y del saber o capital relacionado con la movilidad –*capital espacial* (Lévy, 1994 y Lévy, 2002), por analogía con el capital social en los términos de Bourdieu (1980)–, que incluyen el conjunto de recursos acumulados por un actor que le permiten sacar partido a la dimensión espacial de la sociedad en función de distintas estrategias de movilidad (Lévy, 2002).

Este tipo de habilidades son precisamente las que fluyen cuando hablamos de "circulación"; a saber, las que tienen que ver con la movilidad y el movimiento físico, y no tanto con el capital social o los vínculos fuertes (Granovetter, 1973). Tal intensificación de las circulaciones obedece a menudo a reorganizaciones económicas contemporáneas que originan distintas formas sociales derivadas de la interacción de todos los lugares que son parte del recorrido de la movilidad (el comercio informal, por ejemplo). Así, Tarrius (2000) aboga por abandonar la noción de *migración* en favor de la de *movilidad*, por cuanto esta última permite dar cuenta de todas las articulaciones y simultaneidades que generan los movimientos, así como comprender de qué manera redefinen constantemente las reglas que rigen el espacio público (Güell, Parella y Valenzuela, 2015).

Estos posicionamientos a la hora de comprender las migraciones internacionales desde la perspectiva de la movilidad implican que la capacidad de control de dicha movilidad y sus consecuencias para los migrantes permitan hablar en términos de una "nueva estructura de clases" (Castles *et al.*, 2014); en el sentido que el acceso a la movilidad determina las estrategias económicas y el logro de estatus. De ese modo, la habilidad de poder moverse constituye una dimensión semi-autónoma de la desigualdad (Faist, 2013; Moret, 2018); o lo que algunos autores han denominado, una manifestación de la "transnacionalización de la desigualdad social" (Nieswand 2018)[6]. La movilidad se ve constreñida o facilitada por otros tipos

---

[6] En esta misma línea, Kaufmann *et al.* (2004) consideran que los desplazamientos geográficos son

de recursos y por la manera en la que éstos son valorados en diferentes contextos. Por consiguiente, la movilidad se distribuye de forma socialmente diferenciada y su análisis sitúa las relaciones de poder, basadas en procesos que tienen que ver con el género, la raza/etnicidad y la clase social, en el centro del análisis de las vidas (in)móviles de los migrantes (Kaufmann *et al.*, 2004).

El concepto de *ciudadanía dual* o *múltiple* (Mateos 2015) permite "capitalizar" la experiencia migratoria como activo que facilita la movilidad transitoria o con carácter prolongado. Por consiguiente, el estatus legal determina el nivel de agencia de los sujetos sobre las prácticas de movilidad. Para el caso específico del retorno, la movilidad se ve ampliamente condicionada por la posición social de sus protagonistas. En este sentido, retornar desde España a un país latinoamericano siendo titular del pasaporte español, por ejemplo, supone contar con un recurso que implica la posibilidad de volver al país de migración si es necesario o se desea, o bien desarrollar futuras estrategias migratorias hacia otros lugares. En una situación radicalmente diferente en términos de acceso a la movilidad se encuentran aquellas personas que retornan a sus países contra su voluntad (casos de deportación), como resultado de la dinámica del contexto y las condiciones actuales de la inmigración indocumentada en países como los Estados Unidos, por ejemplo (Rivera, 2013).

Otra importante ventaja del uso de la perspectiva de la movilidad es la posibilidad de focalizar el análisis en las biografías y trayectorias de vida de los migrantes a largo plazo. En palabras de Moret (2018:15), "añade temporalidad a la espacialidad". Es decir, no sólo se considera relevante la migración inicial, como si se tratara de una movilidad transfronteriza entre dos momentos de sedentarismo; sino que la movilidad, entendida en sus múltiples formas, puede considerarse un aspecto importante de la vida de las personas a lo largo del tiempo, siempre sujeta a cambios, en función de las experiencias, los recursos de los que se dispone, los obstáculos y las oportunidades que se logran en distintos lugares (Moret, 2018).

Desde esta perspectiva, las prácticas de movilidad constituyen aspectos fundamentales de las estrategias que los migrantes desarrollan tras su migración inicial. Uno de los principales focos de interés que adquiere el análisis del retorno desde el paradigma de la movilidad es poder interpretar este tipo de desplazamiento más allá de los clichés temporales y espaciales que lo sitúan necesariamente en relación con un dónde y hacia un qué específico. Lejos de ser así, el retorno como desplazamiento puede

---

principios estructuradores de las sociedades. En base a la conexión teórica que realizan estos autores entre espacio y movilidad social, proponen el término "motility" como representación de una nueva forma de desigualdad; resultado del potencial y capacidad de las mercancías, la información y las personas de ser móviles, tanto a nivel geográfico como social.

convertirse en sí mismo en un acto performativo de búsqueda de (re)pertenencia en un lugar imaginado o en el que nunca se estuvo (Ahmed *et al.*, 2003; Levitt y Waters, 2002).

La *movilidad de retorno* (Vathi y King, 2017) puede alcanzar la circularidad migratoria (también denominada "migración pendular"), cuando se concreta a partir de movimientos continuados y más o menos regulares entre dos espacios. En otros casos, las dinámicas de movilidad y de circulación sitúan el retorno como parte de un sistema de movilidad y como un recurso vinculado a la zona de origen, que en un momento dado (crisis económica en el lugar al que se ha migrado, por ejemplo) es activado de forma estratégica. Asimismo, las "migraciones secundarias" o "migraciones progresivas" (*onward-migration*) (Jeffery y Murison, 2011) se refieren a aquellas movilidades que protagoniza un individuo que, tras vivir un tiempo en un país (al que migró y en el que residió), decide re-migrar hacia un tercer destino, generalmente como consecuencia de la experiencia migratoria de la última migración (en el caso de España, en muchas situaciones ligado a la disrupción de trayectorias laborales en un contexto de crisis económica post 2008)[7]. Así, tanto la migración circular, como la migración de tránsito e incluso la de retorno pueden estar vinculadas a –o ser parte de– patrones de migraciones continuadas (Arriola-Vega, 2016: 113), que pueden suponer sucesivos cambios del centro de gravedad de la trayectoria migratoria, y que dan cuenta de las complejidades inherentes a los procesos de instalación y des-instalación de la población migrante.

Desde el denominado paradigma de las movilidades es pertinente la revisión ontológica del concepto de retorno y de cómo cambia su significado en función de la dimensión temporal, espacial e incluso generacional, lo que permite distinguir entre el retorno de la primera generación del de la segunda o subsiguientes generaciones[8] (King y Christou, 2011). Siguiendo a King y Christou (2011), tanto el lugar al que se retorna como el tipo de retorno presentan distintas expresiones (real, virtual, imaginada, deseada, planificada, forzada, etc.). De ahí la distinción propuesta por Long y Oxfeld (2004) entre, por un lado, la "migración de retorno", que incluye un desplazamiento y reubicación física del migrante hacia donde considera que es su lugar de origen (ya sea éste temporal o permanente) y, por el otro, el "retorno" o "movilidad de retorno", como concepto mucho más amplio, que contempla tanto la migración de retorno, como las repatriaciones o los viajes al lugar de origen con carácter vacacional o para visitar a familiares. Todas estas aproximaciones al concepto de retorno en sentido amplio tienen que ver con

---

[7] Un migrante puede embarcarse en un viaje hacia un destino que considera final, pero que posteriormente se vuelve provisional, dejando abierta la posibilidad de re-migrar (Arriola-Vega, 2016: 113).

[8] Tsuda (2010) define el "retorno étnico" como el desplazamiento de personas a otro país en el que no han vivido antes (o han visitado de forma ocasional), de cuyos habitantes son co-etnico descendientes.

la movilidad.

El abordaje de la migración de retorno desde el paradigma de la movilidad supone una tensión entre movilidad (regresar) y el asentamiento estable en otro lugar al que se llegó y al que se considera que uno "pertenece". De acuerdo con King y Christou (2011), esta tensión dialéctica es claramente resoluble. Los estudios sobre migraciones, diásporas y transnacionalismo han aportado incisivas críticas a las categorías estáticas basadas en nociones como nación, etnicidad, comunidad, lugar, etc. (Basch *et al.*, 1994; Hannam *et al.*, 2006). Al mismo tiempo, a la hora de poner de manifiesto la compleja interrelación entre viajar y establecerse, o entre hogar y no hogar, han subrayado la noción de "*homing*", en términos no tanto de lugar de origen ("*home*") sino de "deseo de hogar" (Brah, 1996) o de necesidad de "re-engarzamiento" ("re-grounding") para poder hacer frente a la pérdida de raíces (Ahmed *et al.*, 2003).

Si hablamos en términos de movilidades de retorno, hay que incluir una serie de desplazamientos (visitas puntuales, proyectos de retorno a largo plazo, circulación o migración pendular dentro de campos sociales transnacionales, etc.), que trascienden las construcciones del retorno como mero movimiento físico que entraña el regreso al que se considera el lugar de origen (King y Christou, 2011: 460). En esta línea, ambos autores coordinaron en 2011 un interesante monográfico sobre movilidades de retorno (*Mobilities* 2011, vol. 6, nº 4), cuyas contribuciones abordan los vínculos transnacionales que las segundas generaciones mantienen con los lugares de origen de sus padres o ancestros, y sus consecuencias en términos de impulsar desplazamientos de retorno, a los que denominan "retorno ancestral", "migración contra-diaspórica" o "transnacionalismo inverso". A menudo se trata de jóvenes que jamás han vivido en el país de sus padres, pero que conciben la posibilidad de retornar como culminación del deseo de contribuir al desarrollo de ese país; o bien como estrategia para mejorar su estatus social y superar la discriminación que perciben en el lugar en el que han nacido y han crecido. Asimismo, King y Christou (2011) problematizan las nociones de "retorno" y "lugar de origen" en base a la perspectiva de los regímenes de movilidad, en un contexto de migraciones globales en el que los desplazamientos de las personas son cada vez más impredecibles, fragmentados y secuenciales; lo que dificulta establecer categorías binarias en torno a origen/destino, emigración/inmigración, migración/retorno, etc.

Conclusiones

Las dinámicas del retorno de la última década quedan marcadas por dos fenómenos casi contrapuestos. El aumento de las estrategias de movilidad –con frecuentes idas y venidas entre diferentes "residencias bases" o "lugares de referencia"– choca, en ocasiones, con el creciente discurso coercitivo ante la movilidad de las personas y las políticas migratorias cada vez más restrictivas impulsadas por el Norte global. Partiendo de este escenario, a lo largo de este capítulo hemos presentado y puesto en diálogo las potencialidades de dos perspectivas teóricas a la hora de abordar las migraciones de retorno: la perspectiva transnacional y la perspectiva de los estudios sobre movilidades.

En primer lugar, cabe destacar que ambos enfoques permiten capturar de manera dinámica la complejidad del retorno, superando la asunción de linealidad que plantean las teorías clásicas. Uno de los principales aportes de estas dos perspectivas guarda relación con la necesidad de abordar el fenómeno de retorno como una etapa más del proyecto migratorio, sin tener que significar el fin del mismo. En este sentido, el retorno no debe entenderse como una disrupción del proyecto, sino que forma parte de las dinámicas de movilidad que protagonizan los individuos. Esta postura permite, asimismo, abordar la migración de retorno desde una óptica que reconoce la interconexión que existe entre las diferentes fases que comprenden la trayectoria migratoria y experiencias de los sujetos.

Por otro lado, este cambio en la manera de conceptualizar el retorno ha obligado a superar el nacionalismo metodológico inherente en el estudio de muchos fenómenos sociales, incluidos el estudio de las migraciones. La incorporación de los espacios transnacionales en el análisis de la migración y el retorno ha supuesto romper con la idea de Estados-nación como espacios cerrados y homogéneos con un único punto de partida del análisis empírico posible. Con el objetivo de superar este nacionalismo metodológico, desde la academia se han realizado esfuerzos por incorporar en los estudios un abordaje transnacional, lo que ha supuesto nuevos retos epistemológicos y teóricos, pero también metodológicos –e incluso éticos– para el diseño, recolección y análisis de los datos, tal y como se aborda más abajo.

Si bien la perspectiva transnacional y el paradigma de la movilidad se han complementado desde los puntos de vista presentados anteriormente, también cabe resaltar un conjunto de especificidades que las diferencian. Así, mientras que la perspectiva transnacional considera el desplazamiento como una forma más de cruzar fronteras y generar vínculos, la perspectiva de la movilidad (aplicada al estudio de las migraciones) sitúa el desplazamiento físico como eje central; y considera la (in)movilidad en sí misma un recurso desigualmente distribuido, cuyo acceso, en interacción con otros recursos, determina diferencias entre grupos. Resulta clave la identificación y análisis, por tanto, de aquellos elementos que bloquean o interrumpen la movilidad de las personas. Por otro lado, la perspectiva transnacional, aunque no admite planteamientos generalistas, sí presenta una mayor resistencia a la hora de captar los contextos estructurales de desigualdad dentro de los que se desarrollan los vínculos transnacionales (Moret, 2018).

Las geometrías de poder (Massey, 1999) y el acceso desigual a la movilidad, tal y como apunta el denominado paradigma de la movilidad, constriñen la agencia de los individuos que tienen la aspiración de retornar o (re)migrar, pero no la capacidad (ya no sólo material) de emprender la movilidad. En este sentido, la *ciudadanía dual* o *múltiple* se convierte en un importante activo que facilita la movilidad (tanto transitoria como con carácter prolongado,) y que puede ser activado estratégicamente cuando se considere necesario. En el otro extremo, la condición de irregularidad jurídica va a impedir el desarrollo de ciertas prácticas transnacionales (visitas a origen, cuidados presenciales, etc.), así como el acceso a una nueva movilidad, en términos de posibilidad de retornar/circular.

Por último, el abordaje y comprensión de los fenómenos sociales en un mundo interconectado plantea no sólo (re)pensar las aproximaciones conceptuales sobre los flujos y circulación de personas, objetos y símbolos; sino que exige también elaborar dispositivos metodológicos que permitan entender la complejidad de la articulación entre varios procesos que se desarrollan más allá de las escalas locales, regionales y nacionales (Hirai, 2012). Reconocer por tanto la movilidad y los vínculos constantes que existen entre las fronteras, así como la no linealidad de los procesos migratorios, supone partir de diseños metodológicos multilocalizados, no exentos de desafíos y limitaciones.

En primer lugar, debe superarse la figura del investigador *sedentario* focalizado en las dinámicas que atañen a un único lugar, siendo necesario impulsar diseños metodológicos complejos que permitan "acompañar" –no sólo de manera física, sino pero también por medio del abordaje holístico de los itinerarios migratorios (Levitt y Glick Schiller, 2004)– las trayectorias migratorias (y de retorno) de los sujetos, y que atiendan a los distintos escenarios que están presentes en la realidad estudiada. Esto va a posibilitar no sólo aproximarse a la comprensión de los circuitos migratorios o las movilidades transfronterizas, sino también captar la heterogeneidad de perfiles, experiencias y situaciones que presentan los individuos.

En segundo lugar, en cuanto a la unidad de análisis del transnacionalismo, Guarnizo (2003: 19) plantea que si bien existen diversas unidades de análisis posibles (individuo mismo, organizaciones, comunidades, asociaciones, partidos políticos, etc.), el migrante (individuo) constituye el punto de partida más viable en la investigación de la migración transnacional. La misma aseveración es perfectamente aplicable a los estudios desde el paradigma de la movilidad

Por último, los diseños multi-localizados y de carácter longitudinal son necesarios para atender la multi-especialidad de la experiencia migratoria; así como para sistematizar y analizar los eventos biográficos que conforman la experiencia de vida de una persona para, de ese modo, poder entender las lógicas del cambio y el devenir de sus trayectorias de movilidad (Rivera, 2012b).

Bibliografía

Ahmed, S.; Castaneda, S.C.; Fortier, A.-M.; Sheller, M. (Eds.). *Uprootings/regroundings. Questions of home and migration.* Oxford/New York: Berg.

Arriola-Vega, L.A. (2016). Movilidad múltiple nacional e internacional de una población mexicano-guatemalteca. *Revista LiminaR. Estudios Sociales y Humanísticos*, 14, 2, 131-149.

Basch, L., Glick Shiller, N. y Szanton Blanc, C. (1994): *Nations unbound. Transnational projects, postcolonial predicaments and deterritorialized nation-states.* Pensylvania: Gordon and Breach Science Publishers.

Beck, U. (2004): *Poder y contrapoder en la era global.* Barcelona: Paidós.

Black, R. *et al.* (2004). *Understanding voluntary return.* Home Office Online Report 50/04. Recuperado en septiembre 2018 de http://sro.sussex.ac.uk/11041/

Black, R. y Gent, S. (2006) Sustainable Return in Post-conflict Contexts. *International Migration,* 44 (3), 15-38.

Brah, A. (1996). *Cartographies of Diaspora: Contesting Identities.* Londres: Routledge.

Carling, J. (2002). Migration in the age of involuntary immobility: Theoretical reflections and Cape Verdean experiences. *Journal Journal of Ethnic and Migration Studies,* vol. 28, 1, 5-42.

Cassarino, J-P (2004). Theorising return migration: The conceptual approach to return migrants revisited. En P. de Guchteneire (dir.). *Managing Migration and Diversity in the Asia Pacific Region and Europe. International Journal on Multicultural Societies,* Vol. 6, 2, 253 279, UNESCO. Recuperado en agosto 2018 de www.unesco.org/shs/ijms/vol6/issue2/art4

Cavalcanti, L. y Boggio, K. (2004). Una presencia ausente en espacios transnacionales. Un análisis a partir del cotidiano de uruguayos y brasileños en España. Actas del IV congreso inmigración en España, Girona.

Cavalcanti, L. y Parella, S. (2013). Entre las políticas de retorno y las prácticas transnacionales de los migrantes brasileños: re-pensando el retorno desde una perspectiva transnacional. *Crítica e Sociedade: revista de cultura política,* 2, 2, 109-124.

Castles, S.; de Hass, H.; y Miller, M. (2014). The Age of Migration: International Population Movements in the Modern World (Fifth Edition). Basingstoke: Palgrave-Macmillan, and New York: Guilford.

Cobo, S. (2008). ¿Cómo entender la movilidad ocupacional de los migrantes de retorno? Una propuesta de marco explicativo para el caso mexicano. *Estudios demográficos y urbanos,* vol.23, 1, 159-177.

Cohen, J. H. (2001). Transnational Migration in Rural Oaxaca, Mexico: Dependency. *Development and the Household. American Anthropologist, 103*(4), 954-967.

Cohen, J. H. y Ibrahim S. (2011). *Cultures of migration: the global nature of contemporary mobility.* Austin: University of Texas Press.

Cohen, J.H. y I. Sirkeci. (2016). Migration and Insecurity: Rethinking Mobility in the Neoliberal Age. En J. Carrier (ed.), *Anthropology after the Crisis.* (pp. 96-113). Londres: Routledge Publishing.

Cortes, G. (2009). Migraciones, construcciones transnacionales y prácticas de circulación. Un enfoque desde el territorio. *Párrafos Geográficos,* Vol. 8, 1, 35-53.

Cortes, G. y Faret, L (2009). *Les circulations transnationales: Lire les turbulences migratoires contemporaines.* París : Armand Colin.

Cresswell, T. (2010). Towards a politics of mobility. *Environment and Planning D: Society and Space, 28,* 17-31.

De Haas, H. (2005). International migration, remittances and development: Myths and facts. *Third World Quarterly,* 26, 1269-1284.

De Hass, H. y Fokkema, T. (2010). Intra-household conflicts in migration decision making: return and pendulum migration in Morocco. *Population and Development Review,* 36, 541– 561.

Domenach, H. y Picouet, M. (1990). El carácter de la reversibilidad en el estudio de la migración. *Notas de Población*, 40, 49-69.

Faist, T. (2000). Transnationalization in International Migration: Implications for the Study of Citizenship and Culture. *Ethnic and Racial Studies, 23*(2), 189-222.

Faist, T. (2013). The mobility turn: a new paradigm for the social sciences?. *Ethnic and Racial Studies*, 36, 11, 1637-1646.

Faist, T., Fauser, M.; y Reisenanuer, E. (2013). *Transnational migration.* Cambridge: Polity Press.

Glick Schiller, N. (2005). Transnational Social Fields and Imperialism: Bringing a Theory of Power to Transnational Studies. *Anthropological Theory*, 5(4), 439-461.

Glick Schiller, N., y Salazar, N. B. (2013). Regimes of mobility across the globe. *Journal of Ethnic and Migration Studies, 39*(2), 183–200.

Gmelch, G. (1980). Return Migration. *Annual Review of Anthropology*, 9, 135-159.

Granovetter, M. S. (1973). The strength of weak ties. *American Journal of Sociology, 78*(6), 1360–1380.

Granovetter, G. (1985). Economic Action and Social Structure: The Problem of Embeddedness. *Journal of Sociology*, vol. 91, 3, 481-510.

Guarnizo, L. E. (1997). The Emergence of a Transnational Social Formation and the Mirage of Return Migration among Dominican Transmigrants. *Identities: Global Studies in Culture and Power*, 4(2), 281–322.

Guarnizo, L.E. (2003). The Economics of Transnational Living. *International Migration Review*, 37(3), 666-699.

Guarnizo, L.E. (2006). Migración, globalización y sociedad: teorías y tendencias en el siglo XX. En G. Ardila (ed.): *Colombia: migraciones, transnacionalismo y desplazamiento*, Bogotá: Universidad Nacional de Colombia. Colección CES.

Güell, B.; Parella, S. y Valenzuela, H. (2015). La economía étnica en perspectiva: del anclaje a la fluidez en la urbe global. *Alteridades*, 25 (50), 33-46.

Hannam, K.; Sheller, M. y Urry, J. (2006) Editorial: Mobilities, Immobilities and Moorings. *Mobilities*, 1(1): 1-22.

Hirai, S. (2012). "¡Sigue los símbolos del terruño!": etnografía multilocal y migración transnacional. En M. Ariza y L. Velasco (Coord.) (2012). *Métodos cualitativos y su aplicación empírica. Por los caminos de la investigación sobre migración internacional.* México D.F.: UNAM, COLEF.

Hirai, S. (2013). Formas de regresar al terruño en el transnacionalismo. Apuntes teóricos sobre la migración de retorno. *Alteridades*, 23, 45, 95-105.

Jáuregui, J. A. y Recaño, J. (2014). Una aproximación a las definiciones, tipologías y marcos teóricos de la migración de retorno, Biblio 3W. *Revista Bibliográfica de Geografía y Ciencias Sociales* 19, 1084. Recuperado en de septiembre 2018 de: http://www.ub.edu/geocrit/b3w-1084.htm

Jeffery, L., & Murison, J. (2011). The temporal, social, spatial, and legal dimensions of return and onward migration. *Population, Space and Place, 17*(2), 131-139.

Kaufmann, V., Bergman, M. M., y Joye, D. (2004). Motility: Mobility as capital. *International Journal of Urban and Regional Research, 28*(4), 745-756.

Kearney, M.(1996). *Reconceptualizing the Peasantry: Anthropology in Global Perspective.* Boulder: Westview Press.

King, R. (2002). Towards a new map of European migration. *International Journal of Population Geography, 8*(2), 89–106.

King, R. y Christou, A. (2011). Of Counter-Diaspora and Reverse Transnationalism: Return Mobilities to and from the Ancestral Homeland. *Mobilities*, 6, 4, 451-466.

Koser, K., y Kuschminder, K. (2015). *Comparative Research on Assisted Voluntary Return.* Génova: OIM.

Kuschminder, K. (2017). Interrogating the Relationship between Remigration and Sustainable Return. *International Migration*, vol. 55, 6, 107-121.

Landolt, P. (2001). Salvadoran Economic Transnationalism: Embedded Strategies for Household Maintenance, Immigrant Incorporation, and Entrepreneurial Expansion. *Global Networks*, 1, 217-42.

Levitt, P. y Waters, M. C. (Eds.) (2002). *The Changing Face of Home: The Transnational Lives of the*

Second Generation. New York: Russell Sage.

Levitt, P.; DeWind, J.; Vertovec, S. (2003). International perspectives on transnational migration: an introduction. *International Migration Review, 37*(3), 565-575.

Levitt, P. y Glick Schiller, N. (2004). Conceptualizing Simultuneity: A Transnational Social Field Perspective on Society. *International Migration Review*, vol. 38, 3, 1002-1039.

Lévy, J. (1994). *L'espace légitime*. París : Presses de la Fondation de Sciences Politiques

Lévy, J. (2002). Os novos espaços da mobilidade. *Geographia*, 3, 6, 7-21.

Long, L. D. y Oxfeld, E. (2004). Introduction: an ethnography of return. En L. D. Long y E. Oxfeld (Eds). *Coming Home? Refugees, Migrants and Those Who Stayed Behind*. Philadelphia: University of Pennsylvania Press.

Lozano, F. y Martínez Pizzaro, J. (2015). Introducción. Las muchas caras del retorno en América Latina. En F. Lozano y J. Martínez Pizarro (eds.). *Retorno en los procesos migratorios de América Latina. Conceptos, debates, evidencias*. Río de Janeiro: ALAP Editor.

Llopis, R. (2007). El "nacionalismo metodológico" como obstáculo en la investigación sociológica sobre migraciones internacionales. *Empiria, 13*, 107-117.

Mármora, L. (2002). *Las políticas de migraciones internacionales*. Buenos Aires: Paidós.

Masferrer, C. (2014).De regreso a otro lugar. La relación entre migración interna y la migración de retorno en 2005. En M. Valdivia y F. Lozano (coords.) *Análisis espacial de las remesas, migración de retorno y crecimiento regional en México*. Ciudad de México: UNAM.

Massey, D. (1994). *Space, place, and gender*. Minneapolis: University of Minnesota Press.

Massey, D. (1999). Imagining Globalization: Power-Geometries of Time-Space. En A. Brah; M. J Hickman; M.M. Ghaill M. M. (Eds.). *Global Futures: migration environment and globalization*. Londres: Macmillan Press.

Mateos, P. (2015). *Ciudadanía múltiple y migración: Perspectivas latinoamericanas*. Ciudad de México: CIDE, CIESAS.

Moret, J. (2017). Mobility capital: Somali migrants' trajectories of (im)mobilities and the negotiation of social inequalities across borders. *Geoforum*.

Moret, J. (2018). *European Somalis' Post-Migration Movements*. Cham: IMISCOE Research Series.

Nieswand, B. (2018). Border dispositifs and border effects. Exploring the nexus between transnationalism and border studies. *Identities*, 25(5), 592-609.

Paerregaard, K. (2008). *Peruvians Dispersed: A Global Ethnography of Migration*. Lanham: Rowman & Littlefield Publishers, Inc.

Parella, S.; Petroff, A.; Piqueras, C.; Speroni, T. (2017). Employment Crisis in Spain and Return Migration of Bolivians: An Overview. GRITIM-UPF Working Paper Series. Number 34- Winter 2017. Recuperado en septiembre 2018: https://repositori.upf.edu/handle/10230/33595

Peraldi, M. (Ed.). (2001). *Cabas et containers, activités marchandes informelles et réseaux migrants transfrontaliers*. Paris: Maisonneuve et Larose.

Portes, A. (2005). Convergencias teóricas y evidencias empíricas en el estudio del transnacionalismo de los inmigrantes. *Migración y desarrollo (México)*, 4, 2-19.

Portes, A.; Guarnizo, L.E.; y Landolt, P.(1999). The study of transnationalism: pitfalls and promise of an emergent research field. *Ethnic and Racial Studies*, 22, 2, 217-237.

Pujadas, J. y Tapada, T. (2017). Regímenes de movilidad, sistemas de control y nuevas formas de exclusión social. En M. T. Vicente, P. García Hernandorena, A. Vizcaíno (coord.). *Antropologías en transformación sentidos, compromisos y utopías*. Valencia: Universitat de València.

Rivera, L. (2009). ¿Quiénes son los retornados? Apuntes sobre el Migrante retornado en México contemporáneo. IV Reunión del Grupo de Trabajo Migración, Cultura y Políticas del Consejo Latinoamericano de Ciencias Sociales-CLACSO: *La construcción social del migrante. Reflexiones desde América Latina y El Caribe*. Ciudad de Guatemala, Guatemala, 14-16 de octubre.

Rivera, L. (2012a). Vínculos y prácticas de interconexión en un circuito migratorio entre México y Nueva York. Buenos Aires: CLACSO.

Rivera, L. (2012b). Las trayectorias en los estudios de migración: una herramienta para el análisis longitudinal cualitativo. En M. Ariza y L. Velasco (Coord.) (2012). *Métodos cualitativos y su aplicación empírica. Por los caminos de la investigación sobre migración internacional*.

México D.F.: UNAM, COLEF.

Rivera, L. (2013). Migración de retorno y experiencias de reinserción en la zona metropolitana de la ciudad de México. *REMHU - Rev. Interdiscipl. Mobil. Hum.*, *41*, 55-76.

Rivera, L. (2015). Narrativas de retorno y movilidad. Entre prácticas de involucramiento y espacialidades múltiples en la ciudad. *Estudios Políticos*, 47, 243-264.

Shamir, R. (2005). Without Borders? Notes on Globalization as a Mobility Regime. *Sociological Theory*, 23(2), 197-217.

Sheller, M. Urry, J. (2006). The New Mobilities Paradigm. *Environment and Planning A: Economy and Space*, vol. 38, 2, 207 - 226.

Sinatti, G. (2011). "Mobile transmigrants" or "unsettled returnees"? myth of return and permanent resettlement among Senegalese migrants. *Population, Space and Place*, *17*(2), 153-166.

Smith, A. D. (1979). *Nationalism in the Twentieth Century*. Oxford: Oxford University Press.

Smith, M. y Guarnizo, L. E. (1998). 'Transnational from below'. New Brunswick y Londres: Transaction Publishers.

Strand, A. *et al.* (2016). *Programmes for assisted return to Afghanistan, Iraqi Kurdistan, Ethiopia and Kosovo: A comparative evaluation of effectiveness and outcomes*. Bergen: CMI Report.

Suárez, L. (2008). La perspectiva transnacional en los estudios migratorios. Génesis, derroteros y surcos metodológicos. En J. García Roca y J. Lacomba (coord.). *La inmigración en la sociedad española: una radiografía multidisciplinar*. Barcelona: Ed. Bellaterra.

Tapia, M. (2014). Bolivia, historia de emigraciones: pasado y presente. En C. Solé, S. Parella, y A. Petroff (eds.). *Las migraciones bolivianas en la encrucijada interdisciplinar: evolución, cambios y tendencias*. Barcelona: GEDIME.

Tarrius, A. (1993). Territoires circulatoires et espaces urbains. *Annales de la Recherche Urbaine*, 59–60.

Tarrius, Al. (2000). Leer, describir, interpretar las circulaciones migratorias: conveniencia de la noción de "Territorio Circulatorio". Los nuevos hábitos de la identidad. *Relaciones. Estudios de historia y sociedad*, 21, 83, 38-66.

Tsuda, T. (2010). Ethnic return migration and the nation-state: encouraging the diaspora to return 'home'. *Nations and Nationalism*, 16(4), 616–636.

Urry, J. (2007). *Mobilities*. Cambridge: Polity Press.

Vathi, Z. y King, R. (ed.) (2017). *Return Migration and Psychosocial Wellbeing. Discourses, Policy-Making and Outcomes for Migrants and their Families*. Nueva York: Routledge.

Van Houte, M. (2016). *Return Migration to Afghanistan. Moving Back or Moving Forward*. Oxford: Palgrave Mcmillan.

Van Houte, M y Davids, T. (2008). Development and Return Migration: from Policy Panacea to Migrant Perspective Sustainability. *Third World Quarterly*, 29, (7), 1411-1429.

Van Houte, M. y de Koning, M. (2008). Towards a better embeddedness? Monitoring assistance to involuntary returning migrants from Western countries. Nijmegen: Centre for International Development Issue.

Wimmer, A. y Glick Schiller, N. (2002). Methodological nationalism and beyond: nation–state building, migration and the social sciences. *Global Networks*, vol.2, 4, 301-334.

CAPÍTULO 6

EL PAPEL DE LAS REDES INTERMEDIARIAS EN LAS MIGRACIONES: CASO DE ESTUDIO DE UN CENTRO DE ACOGIDA CEAR EN ESPARTINAS. SEVILLA

María Inmaculada Ceballos Cuadrado

Régimen global y dinámicas estructuralistas

La movilidad humana es un fenómeno que ha existido siempre como característica innata al ser humano, pero en el momento actual estamos presenciando el mayor desplazamiento de personas desde la segunda guerra mundial. Según ACNUR (2017) más de sesenta millones de personas han migrado, gracias a la revolución en los medios de transporte y en la comunicación; por situaciones conflictivas como las de Medio Oriente o la que está viviendo la República Democrática del Congo; junto con el cambio climático que está acentuando cada vez más las consecuencias ambientales que venimos experimentado.

Las sociedades europeas, incluida la española, habían tenido hasta hace poco un flujo de emisión de personas, que se ha invertido en las últimas décadas. Esto ha producido una crisis social en muchos aspectos, siendo aún más evidente en las legislaciones de gestión socioeducativas y culturales. Los programas y proyectos políticos presentan numerosas carencias con respecto a la adaptación e integración de las poblaciones que llegan (Castles, 2000; Cárdenas, 2008, cfr.: en Llorent y Terrón, 2013). Encontramos una cantidad importante de presupuestos económicos europeos dirigidos hacia el control de fronteras, como la de Marruecos o la creada recientemente en toda la zona Este de Europa. Así, por parte de la población civil existe una reclamación política para el establecimiento de vías seguras para la movilidad de las personas.

Desde el ámbito de las migraciones se han aportado diversas perspectivas de estudio y análisis, pero consideramos que la que va en sintonía con nuestros presupuestos teóricos es la histórica estructural. Esta entiende que las migraciones son un producto de la desigualdad estructural socioeconómica que se conforma desde el centro (Occidente y potencias mundiales) hacia la periferia (Sur). El centro se mantiene en un nivel de vida social, económica y político alto en base a la explotación laboral y de recursos de la periferia (Arango, 1998; Micolta, 2005; Wallerstein, 1984).

De este modo, Portes (1978) plantea que la migración por cuestión de trabajo ocurre dentro de una dinámica capitalista, que desplaza forzosamente a los habitantes de sistemas tradicionales de subsistencia a sociedades mercantilizadas. Este es el marco contextual donde se mueve el perfil de migrante económico (perfil mayoritario en el centro de acogida CEAR), que proceden principalmente de la periferia y han sido despojados de sus formas habituales de organización social. Es decir, el sistema económico actual transforma, o ha transformado, las diversas configuraciones socioculturales, dirigiéndolas hacia la industrialización; esto obliga a sus habitantes a adaptarse al nuevo contexto reinante casi en calidad de esclavitud, o buscar alternativas u oportunidades en otros territorios.

Como bien exponen Gregorio (1998) y Martínez (2000) el Norte y el Sur poseen diferentes funciones y roles globales, y gracias a las dinámicas sociales y económicas actuales, el sistema jerárquico se reproduce sistemáticamente a todos los niveles.

En busca de nuevas oportunidades: una vida digna

Una vez situados en el contexto global es necesario introducir dos conceptos que han vertebrado la presente investigación; y que determinan las vías jurídicas y estrategias sociales por parte de las entidades políticas europeas, por ende la española, y de las organizaciones no gubernamentales (ONGs): persona solicitante de protección internacional y migrante económico.

La Organización Internacional de Migraciones (OIM, 2006: 56) define a las personas solicitantes de protección internacional del siguiente modo: estatus solicitado por una persona migrante susceptible de haber sido transgredidos sus derechos humanos básicos, siendo su país de origen un entorno inseguro para la integridad de la persona. Así, el principio fundamental al que se acoge es el de "no-devolución".

A diferencia de la categoría de migrante económico: persona que decide abandonar su lugar de origen motivado por la búsqueda de nuevas oportunidades, ya sean educativas, laborales o de mejora general en el nivel de vida, en un nuevo país diferente al propio. (Organización Internacional de Migraciones [OIM], 2006: 42).

La diferencia entre ambos conceptos la localizamos en el peligro de vida que sufre la persona. Una persona refugiada, o solicitante de protección internacional, es perseguida y violada por lo que es (condición de etnia, sexo, edad o conflictos internos del país, entre otras); un migrante económico carece de oportunidades o de una plenitud vital en origen. El error está en considerar que las personas migrantes encajadas en la categoría de económicas, procedentes de manera general de la zona Sur, emprenden el trayecto migratorio con miras de desarrollar sus vidas personales, que no de poder abastecer aquellos elementos básicos de subsistencia.

Es decir, que las situaciones de necesidad y desamparo que experimentan los migrantes económicos son menos peligrosas o no les son vulnerados los derechos humanos como las personas que sí encajan en el perfil de protección internacional. Sin tener en cuenta, por otra parte, que la necesidad de desarrollo educativo, laboral o personal es igualmente necesario y justo que la vivienda o la alimentación.

Además decir que, existen diversos casos de migrantes procedentes de la periferia que encajan perfectamente con la definición y características necesarias para cumplir con la protección internacional, pero que aún así son denegadas por la propia procedencia de la persona. Todo esto sigue una lógica geoestratégica de acuerdos y convenios políticos o capitalistas; o encontramos también como el propio Ministerio encargado del análisis de los casos no posee toda la eficiencia necesaria en la correspondiente gestión, habiendo un retraso de unos dos años de respuesta en el caso de España.

Creemos necesario el replanteamiento de las definiciones y categorías migratorias a nivel legislativo europeo, que correspondan con una responsabilidad histórica colonial. Es decir, no podemos negar cómo la colonización ha afectado a las sociedades colonizadas: primero, transformando completamente su forma de organización social, cultural y política. Creando múltiples vulneraciones de los derechos humanos fundamentales de las poblaciones de la periferia; segundo, a través de la colonialidad económica actual, el mantenimiento de la estructura de poder Norte-Sur, que no permite el control, abastecimiento y soberanía de los recursos a los propios pueblos de la periferia. Castles (2000) y Grosfoguel (2003) inciden y apoyan estos presupuestos, manifestando que la clave de la migración actual es la diferencia entre los niveles de ingreso, empleo y bienestar social creados a partir del colonialismo.

Claves teóricas del entramado de las redes sociales

Una vez que hemos hecho una breve contextualización que nos permite entender en qué punto nos hallamos, es necesario pasar a tratar conceptos claves teóricos que han dado forma a la realidad social de nuestro estudio de caso. Estamos hablando de los conceptos de transnacionalismo, redes sociales y capital social.

El transnacionalismo es definido como la capacidad de los actores sociales migrados para mantener nexos con la colectividad natal a través de la manifestación persistente, aunque a veces reinventada, de las prácticas y sistemas de pensamiento culturales y de identidad de origen, permitiéndoles adaptarse al nuevo contexto de manera más liviana (Portes, 1997).

Se trata de una propuesta metodológica con un prisma analítico meso porque nos permite ver el fenómeno migratorio con las particularidades propias de los sujetos que están enmarcados en un contexto más global. A través del transnacionalismo se construyen las redes sociales que traspasan las fronteras geográficas y culturales, teniendo una importancia vital para el recorrido migratorio y la acomodación al nuevo contexto.

Añadir cómo preservar la identidad cultural propia es clave para el futuro social e individual del migrante. Es decir, si la identidad cultural propia del migrante es fuerte se puede producir un proceso de segregación o marginación en el nuevo contexto, dependiendo de las dinámicas sociales del grupo en el que se inserte; si las identidades culturales son similares entre la sociedad de acogida y la del migrante, o la propia del migrante no es tan acentuada, se producirá la integración o inclusión del colectivo. Estas claves sociales deben ser tenidas en cuenta a la hora de configurar las políticas de convivencia intercultural, como la que acoge a nuestro caso.

Eito (2005: 192) define a las redes sociales como: "el conjunto de relaciones interpersonales que vinculan a las personas migrantes con sus compatriotas y amigos de la sociedad de origen, y con nuevos vínculos de la sociedad de acogida. Estas redes transmiten información y comunican personas, proporcionan ayuda psicológica y material, proveen de alojamiento o buscan empleo."

Como vemos, las redes sociales representan un elemento clave a la hora de migrar, ya que aportan todo aquello que se necesita para el proceso migratorio: dinero, guía, apoyo emocional, estrategias para el viaje y de adaptación al nuevo contexto. Mencionar a Thomas y Znaniecki (1918-1921) ya que fueron los primeros en hablar del concepto de red social a través de la idea de cadenas migratorias, es decir, como un grupo de migrantes ya establecido en destino incentiva que otros amigos o conocidas migren, siendo determinante en la toma de decisión.

Para terminar el círculo teórico debemos añadir el término de capital social de Bourdieu (1986: 248, cfr.: en López et al., 2007: 1063), que va entrelazado de manera intrínseca con los dos anteriores: "La suma de recursos reales o potenciales que se vinculan a la posesión de una red duradera de relaciones de conocimiento y reconocimiento mutuo –afiliación a un grupo- más o menos institucionalizadas que le brinda a cada uno de los miembros el respaldo del capital socialmente adquirido."

De modo que, las personas que pertenecen a una red social tienen la capacidad de controlar una parte de los recursos que le ofrece la misma red. Por tanto, las redes sociales conforman capital social: suponen un apoyo emocional y social, y económicamente cubren las necesidades de subsistencia y desarrollan estrategias de acceso al empleo. Recalcar como los lazos emocionales de solidaridad, ánimo y familiaridad, son capital social, ya que la estabilidad psicológica y emocional permite la reconstrucción de las personas (Coleman, 1988; Carnet, 2011).

Es necesario realizar una última parada teórica para diferenciar entre las dos redes sociales: personales, que son familia o amigos. Estas aportan la mayoría de recursos para el recorrido y el asentamiento. Aquí se enmarcan las comunidades transnacionales porque la información recibida por parte de los grupos ya asentados será clave para la toma de decisión de migrar; y las intermediarias o instituciones, como grupos humanitarios, asociaciones u ONG (aunque también podrían ser mafias o grupos organizados con cierta institucionalización social no necesariamente formal). Este tipo de redes sociales dan asistencia al colectivo migratorio usualmente en el destino, con objeto de superar las dificultades del periodo de adaptación (Arango, 1998). En esta última es donde nos ubicamos nosotras.

Las redes sociales intermediarias, como las personales, aportan información, asistencia sociopsicológica, jurídica, apoyo de subsistencia en recursos materiales, entre otros aspectos, teniendo un claro carácter instrumental. Asimismo, son actores mediadores entre la sociedad de destino y la identidad y prácticas propias de cada migrante. Las redes intermediarias crean una intervención real y eficiente con este colectivo por el conocimiento en profundidad de las políticas de destino y de la cultura dominante, junto con una contextualización natal y personalizada, y del proceso del viaje migratorio. También crean estrategias de acercamiento entre el propio colectivo migrante y la población autóctona a través de espacios comunes o campañas de sensibilización social. Así, las redes intermediarias son capital social:

Las organizaciones, se han convertido en instituciones estables bien conocidas por los inmigrantes, constituyendo otra forma de capital social del que los inmigrantes pueden valerse para conseguir acceder al mercado de trabajo extranjero (Massey et al., 1993: 83).

De esta manera, las redes sociales intermediarias poseen un nivel explicativo, teórico y analítico medio. Gracias a que se ubican entre las particularidades de cada persona, desarrollando estrategias de adaptación específicas, y las condiciones y factores globales en el que nos vemos sumergidos.

Acotar el objeto/sujetos de estudio: fabricar la hipótesis y objetivos

La Comisión Española de Ayuda al Refugiado (CEAR) es una ONG que nace en 1979 con objeto de luchar por los derechos humanos de los migrantes refugiados. Desde entonces han llevado a cabo denuncias por la vía legal, campañas de sensibilización social y han gestionado el programa de Protección Internacional con partida presupuestaria estatal; y desde hace unos años, el de Ayuda Humanitaria para migrantes en situación irregular y solicitantes de protección internacional. Este programa da apoyo al colectivo en la primera parte del proceso de asentamiento, la acogida, cubriendo las necesidades básicas desde la alimentación hasta el aspecto jurídico.

Nos ubicamos en un pueblo de Sevilla, Espartinas, a doce km de la ciudad, con una economía principalmente agrícola y de polígonos industriales, junto con una tradición fuertemente católica. Aquí es donde se ubican las tres casas de acogida, con cuarenta y una plazas repartidas entre estas, y cinco personas como equipo de trabajo: una administrativa, una responsable del centro, y tres técnicas de integración social (TIS). Aclarar que como en su mayoría son mujeres, he decidido hablar en femenino.

De modo que, estas tres casas han sido el epicentro de observación participante y de las entrevistas en profundidad. Nos hemos establecido en Espartinas para observar cómo las redes intermediarias suponen ser un apoyo fundamental en todo el proceso de asentamiento de los migrantes del centro. Las claves para todas las antropólogas están en saber formular las preguntas adecuadas, por ello es necesario plasmar algunas de las que nos acompañaron en la investigación:

> ¿Cómo influye el trabajo de las TIS en el proceso de integración sociocultural de los migrantes acogidos en el programa de ayuda humanitaria de la CEAR de Espartinas? ¿Qué importancia y grado de peso representan estas trabajadoras para la mediación sociocultural entre el país de destino y las personas migrantes que llegan a España? ¿Por qué el proceso de integración de los migrantes sería diferente si no contaran con la gestión de las técnicas de integración social?

Por lo tanto, ¿Cómo incide el trabajo realizado por parte de la CEAR en la adaptación de los migrantes? La hipótesis se planteaba en términos de que la CEAR es un agente social válido, eficiente y adecuado para actuar como mediador sociocultural entre los migrantes y las sociedades de acogida. Las TIS están cualificadas para ejercer las funciones de acompañamiento burocrático, psicológico y sociocultural de los usuarios, ya sea por su educación formal o informal, y grado de implicación personal, reconstruyendo la realidad del grupo migrante y desarrollando estrategias de adaptación personalizadas para el mismo. Por ello, las sujetas de estudio de esta investigación han sido las propias técnicas de integración por el apoyo aportado y por cómo influyen y se relacionan con el colectivo migrante. Recordar que el trabajo de las TIS se mueve en un nivel medio, es decir, trabajan con las necesidades y habilidades personales de cada usuario junto con un acercamiento de sus propias culturas hacia la receptora.

Una vez que planteamos la hipótesis de la que partir, se formularon los siguientes objetivos:

> El objetivo general plantea estudiar el caso del Dispositivo de Acogida de la CEAR de Espartinas, en Sevilla, como red intermediaria en el proceso de adaptación y acogida en el nuevo contexto de los migrantes que atiende.

Con respecto a los específicos: estudiar a la CEAR como parte del sistema social de acogida puestos en marcha por el Gobierno español; comprender de manera integral las necesidades de los usuarios del programa de Ayuda Humanitaria en función de sus características personales y culturales, de su situación de origen y de todas las experiencias acumuladas en el proceso migratorio, y cómo determina el trabajo diario de las técnicas de integración social; análisis del planteamiento de orientación y perspectiva de trabajo del equipo del Centro de Acogida de Espartinas; Describir las herramientas utilizadas durante el proceso y observar la importancia de la conexión de las redes intermediarias a nivel nacional con objeto de evitar la segregación y/o marginalización social.

Metodología y técnicas de campo: guías maestras de la investigación

El planteamiento del objeto de estudio, de la hipótesis y de nuestros objetivos dan pistoletazo de salida a la investigación, siendo la primera parte de toda ruta metodológica. Esta parte es fundamental porque da forma a nuestra guía de trabajo y a las técnicas de producción de datos, siendo más eficientes en todo el proceso. Una vez que planteamos las cuestiones y descripciones del apartado anterior, comenzamos con la búsqueda y lectura de las fuentes bibliográficas. Podemos decir que la revisión de la literatura nos ha acompañado en todo el procedimiento, permitiendo así ahondar en aquellos temas hallados en el trabajo de campo y así poder teorizarlos sólidamente.

Paralelamente a estas actividades iniciamos el acceso al campo, momento clave en nuestra investigación ya que determina la aprobación o rechazo por parte de la comunidad. Tanto los migrantes como las trabajadoras se forman una imagen de nosotras en base al primer contacto, y este nos atribuye un rol dentro del contexto a estudiar. Como bien dice Sanchiz y Cantón (1995, cfr.: en Álvarez, 2008), se produce una fase de negociación de manera inevitable, dado que todas las partes implicadas poseen una serie de intereses implícitos, o no, a la investigación, siendo constante la necesidad de acuerdo. Volviéndose más distendida con el paso del tiempo.

Para la consolidación de la confianza recíproca y aceptación de nuestra presencia en Espartinas, informamos de nuestros propósitos al grupo de trabajo, debatiendo aspectos tan importantes como el no reflejar ningún dato de los usuarios del centro o el destino del presente trabajo (Kawulich, 2005;

Rockwell, 2008). Una vez aclarados los puntos de inicio, la presencia de la investigadora pasó a formar parte del grupo de trabajo, y por ende, una aceptación generalizada en todo el contexto.

Se vuelve necesario aclarar cómo el trabajo de campo es una situación metodológica, es decir, un proceso donde se ponen en marcha las diferentes fases previstas en nuestros planteamientos, junto con las técnicas que producen los datos: la observación participante y las entrevistas semi-estructuradas (Velasco y Díaz de Rada, 2006).

Álvarez (2008) describe que el propósito de la observación participante es identificar las relaciones establecidas entre los sujetos, en este caso las técnicas con los migrantes. Qué funciones poseen las técnicas para dar pie a la adaptación, qué actividades y tareas comparten y cómo se produce el trato y cuidado de las profesionales hacia los usuarios. Todas estas interacciones fueron registradas sistemáticamente en un diario informatizado que nos permitió retrotraernos a nuestras notas y percepciones, analizándolas, repensándolas y reflexionando sobre ellas para construir el posterior análisis reflejado en el informe final de cómo se configura el contexto y las relaciones de las TIS y los usuarios.

Con respecto a la técnica de la entrevista, nos gustaría utilizar una cita de Velasco y Díaz de Rada (2006, cfr.: en Álvarez, 2008): se producen datos tejidos sobre el diálogo y la entrevista proporciona discurso de los sujetos.

De esta cita debemos extraer dos ideas claves: la primera es que las conversaciones informales son las que nos aportan más cantidad de información, comprobando esta premisa durante todo el trabajo de campo y construyendo un protocolo de entrevista sólido y completo. La segunda, es que la entrevista proporciona discurso de los propios sujetos, ofreciéndonos su propia visión y legitimando los datos reflejados en el diario de campo (Álvarez, 2008).

Realizamos cuatro entrevistas semi-estructuradas: una a la responsable del dispositivo y tres a las técnicas de integración social. Cada una de ellas nos aportó una perspectiva única pero que convergen en una visión similar de la puesta en marcha del trabajo y de las necesidades que han de ser cubiertas gracias a su labor como TIS.

De este modo, el trabajo de campo fue tomando lugar durante el mes de junio de 2017 en el centro de acogida de Espartinas y diferentes espacios públicos del mismo y de Sevilla. Tuvimos presencia en todas las actividades y procedimientos, como la preparación de la acogida, reuniones grupales de convivencia o módulos culturales. El propio grupo de usuarios del centro no sólo consentía nuestra presencia, sino que nos invitaba a participar activamente en las diversas tareas.

Introducir algunas de las limitaciones en el campo como: el tiempo, ya que no deja de ser una investigación con fines académicos por lo que nos vemos sometidos al tiempo establecido; de idioma, porque encontramos situaciones en las que las conversaciones se daban en francés para un mayor entendimiento de los usuarios, y no dominamos este idioma; y el hecho de ser mujer, joven, española y con unas ideas sociopolíticas determinadas, porque determinan innegablemente las interacciones del grupo social con la investigadora, y por ende, la producción de datos final.

De modo que, con las observaciones reflejadas en nuestro diario de campo hemos producido discurso propio que contrapuesto con las entrevistas de los sujetos, corregimos posibles interpretaciones erróneas que ya habíamos asentado (Velasco y Díaz de Rada, 2006). Por ello, es necesario llevar a cabo la codificación de todos los datos obtenidos a través de la bibliografía, de la observación participante y de las entrevistas, para así evitar los sesgos propios, e iniciar la forma del texto final (Taylor y Bogdan, 1987).

Antes de pasar al siguiente apartado debemos detenernos a repensar dos ideas que han pululado en nuestra mente durante todo el proceso investigativo: la reflexividad y la ética. Autores como Clifford (1986, cfr.: en Sánchez, 2003) expone que una de las claves de observar debe ser siempre la conciencia de la influencia que ejercemos en las interacciones que pretendemos entender. Además de la perspectiva desde la que percibimos el mundo que produce de manera inevitable un sesgo para la producción de datos. Por ello, a lo largo de todo este proceso que dura hasta el día de hoy nos acompaña una reflexión para entendernos desde dónde, cómo y con qué propósito escribimos.

Esto nos lleva a la siguiente idea: la ética, aspecto que implica una gran controversia en toda investigación. Queremos hablar sobre la responsabilidad de narrar por parte de toda persona que produzca un texto científico o que tenga cabida pública. En nuestro caso, hemos estado trabajando con personas migrantes de un programa de Ayuda Humanitaria, por lo que las consecuencias a nivel social, político y jurídico son de peso. Las palabras poseen un gran poder, y la antropología es un agente social con una capacidad de transformación considerable, pero se debe hacer con sumo cuidado para que los efectos se traduzcan en positivo (Canetti, 2004, cfr.: en Rockwell, 2008).

Para cerrar esta parte queremos nombrar a Hammerley y Atkinson (2005, cfr.: en Álvarez, 2008) que exponen que unos de los objetivos que posee toda investigación es la producción de conocimiento. En este caso, un conocimiento que contribuya a la disciplina antropológica, pero también estamos hablando de la realidad social de los programas de acogida de migrantes, sobre todo, con objeto de darle voz a las redes intermediarias en los espacios políticos para crear legislaciones más realistas.

Caso de estudio: Centro de Acogida CEAR en Espartinas, Sevilla

El Ministerio de Trabajo, Migraciones y Seguridad Social elaboró en el año 2011 el Plan Estratégico de Ciudadanía e Integración (PECI) centrado en la importancia del asentamiento, última fase del viaje migratorio. Esta fase es clave para que la integración en la sociedad de acogida tenga éxito, y por ello, entiende que ha de darse una amplia cobertura a las necesidades primordiales junto con espacios de acercamiento del colectivo migrante hacia la cultura dominante. Incide en la reconstrucción psicológica y de la integridad física, de cómo el empleo da paso a la inserción social, o la necesidad del conocimiento del idioma para el acceso educativo o de la convivencia.

En primera instancia es un plan político con un respaldo social y con una apertura hacia la convivencia intercultural, nada sorprendente en un país como España que a pesar del modelo asimilacionista posee rasgos dominantes de inclusión plural. Pero conforme nos sumergimos en la lectura del mismo, nos topamos reiteradamente con el grupo focal hacia el que está dirigido: migrantes en situación legal. Por tanto, a pesar de las buenas intenciones, queda limitado a un número muy reducido de la población recién asentada. Era necesario iniciar este apartado con la mención del PECI por dos motivos: a pesar de las taras del mismo, muestra cierta voluntad política para la inclusión social y cultural del colectivo migrante junto con la cobertura de los elementos básicos de toda persona; y también ha sido una guía para la construcción de nuestras categorías analíticas y teóricas que se reflejan a continuación:

El proceso migratorio se compone de tres grandes bloques: la toma de decisión, el viaje y el asentamiento en el lugar de destino. Decidir abandonar el país de origen no es tarea fácil, implica sopesar los costes y beneficios que te reporta tal inversión económica, social y psicológica. Por ello, cuando una persona decide migrar, generalmente, ha de estar viviendo una situación negativa que no le permite acceder a elementos básicos de subsistencia o no tiene acceso a oportunidades básicas como educación o empleo. Como mencionábamos anteriormente, esta decisión es incentivada por las redes transnacionales. Una vez que se emprende el viaje este implica una serie de experiencias, traumáticas y violentas en su mayoría, y una cantidad de costes considerables. Todo esto influirá en el desarrollo de estrategias de adaptación en el nuevo contexto.

Por último, y es en el parte en la que nos vamos a centrar, el asentamiento. Se define como el lapso de tiempo durante el cual una persona migrante encuentra cómo suplir las necesidades básicas de subsistencia, tanto alojamiento o manutención, en el nuevo espacio. No sólo tiene implicaciones materiales, también se producen cambios en la identidad personal y cultural del sujeto; además, el primer tiempo de contacto con la población autóctona provocará, en mayor o menor medida, un choque cultural (Micolta, 2005).

El concepto de asentamiento está intrínsecamente ligado al de acogida: es la respuesta por parte de entidades sociales para cubrir las necesidades primarias de una persona en materia de vivienda, alimentación, atención sanitaria urgente y jurídica; impidiendo el posible deterioro personal y exclusión social de la persona (CEAR, 2017). Entonces nos preguntamos ¿Qué significa ser acogido por una ONG? Carnet (2011) nos da la respuesta: este tipo de organizaciones poseen un rol definido como tutor-protector, gracias al apoyo emocional, la cobertura de necesidades básicas y el apoyo sociocultural. Es decir, van desde el plano primordial y básico, hasta la reconstrucción personal y social de una persona.

Esta autora remarca que esta última parte las redes personales no tienen la capacidad de cubrirla o de desarrollar, al menos no del mismo modo. Este rol de protección se materializa a través de las técnicas de integración social (TIS), que como hemos venido mencionando, tienen una función intercultural fundamental entre los migrantes y la sociedad de acogida, a muchos y diferentes niveles. Además del carácter instrumental que reconstruye a la persona migrante, teniendo en cuenta su propia idiosincrasia y forma de ser e identificarse en la nueva realidad social: aspectos como la edad, el nivel educativo o el estatus social de origen. Todo esto dependerá en gran medida de las políticas migratorias nacionales e internacionales a las que se acoge.

Una vez puesta la base de la importancia de las redes intermediarias, vamos a arribar a las diferentes vías espaciales por las que una persona en situación irregular puede acabar en un centro de acogida como el de CEAR. A través de los CIE s o CETI, por vía marítima en embarcaciones de poca calidad o han podido solicitar la protección internacional en el país de origen o en la embajada española. Por tanto, definimos dos perfiles de migrante: solicitantes de protección internacional y migrantes económicos. Podemos encontrar casos especiales, pero durante nuestra estancia la procedencia de los usuarios era de la zona de África subsahariana, hombres y de edades comprendidas entre 20 y 30 años.

En el caso de España, los centros de acogida son gestionados por entidades no estatales, siendo normalmente ONGs como CEAR, Cruz Roja o ACCEM. A pesar de la derivación de estos servicios sociales, es el propio gobierno quien define los programas de acogida: asigna las plazas en los centros, la cantidad presupuestaria para cada ámbito, un tiempo máximo de tres meses en el programa (a veces prorrogable en situaciones de extrema vulnerabilidad) o dar prioridad a los aspectos básicos, excluyendo las necesidades socioeducativas y culturales.

Creemos que es necesario destacar la problemática que esto genera en el día a día con un caso práctico-ficticio pero que podríamos identificar fácilmente en cualquier centro de acogida: las plazas son asignadas por el gobierno, sin analizar la realidad y duelo migratorio que carga esa persona. Tanto es así, que si una mujer de 18 años que ha sido violada reiteradamente durante el viaje migratorio, es introducida en una casa con quince hombres más, será muy complicado que pueda desarrollar estrategias efectivas de reinserción y reconstrucción social. Este es uno de los puntos fuertes que sostienen que las ONGs deben tener una mayor presencia en la construcción de políticas públicas migratorias, y una mayor independencia de actuación en sus centros.

Conforme han sido asignadas las plazas, las TIS preparan la acogida: compran comida básica, visten de limpio la cama adjudicada y ponen en orden la documentación pertinente: La ley de Protección de Datos del Gobierno, la Ley de Protección de Datos de CEAR, el Parte de Alta, la Solicitud de Ingreso, el Contrato de Participación Social. Estos documentos implican, por un lado, el compromiso de los deberes y derechos del programa, pero también, la tranquilidad de saber que toda la información que sea aportada a las trabajadoras va a ser confidencial y por no tanto no van a correr peligro (Ortiz, 1996).

Con la explicación del programa al que se acogen y de su documentación, se les asigna una técnica de referencia. Esta persona les guiará y acompañará en los próximos tres meses de acomodación en el lugar de destino, y elabora un IPI (Itinerario Personalizado de Intervención) que desarrollará las estrategias propias para cada caso.

Cuando una persona migrante llega al país receptor siente una sensación de sosiego porque ha cumplido, en cierta forma, una fase o meta. La sensación de alivio es parte del mensaje difundido por las redes transnacionales, que en pro de no reconocer el fracaso del viaje migratorio, legitiman el mensaje de ruta dorada y salvadora. Hallar que la realidad es otra no deja de ser una losa más que dificulta la nueva etapa de adaptación. A todo esto se suma toda la violencia y experiencias traumáticas de la travesía, que generan de manera inevitable una barrera psicológica fuerte hacia las técnicas de integración social. Ahí radica la importancia de crear un vínculo y espacio adecuado que permita trabajar (Carnet, 2011).

Por lo tanto, lo primero que se trabaja con un migrante es la confianza, el establecimiento de un diálogo abierto sobre la realidad pasada que conforma la persona actual que se tiene en frente. Bravo y Fernández (2003, cfr.: en Aguaded et al., 2008) argumentan que el apoyo emocional e instrumental de las redes intermediarias se traduce directamente en una mayor adaptación. Por ello, uno de los principios que nos aporta Ortiz (1996) es que en la reconstrucción que experimentan sean ellos los protagonistas de su proceso, en todos los planos y ámbitos. De esta forma se consolida a largo plazo la integración y se logra un empoderamiento y autonomía.

Carnet (2011) expone que para que se establezca la confianza es clave la primera entrevista que el usuario tiene con la responsable del centro. Se trata de una sesión larga donde se izan hitos vitales, más tarde se irá profundizando en ellos, y así poder comprender la situación que rodea a la persona, los recursos que posee y qué necesidades primordiales presenta. Al acabar, la responsable se reúne con las TIS y entre todas se construyen los mencionados IPIs. Además, toda esta información se ha de subir a una base de datos estatal denominada SIRIA, a la que tienen acceso todas las organizaciones que trabajan con este colectivo y el Ministerio de Trabajo, Migraciones y Seguridad Social.

Uno de los pilares a trabajar por el equipo es la situación legal de la persona, ya que supone una forma de inserción en el nuevo espacio: se valora si puede solicitar la protección internacional, o en cambio, no posee la suficientemente documentación que le respalde (Ortiz, 1996). De todos modos, toda persona que llega al centro es derivada a la comisión jurídica para una reunión colectiva, que se encarga de explicar más detalladamente las diferentes vías legales de la Ley Orgánica 4/2000 sobre derechos y libertades de los extranjeros en España y su integración social, o si pueden acogerse al Estatuto de Refugiado de la Convención de Ginebra de 1951.

Cuando la persona llega de la reunión colectiva, se reúne con su TIS para tomar una decisión, ya que sólo se tienen tres meses para preparar y argumentar la solicitud de protección, o ser contratado para así cambiar la situación legal. Durante el trabajo de campo nos encontramos con que había claros perfiles de protección internacional, pero que la persona no se encuentra preparada psicológicamente para afrontar este proceso. El hecho de revivir en numerosas entrevistas tus vivencias más traumáticas y ser cuestionado constantemente resulta difícil para una persona que viene huyendo de todo esto. Por lo que muchos optan por no solicitarla. Ortiz (1996) y Araujo (2010) nos explican que la situación legal determina el estado psicológico de la persona, sus estrategias de adaptación y el acceso a los recursos, derivando en una integración exitosa o una situación de extrema vulnerabilidad.

En la Ley Orgánica 4/2000 identificamos una forma de transformación de la situación legal: la obtención del arraigo. Transcurridos tres años una persona puede solicitarlo siempre y cuando demuestre que lleva residiendo en el país todo ese tiempo. Uno de los éxitos del grupo de trabajo de Espartinas es el empadronamiento. Toda persona que llega al centro es empadronada en el ayuntamiento, por tanto, pueden acreditar el tiempo de residencia.

Además, esto les permite tener un acceso integral a la seguridad social y al sistema sanitario (Araujo, 2010) Destacar este logro por parte del centro, enmarcado de nuevo en nuestra teoría de las redes sociales. Gracias a la cercanía de las relaciones que ofrece un pueblo, permite una mayor empatía y facilidad burocrática. Lo mismo ocurre con el centro médico, que da una atención personalizada a los usuarios del centro y entiende y gestiona las diferencias culturales con naturalidad y cariño. Pasemos al ámbito de lo emocional que posee una importancia mayor a la instrumental vista hasta ahora. Las redes intermediarias son un apoyo afectivo que permite una adaptación más práctica y real en base a las necesidades que presentan (Bravo y Fernández, 2003, Aguaded et al., 2008).

Analizamos la dimensión cultural, relacionada directamente con la identidad personal, con su carácter propio, y por ende, con las estrategias de adaptación que desarrollan las técnicas de integración. Aludimos con anterioridad que en España tenemos un sistema político de integración asimilacionista con un corte pluralista, aún así, la asimilación es la que reina en el proceso cultural: La asimilación se produce cuando el migrante abandona la identidad que le ha caracterizado hasta su llegada y adquiere la del grupo mayoritario donde se está insertando (Ferrer et al., 2014: 561).

De modo que, la persona que llega debe adquirir un conocimiento general de la idiosincrasia del nuevo lugar de residencia: su historia, sus valores, sus instituciones, el idioma oficial, la historia y aquellos rasgos identitarios o festivo rituales que marcan la liminalidad de aceptación en el nuevo contexto cultural. Para ello, la CEAR ha configurado unos módulos culturales donde se trabaja la diversidad cultural que atiende el centro, la autonomía de las personas y que tiene como eje central el aprendizaje del idioma (Ortiz, 1996; Araujo, 2010).

Se le otorga mucha importancia al idioma porque limita la posibilidad de comunicación en el nuevo espacio, y por tanto, la integración en sí misma. Si se tiene la capacidad de hablar en el idioma se pueden establecer nuevas relaciones sociales, acceder al sistema educativo o laboral y resolver posibles conflictos. La creación de nuevas relaciones sociales supondrá un soporte emocional fuerte y sólido que haga bola de nieve, derivando en el acceso a los múltiples recursos que necesita toda persona. A partir de este objetivo, se trabajan otros aspectos como el conocimiento del entorno, las políticas españolas, habilidades sociales y emociones, higiene, entre otras. Debemos tener en cuenta que las técnicas son un modelo educativo para ellos, y representan códigos emocionales y conductuales.

Las TIS son conscientes de que con los módulos culturales no es suficiente, así que incentivan espacios de encuentro con población autóctona. Ortiz (1996) y Eito (2005) afirman que uno de los beneficios de las redes intermediarias es la puesta en marcha de actividades, talleres y proyectos que pongan de relieve lo positivo de la diversidad cultural. Marcados por el respeto y la tolerancia, permitiendo la interacción y aprendizaje mutuo para que haya una interiorización y aceptación por parte de todos los grupos sociales.

Así, tuvimos la oportunidad de asistir a una jornada de encuentro con un colegio de primaria de Sevilla. Esta constaba de diversas partes: primero, una charla informativa sobre los conceptos básicos y ejemplificados a través de las vivencias de los migrantes; juegos de rol y gymkana (diversas pruebas de competición y cooperación entre los grupos participantes) que permitía conocer de primera mano las situaciones de vulnerabilidad. Fue muy gratificante encontrar la curiosidad, empatía y emociones de los niños y niñas al descubrir otras realidades desconocidas para ellos hasta ese momento. Como se remarcó en su momento, la educación y el desarrollo de las emociones es fundamental para poder reconectar con nuestra humanidad y resolver los conflictos actuales.

Para dar colofón a esta parte es necesario revisar cómo las redes intermediarias están conectadas. Como mencionan Aparicio y Tornos (2004) las redes intermediarias se aseguran de estar conectadas permanentemente entre sí para lograr que no se produzcan situaciones de segregación o marginalidad. Así, cuando han pasado los tres meses de duración del programa deben abandonar el dispositivo, dirigiéndose hacia otras partes de Europa, España o permanecen en Sevilla. Por lo que las técnicas, dentro del análisis de recursos y redes que posean, intentan que el proceso de reconstrucción personal y de inserción social sea exitoso.

Queremos mencionar dos redes intermediarias conectadas con el centro de Espartinas:

Proyecto Nazaret de Cáritas, dirigido hacia hombres en situación irregular, que posean un carácter responsable y que tengan predisposición de aprender español y una profesión. No posee límite temporal, por lo que permite a las personas tener un margen para encontrar empleo, entablar otras redes y reconstruir su vida. Las técnicas nos cuentan que es un programa muy exigente, por lo que se derivan a personas con perfiles muy determinados; y El proyecto asociativo de Espacio Baraka, impulsado por un joven sevillano que ha cedido parte de su propia casa para ser un punto de apoyo dirigido hacia aquellos migrantes que necesiten unos días de tránsito o que decidan instalarse en Sevilla. Aunque las limitaciones de perfil no son tan estrictas, el responsable realiza entrevistas a los solicitantes.

Conclusiones

Tras el desarrollo del presente texto concluimos que las redes sociales intermediarias suponen ser en efecto un apoyo emocional, psicológico, sociocultural, físico y material para el colectivo migrante. El carácter instrumental coge forma a través de los diversos cuidados que ofrecen, proporcionando la íntegra reconstrucción personal de los usuarios. Entendemos, por tanto, que existe una visión holística de intervención por parte del equipo de trabajo de Espartinas.

Además, para favorecer la inserción de este colectivo en la sociedad española, las técnicas de integración social cumplen con el rol intermediario entre el país de acogida y el grupo de migrantes: primero, acompañan y gestionan el duelo migratorio que supone un conflicto identitario y de adaptación cultural; segundo, crean espacios de convivencia y de difusión positiva de la migración dirigidos a la población autóctona.

Por otra parte, destacar el contexto estudiado debido a que la ubicación rural supone un mayor acercamiento con las instituciones públicas. Esto permite beneficios tan notables como el empadronamiento, para la posterior petición de arraigo; un acercamiento paulatino y tranquilo hacia la cultura dominante; y mayores posibilidades de entablar relaciones sociales personales con las implicaciones que conlleva. Entendemos que el tiempo decretado de tres meses para el programa de Ayuda Humanitaria es muy reducido. Pero que a pesar de este inconveniente las TIS consiguen verdaderos resultados por su parte. Por ello, es necesario señalar cómo las redes intermediarias deberían tener más voz en la construcción de políticas de asilo y de acogida y de los consiguientes programas o planes, como en el mencionado PECI del año 2011. Además de contar con una mayor autonomía de gestión en sus centros, debido a que viven la realidad de cerca.

Por último, desde la antropología se debe tener un papel más activo en la sociedad y la política, no sólo en la academia, contribuyendo a la configuración de los proyectos políticos migratorios. Creemos que nuestra disciplina puede representar un rol de intermediación sociopolítica gracias al conocimiento de los imaginarios colectivos, de la estructura global y de la cercanía que permiten las técnicas utilizadas, y dar lugar a espacios de encuentro en los que poder avanzar hacia una equidad.

Bibliografía

20 Minutos. (2017). Más de 2.200 migrantes han muerto en el Mediterráneo en 2017. Recuperado de: http://www.20minutos.es/noticia/3083403/0/migrantes-muertos-mediterraneo/ [Fecha de consulta: 19 de julio de 2017].

ACNUR. (2017). *Ayuda al refugiado. Ayuda humanitaria a refugiados y desplazados que han tenido que huir de sus casas.* Recuperado de: https://eacnur.org/es/que-es-acnur/ayuda-al-refugiado [Fecha de consulta: 25 de mayo de 2017].

ACNUR. (1951) *Convención sobre el estatuto de los refugiados.* Recuperado de: http://www.acnur.es/PDF/0005_20120511114519.pdf [Fecha de consulta: 25 de mayo de 2017].

Aguaded, E., Rodríguez, A. J., y Dueñas, B. (2008). La importancia de las redes sociales en el desarrollo de competencias de ciudadanía intercultural de las familias de origen inmigrante y autóctonos. *Dialnet, VIII*(1), 153-167.

Al Fagoush, F. (2013). Estrategias y actitudes de aculturación en los adolescentes inmigrantes y autóctonos. Una comparación entre Italia y España. *Dialnet,* 97- 124. Recuperado de: https://dialnet.unirioja.es/servlet/articulo?codigo=4768308 [Fecha de consulta: 16 de mayo de 2017].

Aliaga, F. (2012). El imaginario social en torno a la integración de los inmigrantes en España. *Dialnet, 4,* 15-28. Recuperado de: https://dialnet.unirioja.es/servlet/articulo?codigo=4781599 [Fecha de consulta: 6 de junio de 2017].

Álvarez, C. (2008). La etnografía como modelo de investigación en educación. *Gazeta de Antropología, 24*(1), 1-15.

Aparicio, R. y Tornos, A. (2004). Las redes sociales de los inmigrantes extranjeros en España. Un estudio sobre el terreno. *Documento del observatorio permanente de la inmigración,* 1-152.

Arango, J. (1885). Las "leyes de las migraciones" de E. G. Ravenstein, cien años después. *Revistas Española de Investigaciones Sociológicas, 32,* 7–26.

Arango, J. (1998). Enfoques conceptuales y teóricos para explicar la migración. *Revista internacional de ciencias sociales, 165,* 33-47.

Araujo, N. (2010). Procesos de integración de personas solicitantes de protección internacional y refugiadas en la ciudad de Alicante. Cruz Roja española. *Obets- Revista de ciencias sociales, 5*(1), 111-121.

Arroyo, C. (2017). Soy psicóloga de duelo migratorio y estas son las cosas que más afectan a los emigrantes. Recuperado de: https://verne.elpais.com/verne/2017/03/14/articulo/1489490451_983473.html [Fecha de consulta: 2 de agosto de 2017].

BBC Mundo. (2017). Por qué la ONU asegura que el mundo está atravesando "la mayor crisis humanitaria" desde la Segunda Guerra Mundial. Recuperado de: http://www.bbc.com/mundo/noticias-internacional-39240914 [Fecha de consulta: 19 de julio de 2017].

Bel, C. (1990). Extranjeros en España (II) Refugiados: una aproximación al tema. *Dialnet, 16,* 101-112. Recuperado de: https://dialnet.unirioja.es/servlet/articulo?codigo=105450 [Fecha de consulta: 12 de mayo de 2017].

Benoist, J., Piquard, B., y Voutira, E. (2000). La antropología en la ayuda humanitaria. *Universidad de Deusto,* 1-160.

Blasco, J. (2013). 12 kilómetros de alambre, cuchillas y mallas para contener el sueño europeo. Recuperado de: http://www.eldiario.es/desalambre/Inmigracion- inmigrantes-valla-Melilla-Marruecos-saltos_0_194580660.html [Fecha de consulta: 19 de julio de 2017].

Boletín Oficial del Estado. (2000). Ley Orgánica 4/2000, de 11 de enero, sobre derechos y libertades de los extranjeros en España y su integración social. Recuperado de: https://www.boe.es/buscar/act.php?id=BOE-A-2000-544 [Fecha de consulta: 5 de julio de 2017].

Bolzman, C. (2012). Elementos para una aproximación teórica al exilio. *Revista Andaluza de Antropología, 3,* 7-30.

Cachón, L. (2008). La integración de y con los inmigrantes en España: debates teóricos, políticas y diversidad territorial. *Revista Universidad Complutense de Madrid, 45(1),* 205-235.

Carnet, P. (2011). Estrategias de activación y de construcción de redes sociales en la migración. El ejemplo de los migrantes africanos clandestinizados en la frontera sur española. *Redes- Revista hispana para el análisis de redes sociales, 20*(10a), 232-250.

Castles, S. (2000). Migración internacional a comienzo del siglo XXI: tendencias y problemas mundiales. *Revista internacional de ciencias sociales, 165,* 17-32.

Castro, Y. (2005). Teoría transnacional: revisitando la comunidad de los antropólogos. *Scielo- Scientific Electronic Library Online, 23,* 181-194. Recuperado de: http://www.scielo.org.mx/pdf/polcul/n23/n23a11.pdf [Fecha de consulta: 25 de junio de 2017].

CEAR. (2017). Informe 2017: las personas refugiadas en España y Europa. Recuperado de: https://www.cear.es/wp-content/uploads/2017/06/Informe- Anual-CEAR-2017.pdf [Fecha de consulta: 30 de junio de 2017].

Ceballos, A. (2017). Sickwaiting, un movimiento ciudadano para exigir a Europa que cumpla con sus compromisos en materia de refugio. Recuperado de: http://www.cafebabel.es/sevilla/articulo/sickofwaiting-un-movimiento- ciudadano-para-exigir-a-europa-que-cumpla-con-sus-compromisos-en-materia- de-refugio.html [Fecha de consulta: 9 de julio de 2017].

Cerri, C. (2011). Dilemas éticos y metodológicos en el trabajo de campo. Reflexiones de una antropóloga. *Revista de Antropología Experimental, 11,* 362-370.

Checa, F., Arjona. A., y Checa. J. C. (2003). La integración social de los inmigrados: modelos y experiencias. Barcelona: Icaria.

Comisión Europea. (2016). La crisis de los refugiados. Recuperado de: http://publications.europa.eu/webpub/com/factsheets/refugee-crisis/es/ [Fecha de consulta: 19 de julio de 2017].

Crotte, R., y Roberto, I. (2011). Elementos para el diseño de técnicas de investigación: una propuesta de definiciones y procedimientos en la investigación científica. *Tiempo de educar-Revista Interinstitucional de Investigación Educativa, 12(24)*, 277-297.

Cruz, I. y Verd, J. M. (2013). La fuerza de los lazos: una exploración teórica y empírica de sus múltiples significados. *Empiria. Revista de Metodología de Ciencias Sociales, 26*, 149-174.

Cubero, F. J. (2009). Redes sociales e integración de los inmigrantes. El caso de las mujeres ecuatorianas residentes en Sevilla. *REMHU-Revista Interdisciplinar da Mobilidades Humana, 17(32)*, 61-80.

De Miguel, V. (2006). Inmigración y redes personales de apoyo. *Redes-Revista hispana para el análisis de redes sociales, 11(10)*, 1-10.

De Sao, J. (2007). Inmigración e integración de los inmigrantes al país de acogida. *Revista Electrónica de Intervención Psicosocial y Psicología Comunitaria en Dialnet, 3(1)*, 4-10.

Domingo, C., y Viruela, R. (2001). Cadenas y redes en el proceso migratorio español. *Scripta Nova, Revista Electrónica de Geografía y Ciencias Sociales, 94(8)*. Recuperado de: http://www.ub.edu/geocrit/sn-94-8.htm [Fecha de consulta: 2 de agosto de 2017].

Eito, A. (2005). Las redes sociales y el capital social como una herramienta importante para la integración de los inmigrantes. *Acciones e investigaciones sociales de la Facultad de Ciencias Humanas y de la Educación de la Universidad de Zaragoza, 21*, 185-204.

El Diario. (2017). Frontera en melilla: drama humanitario. Recuperado de: http://www.eldiario.es/desalambre/valla_de_melilla/ [Fecha de consulta: 19 de julio de 2017].

El Público. (2017). El Gobierno elude acoger refugiados pese a tener más de 600 plazas libres. Recuperado de: http://www.publico.es/espana/gobierno-elude- acoger-refugiados-600.html [Fecha de consulta: 8 de julio de 2017].

Europa Press. (2017). ONG piden no definir como "avalancha" la llegada de migrantes a España: "El mediterráneo ya sangra en sus costas". Recuperado de http://www.europapress.es/epsocial/migracion/noticia-ong-piden-no-definir-avalancha-llegada-migrantes-espana-mediterraneo-ya-sangra-costas-20170819132941.html [Fecha de consulta: 19 de julio de 2017].

Ferrer, R., Palacio, J., Hoyos, O., y Madariaga, C. (2014). Proceso de aculturación y adaptación del inmigrante: características individuales y redes sociales. *Psicología desde el Caribe, 31(3)*, 557-576.

García, F. J., Gómez, M. R., y Bouachra, O. (2007). Población inmigrante y escuela en España: un balance de investigación. *Revista de Educación, 345*, 23-60.

García, J. (2010). La medición de la integración social de los inmigrantes a través de un sistema de indicadores coherente con la noción de ciudadanía inclusiva. *Universitas-Revista de Filosofía, Derecho y Política, 12*, 73-112.

García, M. R. (2008). Actitudes de aculturación ante la inmigración: opiniones de agentes sociales en el municipio de Vícar (Almería). *Dialnet, 21-22*, 121-132. Recuperado de: https://es.scribd.com/document/285980605/Dialnet- ActitudesDeAculturacionAnteLaInmigracion-2899873 [Fecha de consulta: 12 de mayo de 2017].

Godenau, D., Martínez, A., Moreno, G., y Rinker, S. (2011). La integración de los inmigrantes en España: una propuesta de medición a escala regional. *Documento del Observatorio Permanente de la Inmigración*, 1-243.

González, Y. (2014). Los procesos de integración de personas inmigrantes: límites y nuevas aportaciones para un estudio más integral. *Athenea Digital, 14(1)*, 195- 220.

González, V. (2005). El duelo migratorio. *Academia.edu, 7*, 77-97. Recuperado de: http://www.academia.edu/7944988/Duelo_Migratorio [Fecha de consulta: 14 de mayo de 2017].

Granovetter, M. (1973). La fuerza de los vínculos débiles. *American Journal Of Sociology, 78*(6), 1360-1380.

Gregorio Gil, C. (1998). Aproximaciones teóricas al estudio de las migraciones femeninas. In C. Gregorio Gil (Ed.), *Migración femenina: su impacto en las relaciones de género*, (21–39). Madrid: Narcea.

Grosfoguel, R. (2003). Giro decolonial, teoría crítica y pensamiento heterárquico. *Siglo del Hombre Editores; Universidad Central, Instituto de Estudios Sociales Contemporáneos y Pontificia Universidad Javeriana, Instituto Pensar,* 9-24.

Gualda, E. (2004). Actitudes hacia las migraciones y capital social: la participación de los europeos en redes sociales y sus lazos con la mayor o menor aceptación de la población extranjera. *REDES-Revista hispana para el análisis de redes sociales, 7*(3), 1-34.

Guber, R. (2004). A modo de ejercitación (Cap. 14). *El salvaje metropolitano: reconstrucción del conocimiento social en el trabajo de campo* (275-289). Barcelona: Paidós.

Hierro, L. (2017). Mujeres en los CIE: más y más discriminación. Recuperado de: https://elpais.com/elpais/2017/07/12/migrados/1499874200_533459.html?id_ext erno_rsoc=TW_CC [Fecha de consulta: 2 de agosto de 2017].

Izquierdo, P. (2016). La integración social de los inmigrantes. El papel de la comunicación. *ResearchGate,* 4-15.

Junta de Andalucía. (2016). Planes Integrales para la Inmigración en Andalucía. Recuperado de: http://www.juntadeandalucia.es/organismos/justiciaeinterior/areas/politicas-migratorias/planes-inmigracion.html [Fecha de consulta: 27 de junio de 2017].

Kawulich, B. (2005). La observación participante como método de recolección de datos. *Forum: Qualitative Social Research, 6*(2), 1-23.

Llorent, V. y Terrón, M. T. (2013). Políticas socioeducativas de integración de los inmigrantes en Alemania, España y Francia. SIPS-*Pedagogía social, Revista internacional, 21,* 111-139.

López, M., Martín, F., y Romero, P. M. (2007). Una revisión del concepto y evolución del capital social. *Dialnet,* 1060-1073. Recuperado de: https://dialnet.unirioja.es/servlet/articulo?codigo=2233299 [Fecha de consulta: 23 de junio de 2017].

Lozares, C., López, P., Verd, J. M., y Martí, J. (2011). Cohesión, vinculación e integración sociales en el marco del capital social. *Redes-Revista hispana para el análisis de redes sociales, 20*(1), 1-28.

Massey, D. S., Arango, J., Hugo, G., Kouaouci, A., Pellegrino, A., y Edward, J. (1993). Teorías de migración internacional: una revisión y aproximación. *Population and Development Review, 19*(3).

Martínez, U. (2000). Teorías sobre las migraciones. *Dialnet, 1,* 11-26. Recuperado de: https://dialnet.unirioja.es/servlet/articulo?codigo=2328060 [Fecha de consulta: 5 de junio de 2017].

Meyer, J. A. (2010). El objeto de estudio como sustento esencial de la investigación en Comunicación. *Pangea, 6,* 108-123.

Micolta, A. (2005). Teorías y conceptos asociados al estudio de las migraciones internacionales. *Dialnet, 7,* 59-76. Recuperado de: https://dialnet.unirioja.es/servlet/articulo?codigo=4391739 [Fecha de consulta: 15 de mayo de 2017].

Ministerio de Trabajo e Inmigración. (2011). Acuerdo del Consejo de Ministros por el que se aprueba el Plan estratégico ciudadanía a integración 2011-2014. Madrid: Dirección General de Integración de los Inmigrantes. Recuperado de: http://extranjeros.empleo. gob.es/es/Programas_Integracion/Plan_estrategico2011 /pdf/PECI-2011-2014.pdf [Fecha de consulta: 2 de julio de 2017].

Montoro, C., y López, D. (2013). Medir la integración de los inmigrantes en España. *Dialnet, 63,* 203-223. Recuperado de: https://dialnet.unirioja.es/servlet/articulo?codigo=4495808 [Fecha de consulta: 14 de mayo de 2017].

Mújica, L. (2002). Aculturación, interculturalidad e interculturalidad. Los supuestos en las relaciones entre "unos" y "otros". *Revista de la Biblioteca Nacional del Perú,* 55-78.

Okólski, M. (1998). Últimas tendencias y principales temas de las migraciones internacionales: perspectivas de Europa Central y del Este. *Revista internacional de ciencias sociales, 165,* 78-92.

Organización Internacional de Migraciones. (2006). *Glosario sobre migración.* Recuperado de https://www.uces.edu.ar/biblioteca/Citas_bibliograficas-APA- 2015.pdf [Fecha de consulta: 26 de mayo de 2017].

Organización Internacional de Migraciones. (2006). *Los términos clave de migración.* Recuperado de https://www.uces.edu.ar/biblioteca/Citas_bibliograficas-APA- 2015.pdf [Fecha de consulta: 26 de mayo de 2017].

Ortiz, A. M. (1996). Fases de la intervención social con migrantes. *Repositorio Institucional de la Universidad de Alicante,* 147-154.

Otero, J. (2014). Ceuta y Melilla, la frontera entre ricos y pobres más desigual del mundo. Recuperado de: http://www.publico.es/actualidad/ceuta-y-melilla- frontera-ricos.html [Fecha de consulta: 20 de julio de 2017].

Oxfam Intermón. (2017). ¿Por qué pedimos vías seguras y legales para las personas que huyen buscando refugio? Recuperado de: http://www.oxfamintermon.org/es/accion-humanitaria/proyectos/vias-seguras [Fecha de consulta: 19 de julio de 2017].

Pedone, C. y Gil, S. (2008). Los laberintos de la ciudadanía. Políticas migratorias e inserción de las familias emigrantes latinoamericanas en España. *REMHU- Revista interdisciplinar da Mobilidade Humana, 16*(31), 143-164.

Pérez, A., y Ortega, J. M., (2010). Inmigración y asilo: problemas actuales y reflexiones al hilo de la nueva ley. Madrid: Sequitur.

Portes, A. (2000). Teoría de Inmigración para un nuevo siglo: problemas y oportunidades. *Dialnet,* 25-60. Recuperado de: https://dialnet.unirioja.es/servlet/articulo? codigo= 590631 [Fecha de consulta: 2 de junio de 2017].

Retortillo, A., Ovejero, A., Cruz, F., Lucas, S., y Arias, B. (2006). Inmigración y modelos de integración: entre la asimilación y el multiculturalismo. *Revista Universitaria de Ciencias del Trabajo de la Universidad de Valladolid,* 123-139.

Rockwell, E. (2008). Del campo al texto: dilemas del trabajo etnográfico. En Ma Isabel Jociles y Adela Franzé (Coords.) ¿Es la escuela el problema? Perspectivas socio- antropológicas de la etnografía y educación. Madrid: Trotta.

Sánchez, B. (2011). La política migratoria en España. Un análisis de largo plazo. *Revista Internacional de Sociología, 69(M1),* 243-268.

Sánchez, C. (2003). Voces y escritura: La reflexividad en el texto etnográfico. *Consejo Superior de Investigaciones Científicas LVIII*(1), 71-84.

Sánchez, F. (2000). La antropología y la ayuda humanitaria. *Dialnet.* Recuperado de: https://dialnet.unirioja.es/servlet/libro?codigo=207959. [Fecha de consulta: 10 de julio de 2017].

Taylor, S. J. y Bogdan, R. (1987). El trabajo con los datos. Análisis de los datos en la investigación cualitativa (Cap. 6) y La presentación de los hallazgos (Cap. 7). *Introducción a los métodos cualitativos de investigación: la búsqueda de significados* (152-187). Barcelona: Paidós.

Téllez, Virtudes (2008). La juventud musulmana de Madrid responde: lugar y participación social de las asociaciones socioculturales formadas o revitalizadas después de los atentados del 11-M. *Revista de Estudios Internacionales Mediterráneos (REIM),* 6, 133-143.

Tur, R. (2009). La integración de la población inmigrante en el marco europeo, estatal y autonómico español. Madrid: Iustel.

Velasco, H. y Díaz de Rada, Á. (2006). El trabajo de campo (Cap. 1). *La lógica de la investigación etnográfica. Un modelo de trabajo para etnógrafos de escuela* (17-41). Madrid: Trotta.

Villanueva, C. (2001). Los modelos de aculturación e intervención psicosocial en la inmigración. *Gazeta de Antropología, 17(6),* 1-17.

Vansteenberghe, G. P. (2012). Coexistencia de los tres modelos de integración en España. *Barataria-Revista castellano-manchega de Ciencias Sociales, 13,* 225-237.

CAPÍTULO 7

DINÁMICAS TRANSNACIONALES NORTE-SUR COMO FORMA DE PERPETUAR LOS DISCURSOS COLONIALES. LA EXPERIENCIA DE LOS ESPAÑOLES EN EL NORTE DE ARGELIA

María-Jesús Cabezón-Fernández & Juan-David Sempere-Souvannavong

Introducción

En la visión más común de las migraciones, tanto en el mundo académico como en el conjunto de la sociedad, suele prevalecer la imagen de las personas del Sur que van al Norte para trabajar y mejorar sus condiciones de vida. Sin embargo, en ningún momento desde que existen los conceptos de Sur y Norte esto ha sido estrictamente así. Pese a las dificultades para contabilizar a los migrantes y conceptualizar lo que es y no es una migración, es bien conocido que las movilidades Norte - Norte, Sur - Sur y Sur - Norte son muy significativas en relación a las que se dan de Norte a Sur. Una encuesta publicada en el Informe sobre las Migraciones en el mundo de 2013 por la Organización Internacional para las Migraciones (OIM 2013) indicaba que las migraciones Norte-Sur, sólo son el 40% del conjunto a nivel mundial.

Esta sobrerrepresentación de los desplazamiento Norte-Sur cambia un poco con la crisis que conocen los países Occidentales desde 2008 y que ha visto tanto un aumento de los trabajadores europeos en países del sur como de su visibilización. Esta realidad es especialmente llamativa en el caso de países como España, un país donde los extranjeros empadronados[1] pasan de 0.64 millones en 1998 a 5.3 millones en 2008 y que en consecuencia, se había acostumbrado muy rápidamente a ser un país del Norte destino de una inmigración del Sur. Desde entonces se ha producido una cierta inversión de los flujos migratorios. Durante los años 2010 la emigración supera la

---

[1] El Padrón Municipal de Habitantes es el registro de la población que hay en cada municipio español y que se renueva anualmente.

inmigración y el Padrón de Residentes Españoles en el Extranjero (PERE) permite, no sin matizaciones, analizar el destino de la nueva emigración española, tanto de los inmigrantes que, una vez obtenida la nacionalidad española, regresan a sus países de origen, como de los nacidos en España, mayoritariamente españoles de origen, que parten al extranjero.

Entre los destinos de esa nueva diáspora encabezados por Europa (Francia y Alemania) y Latinoamérica (Argentina y Venezuela) surgen nuevos países como los del Golfo Arabo-Pérsico o los del Magreb que han conocido un incremento muy significativo de la presencia española. En este sentido es muy destacable la emigración española en Argelia que no es tan visible a través del PERE, son 866 los españoles en este país según esta fuente en 2018, como a través del incremento de la movilidad entre estos dos países tan próximos. Diversos indicadores y en especial el tránsito aeroportuario, que se ha cuadriplicado desde entre 2007 y 2017, muestran cómo la movilidad tanto de españoles hacia Argelia como de argelinos hacia España aumenta de manera muy considerable desde el inicio de la crisis.

La presencia de españoles en Argelia, muy masiva durante el periodo colonial, fue desapareciendo después de la independencia del país en 1962. En los años noventa las empresas energéticas fueron las primeras españolas en instalarse en Argelia. En 2005, a raíz de la estabilización política del país y de la firma del Acuerdo Euromediterráneo entre Argelia y la Unión Europea se produce un aumento de las relaciones bilaterales (Cabezón Fernández 2017), y Argelia se va transformando en un lugar de internacionalización de empresas españolas de diversos sectores. Tras el inicio de la crisis en 2008 se dispara su número en Argelia, ya no como una forma de internacionalización sino como una forma de huir de la crisis en España. A la presencia de técnicos altamente cualificados se suma la llegada, desde 2008, de cuadros medios, de trabajadores autónomos y PYMES e incluso de mano de obra española. Todo ello conforma el perfil de la nueva comunidad española en Argelia, más marcada por un vaivén entre ambos países que por una migración de larga duración. Estas dinámicas transnacionales representan un escenario de contacto entre el Norte y el Sur, entre el "ellos" y el "nosotros", desde la visión jerarquizada del mundo en centro y periferia, desde la que parte de las personas españolas en Argelia reproducen discursos coloniales respecto a la sociedad argelina.

Metodología

Si bien es cierto, que el objetivo de este trabajo no era cuantificar la movilidad española hacia el norte de Argelia, sino explicar la realidad de una parte de la sociedad española, resulta complicado estimar el número de personas que viven entre España y Argelia con los indicadores estadísticos disponibles. Tal y como sucede con la tendencia general de la emigración española actual a consecuencia de la crisis, medir el flujo de personas es prácticamente imposible debido a la falta de herramientas estadísticas fiables. Esto se debe a que los indicadores disponibles se diseñaron para cuantificar la llegada de inmigración a España y no al contrario (Domingo y Sabater 2012: 63). Por un lado, la Estadística de Variaciones Residenciales (EVR)[2], basada en los datos del Padrón Municipal, no refleja un dato real de las bajas de españoles dado que no es obligatorio darse de baja al marchar al extranjero. Además, muchas personas prefieren no hacerlo para poder mantener sus derechos en España como el derecho al voto en las elecciones locales y nacionales o el acceso al sistema sanitario. Otro indicador usado habitualmente es el mencionado PERE[3], que se realiza en base a los registros de matrícula realizados por las personas españolas en las oficinas consulares en el extranjero. Sin embargo, como en el indicador anterior, no es obligatorio registrarse en la oficina consular, por lo que estos datos tampoco reflejan fielmente la realidad. En el PERE, hay un subregistro especialmente importante para el caso de Argelia debido a la proximidad y a las facilidades de transporte entre ambos países[4] que ofrece la posibilidad de ir y volver a España varias veces por mes.

La novedad de este trabajo, la falta de herramientas estadísticas y, sobre todo, el objetivo de describir estas dinámicas que se alejan de la tendencia general de la emigración española, nos llevó a optar por la metodología cualitativa basada en la realización de entrevistas en profundidad apoyadas en un cuestionario semiabierto combinado con la observación participante. El trabajo de campo multisituado se realizó entre 2012 y 2016, dividido en varias fases en las que se incluye la realización de entrevistas en Orán (Argelia) y en España. Se realizaron 72 entrevistas a las que se suman 11 entrevistas a informantes clave como personal de Recursos Humanos, cámaras de comercio españolas y argelinas, y además de a expertos del ámbito académico y profesional. Algunas entrevistas se realizaron a través de Skype, con el objetivo de diversificar los lugares de destino en Argelia de las personas entrevistadas, así como para acceder a personas que recientemente habían iniciado una experiencia en otro país, o finalizado su experiencia en Argelia.

No se estableció ningún criterio específico para seleccionar a las personas participantes, dada la novedad del fenómeno, ya que queríamos captar la mayoría de dinámicas posibles. En líneas generales, las personas entrevistadas se encuentran en un rango de edad entre los 25 y 65 años, siendo mayoritariamente hombres. Algunas de las mujeres participantes son

---

[2] Descripción del indicador en la página del Instituto Nacional de Estadística (INE), disponible en: http://www.ine.es/daco/daco42/migracion/notaevr.htm

[3] Descripción de la metodología empleada por el indicador elaborado por el INE disponible en: http://www.ine.es/dyngs/INEbase/es/operacion.htm?c=Estadistica_C&cid=1254736177014&menu=metodologia&idp=1254734710990

[4] Ciudad como Orán y Argel están a cuarenta minutos de avión de España y hay conexiones diarias desde Alicante y semanales desde Barcelona o Madrid.

trabajadoras, mientras que otras son parejas acompañantes, situación que no se produce en el caso contrario. Los rangos de educación son muy variados dados los cuatro perfiles de personas identificados: personas expatriadas, empresarios autónomos[5], personal funcionario de instituciones públicas y parejas acompañantes.

Reproducciones postcoloniales a través de dinámicas de movilidad

Los estudios sobre las movilidades contemporáneas entre ambas orillas del Mediterráneo Occidental, y en especial entre Francia y el Magreb, se remontan a los años setenta con las primeras tesis sobre la inmigración magrebí en Francia (Simon 1979). Dichos trabajos que estudiaban la primera generación de la gran migración magrebí en Europa de los años sesenta y setenta, fueron siendo reemplazados durante los años noventa por estudios que analizaban las movilidades Sur-Norte (Peraldi 2001; Tarrius 2000). Estudios que muestran hasta qué punto el vaivén y el trasiego llevado por los magrebíes, muchos de ellos ya con nacionalidad francesa, entre el Magreb y Francia, y más tarde entre el Magreb y España, Francia e Italia ya eran una parte estructural de la realidad económica, social e incluso urbanística de ciertas regiones mediterráneas.

Más recientemente, algunos investigadores han retomado esta línea de estudio en el espacio Mediterráneo aunque analizando las dinámicas Norte-Sur a partir del proceso de recesión iniciado en 2008. Si bien estas movilidades podían reducirse, antes de la crisis, a la élite de la expatriación de las grandes empresas transnacionales, el ámbito de la cooperación internacional y otras instituciones, el contexto de austeridad ha dado lugar a que la clase media precarizada busque alternativas más allá de sus propias fronteras. El otro lado del Mediterráneo se presenta, de nuevo, como destino de dinámicas transnacionales y de movilidad que engloban a "aventureros", "expatriados" o "expatriados contemporáneos" (Fechter y Walsh 2010; Kunz 2016) comprendiendo a personas de diferente perfil laboral como empleados de empresas transnacionales, profesionales independientes, empresarios, parejas acompañantes, personal contratado en ONG, así como "refugiados del capitalismo global" de las diferentes clases sociales. Desde esta óptica, Fabbiano (2016) analiza la expatriación francesa actual de personas que tienen raíces en la Argelia colonial e inician una experiencia transnacional con el objetivo de descubrir el lugar de origen de sus antepasados. Sin embargo, la curiosidad sobre el pasado no rompe con los discursos y prácticas segregadoras desde las categorías del "nosotros" o "ellos", debido a que la proximidad geográfica respecto a Francia favorece

---

[5] Hablamos de empresarios en masculino ya que no había ni una sola mujer de este perfil entre las personas entrevistadas.

los "asentamientos efímeros" (Fabbiano, 2016: 24).

Si la mayoría de las investigaciones se han centrado en identificar la tipología de las dinámicas de movilidad, así como en la descripción de perfiles y motivaciones para iniciar una experiencia transnacional, son menos los trabajos que se han centrado en los discursos que producen estos migrantes respecto a las poblaciones locales. La mayor aportación en esta dirección la encontramos en la literatura anglosajona desde la aproximación teórica del Poscolonialismo.

Las diferentes investigaciones que han analizado la producción discursiva de los "migrantes ricos" en los países del sur lo hacen desde la teoría postcolonial fuertemente influenciada por el Orientalismo, siguiendo los estudios de Said (1978), Young (2003) o Bhabha (1993) que aborda la articulación de los discursos coloniales. Estos investigadores, sostienen que el colonialismo no solo estructuró y jerarquizó las sociedades sobre el poder y las luchas económicas y políticas, sino también sobre discursos de dominación, "legitimados por teorías antropológicas que retrataban cada vez más a los pueblos del mundo colonizado como inferiores, infantiles o femeninos, incapaces de mirarse a sí mismos" (Young 2003: 2). Este tipo de términos para referirse a las poblaciones colonizadas son la base para dar forma al imaginario del "otro" como un espejo en el cual los colonos buscan crear su autoidentificación superior. Said (1978) definía el discurso colonial como "las declaraciones que se crean para legitimar los discursos coloniales y que transforman la manera de pensar en prácticas sociales que perpetúan las jerarquías del poder". Los discursos coloniales son una herramienta de jerarquización y perpetuación de las estructuras de poder, particularmente entre Oriente y Occidente, en una relación de dualidad asimétrica, en la que "Oriente no era, por lo tanto, interlocutor de Europa, sino su 'otro' silencioso".

Con estas premisas como base para el análisis de la vida cotidiana de las personas expatriadas contemporáneas, las investigaciones de Coles y Walsh (2010), Leonard (2010) y Fechter (2016), muestran como para las personas expatriadas contemporáneas, la movilidad geográfica hacia países del sur se traduce en una movilidad social, al mejorar la posición social en el país de destino. Esta posición en la sociedad de destino lleva a la recreación de discursos y actitudes coloniales por las que se produce la jerarquización de la cultura y valores de la sociedad de origen y la sociedad de destino, siendo esta última infravalorada. Korpela (2010) a partir de sus estudios sobre las personas británicas en Benarés (India), define al conjunto de argumentos que jerarquizan y diferencian al "ellos" y "nosotros" como la "imaginación colonial" o cómo "los involucrados en el proyecto colonial definieron las tierras y personas colonizadas" (Korpela 2010: 1299) desde un punto de vista totalmente etnocéntrico. Para justificar esta jerarquización, se acude a los efectos de un posible pasado colonial, así como a la propia historia del país de destino o a la jerarquización del mundo en base a la dicotomía de centro-periferia incluso cuando no ha habido relaciones históricas de carácter colonial (Fechter y Walsh 2010: 1204). Leonard (2010) destaca que de esta forma se reproduce un "racismo diario" en las sociedades de destino que son categorizadas como inferiores debido a sus diferencias culturales que se justifican sobre los elementos mencionados anteriormente. Este término, acuñado por Essed (1991), viene a expresar "las formas en que las propiedades macroestructurales del racismo se cruzan con, y se producen a menudo a través de las micro inequidades de la vida cotidiana" (Leonard 2010: 1250).

Sin embargo, si queremos analizar la reproducción de actitudes y discursos postcoloniales en el espacio Mediterráneo, necesitamos revisar primero la historia compartida por ambos países y el "Orientalismo doméstico" (López García 1990) que ha abordado el estudio de los imaginarios colectivos de ambos lados del Mediterráneo respecto "al otro", para entender posteriormente los elementos particulares de las relaciones asimétricas que se producen a través de las dinámicas transnacionales de las personas españolas en Argelia.

Imaginarios colectivos desde ambas orillas

Argelia es, en términos generales, muy desconocida en España, mucho más de lo que cabría esperar por su proximidad y por la importancia de las relaciones históricas[6]. Desde un punto de vista político o socioeconómico para el conjunto de España, el Magreb ha sido y sigue siendo, ante todo, Marruecos; país con el que siempre se ha mantenido una estrecha y a menudo controvertida interrelación vecinal. Con respecto a Argelia, las relaciones han sido en las últimas décadas sobre todo institucionales, motivadas por la obligación de diversificar el suministro de hidrocarburos y más recientemente por la lucha contra el terrorismo.

La imagen de España en Argelia

Las personas españolas que trabajan en Argelia se ven, en ciertas circunstancias, favorecidas por la fuerte presencia de España en el imaginario de los argelinos, la sensación de proximidad y la buena imagen que conserva su país en Argelia, principalmente, en su región occidental donde una parte significativa de la población está familiarizada con numerosos aspectos de la sociedad española.

Cabe señalar que las relaciones entre España y Argelia tienen la particularidad de no estar marcadas por conflictos territoriales o por un pasado colonial como el que comparten Francia y Argelia, o España y

---

[6] Una ilustración de ello son las personas entrevistadas, que en su mayoría afirman no disponer de información sobre Argelia antes de haber llegado allí por primera vez.

Marruecos. Pese a haber participado activamente en el proceso de colonización francés a través de la migración de cientos de miles de sus ciudadanos sin los cuales la ocupación de Argelia habría fracasado, España no es vista en este país como un agente activo en su denostado periodo colonial. La migración española de este periodo es vista, en Argelia, como la de una clase pobre que venía a servir a los franceses en los trabajos que estos rechazaban y que, en consecuencia, es vista con proximidad y empatía por los argelinos musulmanes.

Por otra parte, como sucede en gran parte del mundo árabe, el pasado andalusí de la Península Ibérica es objeto de un poderoso proceso de mitificación que transforma ciudades como Granada, Córdoba y Sevilla, y en general todo el sur de España, en un instrumento de *soft power*[7] español en el mundo árabo-musulmán y en el anhelado destino turístico de muchos argelinos. De la misma manera los argelinos, apelando esta vez al espíritu mediterráneo, suelen ensalzar la proximidad con España hablando de la mediterraneidad (del clima, de la vida en la calle, del carácter de la gente…), como elementos compartidos entre ambos países en oposición a Francia.

Finalmente hay que indicar el aislamiento que los argelinos sufrieron durante los años noventa y dos mil debido a la guerra civil[8], al estigma de violencia que sufrió esta sociedad en los países vecinos, al bloqueo impuesto a través de la imposición del visado para viajar a Europa, al cierre de la frontera con Marruecos y a la diabolización del país en los medios de comunicación. Todo ello se tradujo durante esos años, en la imposibilidad de salir del país por parte de la sociedad argelina, en especial para los jóvenes. Un ejemplo significativo de la visión de España para los argelinos entonces es que durante aquella "Década Negra", España fuera el único país Occidental que no cerró ni sus representaciones diplomáticas, ni sus centros culturales, los Institutos Cervantes, en Argelia. De hecho, frente al cierre de la frontera marroquí desde 1994 y a las enormes dificultades para conseguir un visado francés[9], España fue vista como un país relativamente accesible para la población del oeste de Argelia.

Esta situación debe necesariamente ser relacionada con la intensa y controvertida imagen de Francia en Argelia. Por una parte Francia, la antigua potencia colonizadora, ha sido y sigue siendo una referencia de enorme peso entre una mayoría de argelinos; como indicó un informante en referencia a la reapertura del Consulado y del Centro Cultural franceses de Orán en 2007, "los franceses no tienen más que meter la llave en la cerradura para instalar o reabrir sus empresas, sus consulados y sus centros culturales". Sin embargo,

---

[7] Por *soft power* entendemos el empleo por parte de España de los instrumentos culturales y patrimoniales de su pasado musulmán para adquirir un capital de simpatía en los países árabes y musulmanes.

[8] Entre 1992 y 1999 Argelia tuvo un conflicto civil, a menudo llamado "Década Negra", en el que se enfrentaron el Gobierno Argelino y diversos grupos islamistas.

[9] En los años noventa Francia sufrió en su territorio varios atentados ligados al conflicto civil argelino.

por otra parte, el trauma del periodo colonial y de la Guerra de Independencia, con cientos de miles de muertos, heridos, desaparecidos y exiliados por ambas partes, siguen marcando las relaciones entre ambos países, así como la memoria histórica que han construido todos los colectivos implicados. Es por todo ello que, en Francia y en Argelia, las cuestiones relativas al otro país no generan indiferencia social y se observa un cierto bloqueo así como la generación de estereotipos entre una parte de la población de ambas sociedades con respecto al otro país.

El "otro argelino" diluido en el "otro moro"

Para entender la imagen del otro "musulmán" o "moro" (término habitual utilizado en España para referirse a las personas musulmanas), tenemos que detenernos en el Orientalismo, que Said entiende como el corpus de conocimiento articulado por la Europa imperial del siglo XIX para justificar los procesos de colonización de territorios en África, Asia, el mundo árabe y América Latina. Bajo esta premisa, el Orientalismo es un discurso que pretende reproducir la cultura dominante y construir la identidad del "otro" desde fuera sobre el vínculo entre el conocimiento y el poder. Así, el imaginario que los europeos construyen está determinado por sus propias relaciones con el otro "Oriente", su pasado compartido y regionalidades particulares, aunque siempre existen generalizaciones compartidas respecto al "otro" oriental. Bill Ashcroft y Pal Ahluwalia (2001) señalan la repetida "suposición de que el Oriente es esencialmente monolítico, con una historia invariable, mientras que el Occidente es dinámico, con una historia activa. Además, se considera que Oriente y los orientales son sujetos de estudio pasivos y no participativos" (Ashcroft y Ahluwalia 2001: 64).

En España, los estudios africanos por un lado y el arabismo español por otro, han abordado el estudio de las relaciones hispano-árabes así como la construcción de la imagen y evolución del "moro", un imaginario dinámico que cambia de acuerdo con el contexto político y los intereses particulares dependiendo del momento de la historia hispano-musulmana (Martín Corrales 2004). Investigadores como De Larramendi o el propio Martín Corrales, señalan que la visión general del "otro musulmán" ha sido de carácter negativo desde la orilla hispánica, sobre todo debido a la influencia del periodo de la Reconquista[10] por los Reyes Católicos y la posterior instauración del catolicismo como religión del reino. De este periodo histórico derivó la tendencia de establecer la dicotomía entre el "moro-musulmán" y el "español-católico" (Larramendi 2001). El moro ha sido a veces enemigo (caracterizado como terrible, sangriento o bárbaro), como en el periodo de la Reconquista, o amigo (representado como exótico, amable,

---

[10] Según el diccionario de la Real Academia Española de la Lengua, la Reconquista se refiere a la "recuperación del territorio hispano invadido por los musulmanes en 711 d. C., que termina con la toma de Granada en 1492". [Entrada consultada el 20.09.2018]. Disponible en la versión online del diccionario disponible en: http://dle.rae.es/?id=VUOnlTV

servicial), a la conveniencia del general Franco para establecer un ejército en el Sáhara occidental, a volver a ser enemigo tras la pérdida de la guerra en Granada. Más recientemente, el "moro" o el "musulmán" sigue viéndose con connotaciones negativas, sobre todo a raíz de las tensiones internacionales tras los ataques terroristas en Nueva York del 2001 y otros posteriores como en Madrid en 2004 o en Barcelona en 2017. Un panorama internacional que da continuidad a la bipolarización del mundo tras el fin de la Guerra Fría, teniendo a Oriente como "nuevo villano" (Larramendi 2001).

Un ejemplo de visión negativa respecto al musulmán es la definición de la Real Academia Española de la Lengua (RAE) que define al "moro" como:

1. Originario de la frontera septentrional de África con España

2. Quien profesa el islam

3. Musulmán que vivió en España desde el siglo VIII hasta el siglo XV

4. Persona de algunas islas en Malasia

5. Informalmente a un niño que no está bautizado

6. Informalmente a un hombre celoso y posesivo que somete a su pareja

7. Persona con piel oscura, cabello negro[11].

La propia definición de la RAE apunta a la imagen de la mujer musulmana y los estereotipos creados sobre ellas en una dualidad entre la sensualidad y el exotismo de las mujeres del Imperio Otomano y la visión de las mujeres dominadas por los hombres y la religión, incapacitadas para decidir sobre su propio destino. Aixelá y Planet (2004) señalan que la mujer en las sociedades árabes "es vista bajo prejuicios y axiomas presupuestos (patriarcado, complementariedad sexual con el Corán, el *hijab*) y por otro la comparación constante entre el caso árabe y el caso europeo sin tener en cuenta las diferencias en sus tradiciones" (Aixelá y Planet 2004: 150). En la misma línea de trabajo, Moualhi (2000), a partir de una investigación cualitativa realizada en Barcelona, muestra cómo los estereotipos presentes en la sociedad española mantienen algunos de los atributos clásicos que se presuponen para las mujeres musulmanas. Los estereotipos se relacionan sobre todo con la falta de libertades derivados del Islam, en torno a tres temas: la clitoridectomía, las prácticas de poligamia y el hijab. Según Moualhi, "las imágenes lanzadas son a menudo distorsionadas y/o engañosas. Se basan en hechos particulares o superficiales y luego llevan a cabo afirmaciones generales o de mayor calado" (Moualhi 200: 300). Y es que, tal y como apuntan Aixelà y Planet, la verdadera base de la discriminación de las mujeres en el norte de África está más relacionada con las desigualdades que abordan

---

[11] Entrada del Diccionario de la Real Academia Española versión online. Consulta realizada el 20.09.2018. Disponible en: http://dle.rae.es/?id=PqZDbAp

el estatus, las oportunidades laborales y escolares o el compromiso político.

Estos estereotipos generalizados sobre las personas musulmanas forman parte, como veremos a continuación, del imaginario colectivo de las personas españolas que llevan a cabo dinámicas transnacionales entre ambos países, configurando la base de los discursos coloniales reproducidos en su día a día en el contexto argelino.

Imaginario colonial, segregación espacial e instrumentalización de las relaciones respecto a la población argelina

En investigaciones como las dirigidas por Yeoh y Willis (2005), Coles y Walsh (2010), Leonard (2010), Korpela (2010), Walsh (2014) o Fechter (2016), queda patente cómo la movilidad transnacional de las personas británicas hacia países como Dubai, India o Singapur (excolonias del Reino Unido), reactivan discontinuidades postcoloniales, o en otras palabras, vuelven a poner de manifiesto las desigualdades en las jerarquías de poder entre sociedades, cuando las personas británicas (en el caso de los estudios mencionados), inician una dinámica transnacional hacia alguna de sus ex colonias. El imaginario colonial se activa para dar respuesta a actitudes, comportamientos y tradiciones o códigos de funcionamiento de los sistemas locales, que son percibidos por los expatriados contemporáneos como "atrasados", "desorganizados" o "ineficaces" en comparación con "sus (nosotros)" valores, actitudes y tradiciones. Se pone en marcha entonces la dualidad del "ellos-nosotros" para recrear las identidades construidas en base acontecimientos del pasado histórico reciente, a sistemas políticos y/o religiosos, o los estereotipos asociados a una religión y/o cultura.

En el caso del imaginario colonial que las personas españolas recrean respecto a la sociedad argelina varios son los elementos que determinan la identidad del "otro" argelino: 1. El desconocimiento sobre el país; 2. La percepción de la seguridad/inseguridad; 3. Los estereotipos sobre la comunidad musulmana. Si bien la proximidad geográfica entre España y Argelia es la principal motivación para iniciar una dinámica transnacional entre ambos países, se trata de un país desconocido para la sociedad española que en muchas ocasiones no saben "ni situar en el mapa", como ya indicamos anteriormente. Algunas personas hacen mención a información sobre el periodo de negociaciones entre ETA[12] y el gobierno español que se mantuvieron en Argel, a raíz de que miembros de la banda se ocultaran en el país. Otras reminiscencias del pasado argelino presentes en los discursos son informaciones sobre el periodo de la guerra civil argelina. Estos dos

---

[12] Organización terrorista vasca que reivindicaba la independencia del territorio de *Euskal Herria* (que significa "país del *Euskera*") y que entregó las armas en abril de 2017 y anunció su disolución en mayo de 2018.

elementos, unidos a la percepción de los españoles del aumento de la inseguridad en los países de mayoría musulmana, da lugar a que las familias españolas decidan, en su mayoría, que sólo se desplaza a Argelia la persona que va a desempeñar la actividad laboral, mientras que los hijos y la pareja (habitualmente mujeres), permanecen en España.

La desigualdad de trato entre géneros percibido en las sociedades musulmanas representa otro factor de relevancia en el proceso de toma de decisión en cuanto a la forma en la que se desarrollará la estrategia transnacional. Sin embargo, como señalábamos anteriormente, estas personas apenas cuentan con información sobre Argelia, por lo que sus creencias están basadas en informaciones puntuales y en los estereotipos sobre la comunidad musulmana creados a lo largo de la historia, y acrecentados, en los últimos años con la llegada de inmigración magrebí a España, y el aumento de la islamofobia. Estos elementos nos han llevado a articular la categoría de "imaginario colonial", empleado por algunas de las investigadoras mencionadas anteriormente, estableciéndolo como una variable que desempeña una influencia clave en las trayectorias y en las actitudes y discursos realizados por las personas expatriadas contemporáneas españolas hacia el norte de Argelia.

Actitudes y discursos desde la separación espacial y social

Los itinerarios transnacionales desarrollados por estas personas son muy variados dependiendo de las motivaciones, los determinantes administrativos y laborales, así como el contexto personal de cada familia. Estos itinerarios suelen comenzar con cortas visitas a Argelia, para establecer contactos para crear un negocio en el caso de los empresarios autónomos, mientras que las personas expatriadas y funcionarias se trasladan directamente al país. El tiempo de cada estancia en Argelia varía según las estrategias individuales, aunque observamos que, dada la duración del periodo de recesión, las diferentes dinámicas van sufriendo un proceso de sedentarización para convertirse en migraciones circulares como estrategia para mantener la actividad laboral (Cabezón Fernández y Sempere Souvannavong 2017). En líneas generales, las personas españolas cuando llegan a Argelia desarrollan rutinas entre el lugar de trabajo y el hogar, pasando por el espacio público de forma invisible, utilizando el servicio de un chófer o de un taxi privado. Estas personas suelen establecer su lugar de residencia en zonas cercanas al lugar de trabajo para evitar largos desplazamientos o atascos, y así poder caminar hacia el trabajo, o bien llevar a los hijos a las guarderías sin depender de un chófer. Además, así evitan utilizar el transporte público, un espacio de inevitable contacto con el "otro", en el que las personas españolas se sienten observadas, incómodas e inseguras. Un hecho que se intensifica dado que la mayor parte de las personas españolas no cuenta con conocimientos de francés cuando inician la experiencia transnacional. La vida se reduce, por tanto, a la vida en la burbuja, la "colonia" o "la caja dorada de los expatriados", como nuestros propios entrevistados definen al espacio segregado en el que desarrollan su día a día. La reducción de las rutinas entre la esfera laboral y personal, el escaso contacto con la población local optando por establecer contacto con personas de otra nacionalidad o de la propia, así como el reducido tiempo de ocio debido a la motivación laboral de la migración, da lugar a que estas personas se sientan, a la larga, ahogadas debido al aislamiento respecto a los espacios y a las actividades realizadas.

Las parejas acompañantes son el grupo que siente de forma más intensa el aislamiento de la vida en la burbuja en Argelia. La dedicación a los hijos en la esfera doméstica, y/o la falta de la realización de una actividad laboral produce que estas personas no entablen redes de relaciones sociales con otras personas, reducidas en muchas ocasiones, a las personas del entorno laboral de la pareja. Si bien es cierto, que las parejas que tienen a los hijos a su cargo a la larga suelen entablar relaciones con otros grupos de persona a raíz de la asistencia habitual a la guardería o el colegio, abriendo así el círculo de personas conocidas a otros ámbitos diferentes. Parte de estas personas, con el paso del tiempo y el peso del sentimiento de aislamiento, deciden "romper la burbuja" y comenzar a realizar actividades que les suponen un reto, desde desplazarse por la ciudad sin la compañía del chófer, usando el transporte público, a decidir aprender francés, visitar cafeterías, etc. Es a partir de entonces, cuando comienzan a sentir una estancia "real" en Argelia y a recabar mayores experiencias en contacto con la población local, aunque esto sucede en un número de casos muy reducido entre nuestras personas entrevistadas.

Si nos detenemos en el análisis de la producción social de los españoles en Argelia en el ámbito doméstico, laboral y público, observamos cómo el imaginario colonial opera en la reproducción de discursos que perpetúan desigualdades y jerarquizan ambas sociedades, posicionando a la sociedad argelina en un escalón inferior. En el espacio del hogar, el contacto con las personas argelinas, se reduce, como decíamos, a relaciones instrumentales, en las que las personas locales desempeñan trabajos sobre todo de servicio doméstico y transporte. En este ámbito, destaca sobre todo el caso de las familias con hijos que se trasladan a Argelia. La necesidad de inscribir a los hijos en guarderías y colegios, o el realizar actividades de ocio adaptadas a los niños da lugar a que los padres sientan la necesidad de relacionarse con mayor número de personas con las que puedan desarrollar un ocio familiar. Sin embargo, normalmente estas relaciones se suelen entablar con personas de otras nacionalidades, mientras que el contacto con personas argelinas es puntual. Las personas españolas destacan que la desconfianza de la sociedad argelina y las diferencias culturales dificultan las relaciones de amistad, ya que en algún momento aparecen barreras que imposibilitan entablar relaciones de amistad más profundas. Un ejemplo particular entre el ámbito doméstico y el espacio público es el disfrute del ocio o tiempo libre.

En Argelia, el ocio se percibe, de nuevo, como diferente respecto al ocio (occidental) que se realiza en España. Ir a cafeterías, pasear, practicar deporte en la calle, el ocio de consumo de visitar tiendas de moda, son actividades que se perciben como menos accesibles en las ciudades argelinas. Solo en aquellos "enclaves de expatriados", en los que se da un ambiente más internacional como los restaurantes y gimnasios de los hoteles, las instituciones culturales europeas (escasas) en Orán y Argel, es en los que estas personas realizan su ocio cotidiano. Por ello, muchas actividades del tiempo libre se reducen a reuniones en casas de otros expatriados para comer, ver un partido de fútbol o jugar a videojuegos. En ocasiones, se reúnen grupos de españoles de diferentes ámbitos, conectados a través de algunas actividades o reuniones habituales como las cenas en el Restaurante *Le Titanic* de Orán o las reuniones de senderismo los viernes en las que participan personas argelinas. Las actividades de ocio vienen determinadas por el tiempo libre del que disponen estas personas. Si el fin de semana en Argelia son los días viernes y sábado, las personas del sector de la construcción e infraestructuras, así como los empresarios, descansan un día únicamente debido a la intensidad del trabajo o a la voluntad de aprovechar el mayor tiempo posible de estancia en Argelia para trabajar, y así poder volver antes a España.

En la esfera laboral, las personas trabajadoras, ya sean expatriadas o empresarios, establecen mayor número de contactos con personas argelinas. En el caso de las personas expatriadas, éstas suelen relacionarse con personas argelinas que desempeñan puestos de la misma categoría, pero sobre todo se relacionan con personas que desempeñan trabajos que requieren menor cualificación. En el caso de los empresarios los contactos se establecen con clientes, socios, o con la administración pública debido al trámite de documentación. En este ámbito aparecen discursos coloniales en torno a la inferioridad de la calidad de la formación de las personas argelinas, la desaprobación de actitudes en el ámbito laboral como la ausencia en el puesto de trabajo, la falta de un proyecto de desarrollo personas o de vida, a diferencia de las costumbres y valores de la sociedad española (entendida como sociedad Occidental), o el funcionamiento deficiente de la administración pública, así como las posibles prácticas de corrupción. En ambos casos, las relaciones laborales no se transforman en relaciones más allá en la esfera privada, por el mismo sentimiento de desconfianza percibido por la parte argelina, así como la percepción de que las diferencias culturales son una barrera para establecer relaciones personales. En este aspecto, diferencias en torno a la alimentación o al a segregación de los espacios por género en las reuniones de ocio de motivación laboral, dan lugar a reducir los encuentros al mínimo.

Queda patente como, la construcción del "otro" argelino coincide con parte de los estereotipos que se han asociado históricamente a los países musulmanes y árabes, ya sea desde el Orientalismo europeo (Occidental), en su variante del Orientalismo español, centrado en la historia compartida de España y Marruecos, sobre todo. En este caso, las personas españolas recurren al pasado reciente de Argelia, (la Guerra de Independencia, el periodo de gobierno socialista tras la independencia y la posterior guerra civil), para explicar los atributos de desconfianza, inferioridad en la educación, así como el las diferencias culturales en torno a la vida y la actividad laboral. Si bien la fractura social producida por la guerra civil se utiliza como argumento para explicar la desconfianza general percibida en la sociedad argelina, el haber ganado la independencia a Francia viene a ser un argumento habitual para explicar el carácter "orgulloso" de los argelinos. Por otro lado, el proceso de gobierno socialista, posterior a la independencia y en funcionamiento hasta el inicio de la guerra civil, suele ser la explicación a la "falta" de unos hábitos y rutinas en el trabajo, como el respeto a los horarios y tiempos de descanso, o al número de días a trabajar respecto al salario percibido. El hecho de tener algunos bienes de primera necesidad "subvencionados" debido a la herencia del gobierno socialista, se percibe como una falta de necesidad del trabajo para obtener unos recursos para la vida diaria, lo que los ha llevado a no desarrollar objetivos de carrera profesional.

Si bien es cierto que la tendencia generalizada de las personas españolas en el norte de Argelia es la segregación física y mental respecto a la población local, algunas personas muestran actitudes diferentes a la tónica general. Si bien el discurso habitual es del de la dificultad de establecer relaciones de amistad profundas con la población local, o la dificultad de realizar actividades de ocio, algunas personas señalan que prefieren pasar su tiempo con personas argelinas en vez de relacionarse constantemente con "la colonia de españoles". Comenzar a aprender francés en cursos organizados por las universidades u otras entidades y asociaciones, así como acudir a lugares para bailar o inscribirse en equipos deportivos son algunas de las actividades que parte de las personas expatriadas contemporáneas han decidido realizar para abrirse a otros espacios y personas de la sociedad local. De esta forma, reducen el pesimismo que perciben por parte de otras personas españolas debido al aislamiento y a las críticas a la sociedad argelina, además de evitar el rechazo que sienten por parte de la "colonia" española que rechaza el contacto con las personas argelinas realizando actividades en espacios públicos compartidos como acudir a un *hammam*[13], a la medina o a cafeterías en las que la mayoría del público son hombres o mujeres acompañadas.

Por lo tanto, nos encontramos con que las personas españolas que realizan una experiencia transnacional entre España y Argelia, más que reproducir un ethos cosmopolita supuesto por los estudios iniciales sobre los migrantes con recursos o las movilidades laborales, lo que reproducen son actitudes coloniales que vienen a ser continuidades postcoloniales hacia la

---

[13] Baños públicos de origen turco.

sociedad Argelia.

Conclusiones

El contexto de recesión económica, que cumple ahora diez años, ha puesto en jaque a la mayor parte de las sociedades occidentales, que han sido testigo del debilitamiento de sus modelos económicos y, con ello, de sus sistemas sociales debido a los recortes impuestos por los diferentes gobiernos. Esta situación prolongada en el tiempo y de fuerte incidencia sobre todo en los países del sur de Europa como Portugal o España, ha mermado la capacidad adquisitiva de sus ciudadanos que se han visto, en gran medida, obligados a llevar a cabo sus proyectos de vida más allá de sus fronteras nacionales. Si los países emergentes se han convertido en una salida para parte de estas personas, como contrapartida se ha producido una reactivación de la visión jerarquizada del mundo entre centro y periferia que, lejos de acercar posturas entre sociedades, las aleja.

Como hemos podido demostrar en nuestra investigación, en línea con los resultados obtenidos por otros investigadores ya mencionados, el inicio de una experiencia transnacional en un país del sur se afronta recurriendo a los estereotipos existentes en el imaginario colectivo, así como a eventos seleccionados de la historia del país, para dar justificación a elementos culturales, sin aproximarse realmente al sistema de valores y tradiciones, en este caso, de la sociedad argelina. La diferencia del "otro" se traduce, desde el momento del diseño del itinerario transnacional, en un determinante de segregación espacial y social, como forma de evitar el contacto con una sociedad que se percibe, desde siglos, como distinta, inferior y discriminadora. Las personas españolas en particular, establecen desde el inicio una barrera respecto al "otro argelino" (diluido en la imagen del "moro" o simplemente "Musulmán") en sus espacios cotidianos que impide el cuestionamiento de los estereotipos que configuran sus imaginarios colectivos, reproduciendo así, discursos coloniales respecto a la sociedad argelina. Si bien en lo espacial se reduce contacto con la sociedad argelina al mínimo, utilizando medios de transporte individuales que invisibilizan respecto al "otro", en la producción social, el contacto con las personas argelinas se reduce a relaciones instrumentales basadas en servicios recibidos como el acceso a información administrativa o el servicio doméstico. Sólo algunas personas, que rompen con ese aislamiento, comienzan a cuestionar sus imaginarios al acercarse a la población local a través de algunas actividades, siendo estas las minoritarias.

En definitiva, observamos cómo si bien un contexto actual de recesión y dificultad podría haber propiciado unas condiciones óptimas para el contacto entre sociedades distintas y con ello, una vía al diálogo, por el contrario, se activan formas de discriminación que se unen al neocolonialismo de las grandes empresas transnacionales e instituciones de la economía mundial.

Referencias

Aixelá Cabré, Y. y Planet Contreras, A. I. (2004). Mujer y política en el mundo árabe. Un estado de la cuestión. *Feminismo/s*, n. 3 (jun. 2004): 149-159.

Ashcroft, B. & Ahluwalia, P. (2001). *Key concepts in post-colonial studies*. London and New York: Routledge.

Beaverstock, J. V. (2005). Transnational elites in the city: British highly-skilled inter-company transferees in New York city's financial district. *Journal of Ethnic and Migration Studies*, 31(2), 245–268.

Bhabha, H. K. (1993). "Remembering Fanon: Self, Psyche and the Colonial Condition". En L. Chrisman y P. Williams (eds) .*Colonial discourse and post-colonial theory: A Reader*. London, New York: Harvester Wheatsheaf

Bochove, M. & Engbersen, G. (2015). Beyond cosmopolitanism and expat bubbles: Challenging dominant representations of knowledge workers and trailing spouses. *Population, Space and Place* 21(4), 295–309.

Bredeloup, S. & Gois, P. (2016). De l'Europe vers les Suds: Nouvelles itinérances ou migrations á rebours? *Autrepart, 1* (77).

Cabezón Fernández, M. J., & Sempere-Souvannavong, J. D. (2017). "El paro o Argelia": la expatriación de los españoles en Argelia como salida laboral. *Migraciones*, (43), 15-38.

Cabezón Fernández, M. J. (2017): «Las migraciones en la agenda hispano-argelina. De la realidad social a la invisibilidad bilateral». Revista de estudios internacionales mediterráneos 22, pp. 77-108.

Coles, A. & Walsh, K. (2010). From trucial state to postcolonial city? the imaginative geographies of British expatriates in Dubai. *Journal of Ethnic and Migration Studies*, 36(8), 1317–1333.

De Larramendi, M. H. (2001). Imágenes del islam en la España de hoy. *El Islam en España: Historia, pensamiento, religión y Derecho*, 77, 63.

Essed, P. (1991). *Understanding everyday racism: An interdisciplinary theory*. Sage.

Fabbiano, G. (2016). «Expats», «installés» et «pionniers»: Mobilités contemporaines, mondes sociaux et dynamiques postcoloniales des français en Algérie. *Autrepart*, (1), 17–33.

Fechter, A.-M. (2016). *Transnational lives: Expatriates in Indonesia*. Routledge.

Fechter, A.-M. & Walsh, K. (2010). Examining expatriate continuities: Postcolonial approaches to mobile professionals. *Journal of Ethnic and Migration Studies*, 36(8), 1197–1210.

Korpela, M. (2010). A postcolonial imagination? Westerners searching for authenticity in India. *Journal of Ethnic and Migration Studies*, 36(8), 1299–1315.

Kunz, S. (2016). Privileged mobilities: Locating the expatriate in migration scholarship. *Geography Compass*, 10(3), 89–101.

Laczko, F. & Brian, T. (2013). North-South migration: A different look at the migration and development debate. *Migration Policy Practice*, 3(3), 14–19.

Leonard, P. (2010). Work, identity and change? post/colonial encounters in Hong Kong. *Journal of Ethnic and Migration Studies*, 36(8), 1247–1263.

Lester, A. (2002). Constructing colonial discourse. *Postcolonial geographies*.

López García, B. (1990). *Arabismo y orientalismo en españa: Radiografía y diagnóstico de un gremio escaso y apartadizo*. Agencia Española de Cooperación Internacional: Universidad Nacional de Educación a Distancia.

Martín Corrales, E. (2004). Maurofobia/islamofobia maurofilia/islamofobia en la España del siglo XXI. *Revista CIDOB d'afers internacionals*, 39–51.

Mignolo, W. (2002). Colonialidad global, capitalismo y hegemonía epistémica. *Indisciplinar las ciencias sociales. Geopolíticas del conocimiento y colonialidad del poder, Quito, Universidad Andina Simón Bolívar/Abya-Yala*, 215–244.

Moreras, J. (2005). ¿Integrados o interrogados? La integración de los colectivos musulmanes en España en clave de sospecha. *LA CONDICIÓN INMIGRANTE Exploraciones e investigaciones desde la Región de Murcia*, 227.

Moualhi, D. (2000). Mujeres musulmanas. *Papers: revista de sociología*, (60), 291–304.

Organización Internacional para las Migraciones. (2013). Informa sobre las migraciones en el mundo 2013. El bienestar de los migrantes y el desarrollo. Ed. Organización Internacional para las Migraciones.

Said, E. (1978). Orientalism. London. *Pantheon.*

Simon, G. (1979). L'espace des travailleurs tunisiens en France, G. Simon (éd.), Poitiers.

Tarrius, A. (2000). Les nouveaux cosmopolitismes. Mobilités, identité, territoires. Editions de l'Aube.

Peraldi, M. (Dir.) (2001). Cabas et containers. Activités marchandes informelles et réseaux migrants transfrontaliers. Maisonneuve & Larose.

Walsh, K. (2014a). 13 British transnational (be) longing. *Migrant Professionals in the City: Local Encounters, Identities and Inequalities, 130,* 232.

Yeoh, B. S. & Willis, K. (2005). Singaporean and British transmigrants in china and the cultural politics of contact zones. *Journal of Ethnic and Migration Studies, 31*(2), 269–285.

Young, R. J. (2003). *Postcolonialism—A very short introduction.* Oxford University Press, vol. 180.

CAPÍTULO 8

FACTORES QUE INFLUYEN EN EL ÉXODO EXACERBADO DE POBLACIÓN VENEZOLANA HACIA COLOMBIA DEL 2015 AL 2018

Maria Rocio Bedoya Bedoya

Introducción

La migración venezolana a Colombia ha crecido exponencialmente en los últimos años y su presencia se viene destacando en datos estadísticos y en diferentes discursos y medios de comunicación; sin embargo, en los últimos cuatro años presenta características especiales como consecuencia de la crisis económica y política que afronta el país.

Esta ponencia pretende contribuir a la comprensión de la actual crisis que se vive en Venezuela y que viene provocando un éxodo masivo de sus habitantes y al tipo de respuestas que se demandan desde los estados implicados en ella, a partir del análisis de un conjunto de factores que permiten comprender y explicar la complejidad de los procesos que allí acontecen. Para ello, se propone explorar los distintos elementos estructurales, coyunturales, globales, geopolíticos y regionales que han contribuido a que en el último lustro se detone la creciente migración de venezolanos hacia Colombia y las nuevas características de este fenómeno que, en conjunto, han dado lugar a distintas modalidades del fenómeno migratorio en el marco de una economía global, una disputa geopolítica y unas dinámicas transfronterizas que se vienen generando como respuesta, entre otras situaciones, al cierre de posibilidades en los destinos tradicionales del Norte.

El éxodo venezolano se ha dado lentamente, en las últimas dos décadas los expertos han detectado tres olas de migración. La primera fue de empresarios atraídos por la globalización de la economía, como los dueños de Alimentos Polar, Congrupo y Farmatodo. Y luego, tras la llegada de Hugo Chávez al poder se dieron dos nuevas olas, la de ejecutivos de alto nivel, que trabajaban especialmente en la compañía petrolera Pdvsa y, más tarde, hubo una de profesionales y tecnólogos de buen nivel. Actualmente, lo que se podría denominar la cuarta ola se debe, según las autoridades, al regreso de los colombianos, con sus hijos nacidos allá y otros familiares, a sus lugares de origen, en busca de un mejor futuro (El tiempo, 2017), pero también debido a la crisis económica, social y política que se vive en Venezuela con mayor virulencia desde el 2014, año en el cual los patrones de la migración venezolana cambian drásticamente (De la Vega, 2017).

El drama de los venezolanos en Colombia y en particular de las mujeres tiene muchas caras, pero al menos cuatro escenarios representan un desafío mayúsculo para el Estado colombiano, en primer lugar por los profundas desigualdades sociales y altos índices de informalidad y de pobreza que enfrentan los connacionales; y en segundo lugar, en condición de Estado receptor de migración, acostumbrado a que el fenómeno migratorio fuere a la inversa.

Estos escenarios son: salud, educación, trabajo y seguridad. Ello indica que se precisa del diseño e implementación de políticas públicas encaminadas a resolver estos problemas. Políticas migratorias que se adecuen a la realidad fronteriza de todas las ciudades colombianas receptoras de migración y brinden una oportunidad digna a los venezolanos que llegan al país; políticas públicas de empleo que den tregua al aumento de la informalidad y el desempleo y que ofrezcan estabilidad económica a todas las ciudades fronterizas que afrontan esta problemática; políticas públicas de salubridad que enfrenten el caos de las calles, la exposición antihigiénica de los baños públicos al aire libre en que se convirtieron los andenes de las casas y los desórdenes de basura que adornan la entrada en el puente internacional Simón Bolívar (Rojas, 2018) y de otras ciudades fronterizas y políticas de educación que garanticen ese derecho fundamental a los venezolanos migrantes y especialmente a los niños y las niñas, en aras de desarrollar capacidades individuales y colectivas y contribuir a la construcción de sociedades más incluyentes y equitativas.

Teóricamente, nos apoyaremos en *los factores de expulsión* que han provocado la salida de muchos colombo-venezolanos de ese país y, a su vez, *los factores de atracción* que ofrecen Colombia y los países vecinos a este colectivo. El enfoque del *transnacionalismo* nos sitúa en el plano de los migrantes como sujetos. Esta perspectiva estudia el campo social constituido por los sujetos, el hogar, la comunidad y la organización migrante (Moctezuma, 2011), dando especial énfasis a la familia transnacional como escenario privilegiado para estudiar las relaciones de género y sus transformaciones a partir de las implicaciones de las migraciones internacionales. El transnacionalismo puede definirse, siguiendo a Portes, Guarnizo y Landolt (2003), como el conjunto de actividades que desarrollan de forma regular los migrantes tanto en los países de origen como en los de destino. Estas actividades además pueden circunscribirse al ámbito del retorno como parte integral del ciclo migratorio y en muchas ocasiones como un período de transición entre el regreso y la re-emigración (Cavalcanti y Parella, 2013).

De esta forma, el transnacionalismo está edificado a partir de los lazos, posiciones de redes y organizaciones en origen y destino. Así, los lazos construidos pueden ser más o menos formales (a través de asociaciones y/o partidos políticos, actividades empresariales formales) o informales (familia, emprendimientos informales, etc.) (Bobes, 2013: 1990). En el campo de las actividades, éstas pueden ser del orden empresarial, político y socio-cultural. En el campo empresarial, estarían todas aquellas referidas a los bienes de capital, maquinaria, insumos, entre otros. En el campo político, todas aquellas encaminadas a alcanzar la influencia política en las comunidades de origen y destino. En el campo socio-cultural, se pueden ubicar diversidad de acciones con especial énfasis en el reforzamiento de la identidad nacional (Portes et al. 2003: 20).

El concepto de *Interseccionalidad*, permite poner de presente las distintas discriminaciones y desigualdades a las que se ven sometidos los migrantes y particularmente las mujeres producto de su condición de migrantes, género, raza y clase social (Yuval-Davis, 2005; Muñoz, 2010; Lykke, 2010). *La ciudadanía* es otro concepto relevante en el campo de la migración que se define como el conjunto de derechos y deberes por los cuales el ciudadano o individuo está sujeto en su relación con la sociedad en que vive. Zapata-Barrero, (2003) propone problematizar el campo tradicional de la ciudadanía, la rivalidad que se plantea desde una perspectiva convencional y formal y el reconocimiento parcial de la identidad y de los derechos a la población migrante,a partir de las reconfiguraciones que se dan en el plano cultural de los migrantes, los cambios en los estados nacionales globalizados donde se produce un desvanecimiento de las fronteras físicas y ciudadanas (López-Sala, 2002) y la emergencia de actores que hoy en día no se identifican con los estados nacionales (Sassen, 2002). Se trata de una ciudadana en una sociedad globalizada y en permanente cambio, en la que el concepto evoluciona hacia una ciudadanía transnacional (Baubök, 1994) o postnacional (Soysal, 1994), conllevando a la transformación de la concepción universalista marshaliana, hacia la emergencia de una ciudadanía externa, en el reconocimiento de derechos parciales, en función de la legalidad del migrante Por último, el concepto de Territorio en clave de migración, permite revisar el impacto que generan las migraciones en el desarrollo de los territorios a escala local, regional e internacional (Farret, 2010). Esta lectura del territorio desde una perspectiva multiescalar permitirá revisar la interacción de los ámbitos nacional, subnacional y local, en función de comprender y explicar las dinámicas migratorias fronterizas desde una perspectiva espacial.

El territorio desde una perspectiva antropológica, es determinante en la construcción del sujeto migrante y de sus subjetividades. Los lugares de enunciación entendidos como territorios geográficos son también un elemento de la construcción de los sujetos a los que se hace referencia en los estudios sobre migración. Los sujetos son tratados como personas extranjeras, como migrantes o como personas poseedoras de unas características que merece que se les preste atención dependiendo del lugar donde se desarrolla la investigación y/o los trabajos de campo y no en función de los sujetos. Cuando la investigación se realiza en un lugar diferente al del investigador, la alteridad es construida y experimentada por el propio investigador siendo él mismo quien en este caso representa "al otro" y cuando los investigadores se sitúan en sus propios territorios, los sujetos adquieren automáticamente la condición de personas extranjeras o inmigrantes (a parte de otras características) que les distinguen y les identifican como "los otros". (García Castaño, López Fernández, & Thamm, 2014, p. 115 y 116).

Metodológicamente, se acude a la investigación documental y al estudio de caso, atendiendo especialmente a las percepciones de las entrevistadas. En la primera parte, analizaremos los factores que influyen en el éxodo exacerbado de la migración venezolana en el período comprendido entre 2015 y 2018; y en la segunda parte, nos acercaremos a algunas narrativas de migrantes venezolanas asentadas en el Valle de Aburrá, Antioquia dentro del período estudiado.

Causas que explican la creciente migración venezolana

Estructurales

Lo fronterizo y lo comercial constituyen elementos estructurantes en la relación bilateral entre Colombia y Venezuela desde el surgimiento de ambas naciones, después de la independencia de España y de la disolución de la gran Colombia en 1830.

A partir de la década de los noventa se inició una *desgolfización*[1] de la agenda binacional con la creación de las Comisiones de Vecindad en 1989, que condujo a una visión global e integral de esta relación, para lo cual se creó la Comisión Presidencial de Integración y Asuntos Fronterizos (COPIAF), y la Comisión Negociadora, las cuales profundizaron la formulación de una política pública que reflejó las necesidades de la relación bilateral y de frontera (Ardila, 2005).

Por otra parte, a partir de junio de 2003 se buscó *des securitizar* las comisiones con la separación y delimitación de "lo fronterizo" y lo "civil". Esta Comisión contaba con grupos de trabajo (Sociedad, Comercio,

---

[1] Esta disputa se refiere a las diferencias territoriales entre los países en el golfo de Maracaibo o de Coquivacoa surgidas durante el gobierno de Virgilio Barco en el período 1986-1990.

Infraestructura y el de Medio Ambiente). La última reunión de la COPIAF se realizó en mayo de 2005 con el objetivo de concretar un proyecto de *ciudadanía fronteriza* y de resolver problemas de *seguridad* (Jeffrey and Sirkeci, 2011 y 2016) que competen a ambos países. No obstante, y por las dificultades políticas, no se ha recobrado el impulso inicial y la prioridad de la seguridad continúa. En el ámbito militar, la COMBIFRON es la responsable de la seguridad y se creó con el objetivo de asegurar una coordinación fronteriza en materia de defensa y para atender los problemas que afectan la frontera, así como de inspeccionar y supervisar el cumplimiento de los acuerdos firmados entre los gobiernos de Colombia y Venezuela (Ardila, 2005).

Esta desconfianza binacional tiene que ver con el choque de dos concepciones geopolíticas durante los gobiernos de Chávez (1999-2013) y Uribe (2002-2010) y sus alineaciones internacionales. A comienzos de siglo en Latinoamérica, el "socialismo del siglo XXI" intentó generar una estructura política de los países afines (Venezuela, Brasil, Argentina, Ecuador, Uruguay, Bolivia) que, como Unasur, plantara cara a la influencia de Estados Unidos en la región a través de la OEA, e igualmente auspiciara la creación de un mercado común del sur -Mercosur-, para hacer frente al impulso de los Tratados de Libre Comercio por parte de los países desarrollados.

La crisis económica mundial de 2008 que supuso también la crisis de las commodities, la muerte de Chávez en 2013 y el cambio de gobiernos en esos países, dejó sin perspectiva esta propuesta y generó la actual ofensiva conservadora, llamada por algunos de recolonización por Estados Unidos. La relación entre Colombia y Venezuela ha oscilado entonces entre acercamientos y tensiones que afectan no sólo lo político sino lo comercial, generando a su vez nuevos problemas limítrofes (Ramírez, 2014).

En lo que tiene que ver con el fortalecimiento del comercio en los centros urbanos de las zonas binacionales, este dinamiza gran parte de la frontera que no es homogénea y presenta diferentes ámbitos territoriales o regionales, que vinculan la seguridad con el desarrollo, el comercio legal e ilegal (contrabando) y la cultura. Son siete los departamentos colombianos que limitan con Venezuela: Guajira, Cesar, Norte de Santander, Boyacá, Arauca, Vichada y Guainía, y cinco los estados venezolanos que limitan con Colombia: Zulia, Apure, Amazonas, Bolívar y Táchira. En esta frontera, la Guajira que conecta a Riohacha con Maracaibo se caracteriza por una cultura profundamente arraigada, la diversidad étnica y el contrabando; allí grupos indígenas de la etnia Wayúu adquieren especial significado y se ubican a ambos lados de la frontera. Colombianos originarios de esta región han adquirido la ciudadanía venezolana. También se ubica el Cesar, región de gran conflictividad, donde se presentan choques guerrilleros, de paramilitares, narcotráfico, secuestro y robo de ganado (Ardila, 2005).

Por otro lado, está el eje Cúcuta-San Cristóbal que es el más dinámico, estratégico y de mayor integración comercial y empresarial y donde se presenta la cercanía con la región del Catatumbo, caracterizada por la presencia del conflicto armado, de cultivos y producción de coca y de minería ilegal. A su vez, la zona del Departamento de Arauca y el Estado de Apure, donde se presentan conflictos entre diversas facciones del paramilitarismo – hoy conocido como Bandas criminales- y guerrilla del Ejercito de Liberación Nacional -ELN- por el control del territorio, lo cual ocasiona temor y huida de la población de esta región, y se observa al mismo tiempo, aumento de crímenes fronterizos, movimiento de ganado e intercambio social y comercial permanente entre las poblaciones de ambos países. Por último, se encuentra la región de Vichada-Puerto Carreño y el río Orinoco, caracterizada por las buenas relaciones intra y extrarregionales, con actividades vinculadas a la ganadería y al café, lo cual condujo a una alta rentabilidad durante la década de los setenta; no obstante, a partir de los noventa se fortaleció la actividad ilegal del contrabando.

En lo económico, el comercio colombo-venezolano ha sido históricamente el más alto de toda la región andina, sin embargo, esta situación ha cambiado en los últimos años, especialmente a partir del 2012 por la crisis económica y política de Venezuela y debido a las dificultades en las relaciones diplomáticas entre los gobiernos de los dos países.

En los primeros años del siglo XXI se percibe un desplazamiento de población venezolana, principalmente del sector empresarial, a los departamentos de Santander y Antioquia. Se empieza a revertir el sentido de la emigración de colombianos a Venezuela por la bonanza petrolera. Ahora, dicha tendencia varía en sentido contrario, al aumentar la crisis económica y política se presenta un desplazamiento transfronterizo de mayor intensidad desde 2016, que ya desborda las fronteras colombianas y se ha convertido en crisis migratoria regional.

Para el año 2012, fecha de la creación de la oficina de Migración Colombia, esta frontera colombo-venezolana contaba con cuatro pasos legales para el tránsito entre los dos países: Paraguachón – La Guajira; El Puente Internacional Simón Bolívar –Norte de Santander; El Puente José Antonio Páez – Arauca y Puerto Carreño – Vichada. En 2017, la misma Migración Colombia contabiliza un promedio diario de 25.000 venezolanos que ingresan por los cruces fronterizos existentes a lo largo de los departamentos limítrofes desde La Guajira hasta Guainía, de los cuales Cúcuta es el principal corredor humano (Migración Colombia, 2017).

En estos lugares fronterizos Colombia y Venezuela comparten una serie de problemas sociales y políticos, tales como el conflicto armado, el contrabando, el narcotráfico la minería ilegal y la migración ilegal que han repercutido en las relaciones entre los dos países.

Coyunturales

La crisis social

El fenómeno inmigratorio es uno de los problemas más relevantes en la actual coyuntura. Datos recientes de la oficina gubernamental Migración Colombia, señalan que mientras a julio de 2017 el estimado era de 350 mil venezolanos de los cuales 140 mil eran ilegales, a diciembre de 2017 la cifra creció a 552 mil de los cuales 374 mil son ilegales y a junio de 2018 la cifra llegó a 870.093, de los cuales 442 mil son ilegales. De esos, se estima que al menos 250 mil entraron por trochas (pasos irregulares) al país. Es decir, además de que el número de venezolanos en Colombia creció en 57 por ciento en solo cinco meses, el de ciudadanos ilegales lo hizo en un 167 por ciento, mientras que el de legales decreció en 11,5 por ciento (La silla vacía, 2018). Los venezolanos sin familia en el país también siguen entrando por cielo y tierra, y aunque gran parte dice que viene por turismo, se quedan trabajando sin permiso salen a los tres meses para no ser deportados, y vuelven a ingresar (Revista Semana, 2017). Otros utilizan a Colombia como país de paso hacia otros países del sur del continente.

En abril del 2018, el presidente Santos estimó que la cifra de migrantes venezolanos en el país ya superaba el millón de personas (El país, 2018); por su parte, el Alto Comisionado de las Naciones Unidas para los Refugiados (ACNUR) ha advertido que este flujo migratorio continuará en 2018 dadas las condiciones de inestabilidad política y social en el vecino país (El tiempo, 2018). Todos estos elementos han conducido a que el tema de los migrantes venezolanos sea uno de los más importantes en la agenda política y a que varios sectores de la población exigen una respuesta del nuevo gobierno del presidente Iván Duque a esta crisis humanitaria.

En esta dirección, el tema inmigratorio es quizá hoy el más relevante en materia de relaciones internacionales para Colombia, aunado a la posición que asumirá el nuevo gobierno frente al régimen de Nicolás Maduro, variable estrechamente relacionada con la coyuntura del momento. Cabe mencionar que este tema ha sido utilizado para distintos fines, incluidos los políticos, la imagen de Venezuela fue instrumentalizada en la campaña electoral colombiana de 2018 para infundir temor, puesto que, en un sentido, es la consecuencia de un modelo de gobierno de izquierda y, en otro, los venezolanos en el ámbito del marketing político, son el símbolo del despojo y la representación de lo "indeseable" en términos económicos, y lo "otro" en términos sociales.

Según cifras de la Cancillería reseñadas por La Silla Vacía (2018) el 60 por ciento de los venezolanos que entran a ese departamento lo hacen para continuar a otras ciudades, y el 40 por ciento restante se queda en Cúcuta. En esa ciudad ya hay varios sitios que se han convertido en improvisados refugios de venezolanos, uno es el parque público Sevilla, ahora conocido como 'Hotel Caracas'. Solo en él se calcula que están viviendo al menos 500 personas, y que cada día llegan más debido a que muchos de los que cruzan no tienen dinero para pagar una noche de hotel.

En inmediaciones de la oficina de Migración, de los puentes fronterizos y de los edificios públicos, están agolpadas las maletas de las familias, incluidos niños, que no tienen ni baño, ni con qué resguardarse cuando llueve. "Esto es un drama humano, y lo peor es que aquí no hemos pasado del diagnóstico. Llevamos dos años y medio de una crisis migratoria que viene creciendo y todavía no sabemos cómo la vamos a atender", le dijo al portal La Silla Vacía un alto funcionario de la Gobernación de Norte de Santander, departamento que es la principal puerta de entrada de la migración venezolana. "Esto es un problema de salud pública. Aquí lo que hay es una crisis humanitaria" (La silla vacía, 2018). Esta afirmación es una cuestión que interesa revisar en esta investigación a la luz de los datos y de las tipologías que sobre migrantes venezolanos se han construido en los últimos cuatro años.

Esta problemática migratoria es compleja, pues en la actualidad hay identificadas tres formas de migrantes venezolanos hacia Colombia: los que entran solo para comprar víveres y se devuelven (se calcula que son alrededor de 37 mil diarios); los que entran con sus papeles en regla y los irregulares. También se sabe qué entran a hacer los que están registrados, cuáles son sus lugares de origen, o si tienen familiares en Colombia. Este obligado desplazamiento migratorio afecta, con especial dureza, a las mujeres y su incidencia negativa se expresa, en el ámbito familiar, al recaer sobre ellas una carga de responsabilidades que deben asumir; en el ámbito social, al enfrentarse a circunstancias adversas de discriminación y sobreexplotación laboral, además de casos de abuso y acoso sexual por tener que sortear situaciones que las colocan en condiciones de mayor vulnerabilidad, y, por último, en el desarraigo (Pedraza Palacios, 2005).

Sin embargo, más allá de eso, en la práctica el Gobierno no ha establecido una ruta completa para definir qué hacer con los migrantes, cómo atenderlos y cómo financiar el gasto que representa darles salud y educación, en un país donde *per sé* hay problemas para atender a su propia población vulnerable (La silla vacía, 2017), aunque ha venido dando algunos pasos que se señalan a continuación.

La Respuesta Estatal

La respuesta Estatal se ha orientado a la necesidad de que el proceso inmigratorio se produzca de manera *"ordenada, controlada y segura"* (El Espectador, 2018), lo que condujo a diversas medidas regulatorias intersectoriales para conjurar el problema, tales como el censo realizado durante el primer semestre de 2018 que concluyó el 8 de junio.

Entre estas medidas, el Gobierno resolvió suspender la utilización de la Tarjeta de Movilidad Fronteriza (TMF) para ciudadanos venezolanos, crear el Grupo Especial Migratorio (GEM) coordinado por el Gerente de Frontera del Gobierno Nacional, y desplegar más de 3000 unidades militares adicionales a lo largo de la frontera colombo-venezolana. También, se resolvió modificar el sistema de visado a través de la *Resolución 6045 del 02 de agosto de 2017*. Esta nueva norma disipó algunas dudas que se presentaban en la aplicación de la regulación derogada y simplificó las categorías de visas de 21 tipos a solo 3, basado en la necesidad de la "implementación efectiva de los principios de la política de racionalización de trámites a través de la simplificación, estandarización, eliminación, optimización y automatización de los trámites y procedimientos administrativos" (Ministerio de Relaciones Exteriores, 2017).

La regulación en asuntos de visado incluyó, como requisito previo a la obtención de la visa migrante (M) como profesional independiente o como migrante trabajador, acreditar título profesional debidamente convalidado, creando una interdependencia entre el reconocimiento de un título otorgado en el extranjero y las posibilidades de obtener un visado como inmigrante independiente en Colombia, o como migrante trabajador profesional. No acreditar dicho documento será causa suficiente para la inadmisión de la solicitud de visa (Carvajal, 2018).

Simultáneamente, se han producido modificaciones en la regulación en materia de reconocimiento de títulos otorgados en el extranjero, motivados, entre otras cosas, por el aumento de solicitudes como consecuencia del fenómeno de la migración proveniente de Venezuela. De hecho, en los últimos cuatro años la normativa ha sufrido tres modificaciones, siendo la primera de ellas en el año 2014 , seguidas por las de los años 2015 y 2017 (Ministerio de Educación Nacional, 2014, 2015, 2017).

En lo que tiene que ver con los resultados del censo de la población venezolana en Colombia,[2] veremos sus principales resultados a continuación.

Balance del Censo de población venezolana en Colombia

Las cifras indican que 442.462 venezolanos se encuentran irregularmente en el país, y ahora podrán legalizar su situación. A estos, se suman 376.572 que ya tenían sus documentos en regla, sea con visa o con el Permiso Especial de Permanencia (PEP), que Migración Colombia empezó a entregar el año pasado en medio de la crisis. Es decir, en los últimos 15 meses han ingresado

---

[2] Este censo inició el 6 de abril de 2018 y finalizó el 8 de junio de 2018, cubrió a 30 departamentos, 413 municipios, 61 días de operación continua. En él participaron 23 entidades activas del nivel nacional, departamental y municipal, tales como: defensorías, personerías, procuradurías, OIM, ACNUR y USAID. La dirección estuvo a cargo de la Unidad Nacional del Riesgo, con la colaboración de la gerencia de fronteras y de Migración Colombia.

819.034 venezolanos a Colombia (Semana, 2018).

A esa cifra hay que agregarle un cálculo del gobierno, para quien hay miles de colombianos con nacionalidad que estaban radicados en Venezuela y que retornaron al país en ese mismo periodo, los calculan en el 20 por ciento de la cifra de venezolanos. Es decir, en total, se cree que, producto de la crisis social, en menos de un año y medio, alrededor de **un millón de personas buscaron refugio en Colombia**; la migración más grande que el país ha recibido en su historia, que ya representa el 2 por ciento de su población total. Un problema que pide el desarrollo de una política de atención a los venezolanos (Semana, 2018). Se espera que estos resultados sirvan de insumo para que el nuevo gobierno diseñe políticas públicas migratorias con enfoques diferencial, de género y de derechos humanos, que atienda las necesidades más sentidas de esta población.

Globales

Desde fines de siglo XIX hasta nuestros días se pueden identificar cuatro momentos significativos sobre el fenómeno migratorio en América Latina y el Caribe: el primero, se vincula con las migraciones transoceánicas; el segundo, con las migraciones internas, producto de la crisis económica en las décadas de 1930 y 1940; un tercero, con las transfronterizas; y un cuarto, con las que se producen con la globalización desde los años 80 y 90 y que son objeto de este trabajo (Aruj, 2008).

La paradoja actual reside en que la globalización debe, hipotéticamente, homogeneizar el mercado planetario, en el cual existe una profunda desigualdad estructural, teniendo en cuenta que en donde realmente se establece la globalización es en el imaginario social, constituido a partir del poder de la industria cultural. En los inmensos territorios periféricos de la globalización, las desigualdades son cada vez más profundas y la exclusión aumenta en todos los niveles.

Son diversas las causas que explican la decisión de emigrar: la falta de trabajo, la persecución político-ideológica, la inseguridad producto de la violencia, las guerras, la persecución étnico religiosa, los problemas socioeconómicos, las crisis políticas y ambientales, la búsqueda del mejoramiento de la calidad de vida, la búsqueda de desarrollo individual o familiar, la exploración de nuevas oportunidades de empleo, educación, acceso a bienes y servicios, entre otras.

El éxodo migratorio de la población venezolana hacia Colombia, que toma una fuerza inusitada desde mediados de 2016, es en última instancia, una consecuencia de un complejo proceso en el que han pesado aspectos no sólo económicos, sino también políticos, sociales y culturales. En ese contexto, la emigración se erige como posibilidad de superar una situación de crisis, con la idea de que el nuevo país (Colombia) le permitirá encontrarse con aquellas cosas que le faltan en su país de origen.

La decisión migratoria de cada sujeto, está fundada en una compleja combinación de factores internos y externos a él. Entre los factores externos más significativos destacamos: 1. Falta de alternativas para los logros ocupacionales; 2. Incertidumbre social sobre el futuro económico; 3. Inseguridad general frente a la crisis política; 4. Necesidades básicas insatisfechas. Y entre los factores internos sobresalen: 1. Frustración en las expectativas de vida; 2. Frustración en la realización personal; 3. Mandato generacional ligado a la comunidad de la cadena migratoria familiar; 4. Acceso a la información acerca de las opciones en el exterior; 5. Convicción de la imposibilidad de la realización ético-valorativa en la sociedad de origen.

Geopolíticos

Durante el último lustro se viene desarrollando una recomposición de las relaciones políticas y económicas en el continente y de su relación con los Estados Unidos. En lo que se ha llamado la recolonización de América Latina, se han establecido gobiernos más cercanos a la propuesta norteamericana de Tratados de Libre Comercio y entraron en crisis Mercosur[3] y Unasur[4] que fueron establecidos durante los gobiernos de Lula en Brasil, Chávez en Venezuela, Kirchner en Argentina, Correa en Ecuador y Mujica en Uruguay. Actualmente, la crisis política venezolana ha llevado a su progresivo aislamiento y a la formulación de políticas excluyentes hacia Venezuela desde organismos como la Organización de los Estados Americanos -OEA- y el Grupo de Lima[5].

Las medidas de aislamiento no sólo vienen de Estados Unidos sino también de la Unión Europea con sanciones económicas y diplomáticas que buscan forzar un cambio de régimen político.

Regionales

En el ámbito regional, desde 2002 Colombia se distancia de sus vecinos y estrecha su asociación con Estados Unidos, mientras que Venezuela se acercó a Brasil y al MERCOSUR. La política exterior del presidente Chávez se caracterizó por una gran actividad tercermundista basada en una

---

[3] El Mercado Común del Sur, más conocido como Mercosur, es un importante proceso de integración regional, conformado inicialmente por Argentina, Brasil, Paraguay y Uruguay, al cual se sumaron posteriormente Venezuela y Bolivia -ésta última en proceso de adhesión-, que se unieron para avanzar en conjunto por el bienestar de sus pueblos.

[4] La Unión de Naciones Suramericanas -Unasur-, es una comunidad política y económica entre doce países suramericanos (Argentina, Bolivia, Brasil, Chile, Colombia, Ecuador, Guyana, Paraguay, Perú, Surinam, Uruguay y Venezuela), concebida el 8 de diciembre de 2004, en Cuzco (Perú), en la Tercera Cumbre Suramericana

[5] El Grupo de Lima (abreviado en ocasiones como GL), es una instancia multilateral que se estableció tras la denominada Declaración de Lima, el 8 de agosto de 2017 en la capital homónima, donde se reunieron representantes de 17 países con el objetivo de dar seguimiento y buscar una salida a la crisis en Venezuela.

diplomacia petrolera y por un lenguaje confrontador frente a Estados Unidos, pasando de ser un "socio seguro" a un "socio con reservas", hasta tal punto que paraliza las acciones de la DEA para el combate del narcotráfico en su territorio. No obstante, históricamente gran parte de su economía se ha orientado hacia ese país en términos de negocios y del comercio bilateral. Actualmente se presenta una profunda crisis en esta relación, aunque Venezuela sigue siendo el quinto socio comercial de Estados Unidos en América Latina, después de México, Brasil, Colombia y Chile[6]. Por otro lado, el presidente Chávez siempre temió, al igual que el presidente Nicolás Maduro, una intervención norteamericana en Venezuela, mucho más desde que el presidente Obama clasificó a Venezuela como un peligro de seguridad nacional para los Estados Unidos.

El gobierno de Chávez, con unos lineamientos multilaterales y de integración por etapas, se acercó a Brasil a través de la "Alianza Estratégica" suscrita el 14 de febrero del 2005 que incluye más de 20 acuerdos que van desde la cooperación militar y jurídica hasta el fomento del turismo, pasando por los temas energéticos, de preservación de la soberanía y de asumir conjuntamente un liderazgo regional con un polo de desarrollo económico y político sudamericano y un polo energético del que participan PETROBRAS, PDVESA, ECOPETROL, PETRO Perú y PETRO Ecuador, e incluye petróleo, gas e hidroeléctrica. Este polo posibilitaría contrarrestar la influencia norteamericana en la región, a su vez, se observaba entonces una pérdida de interés estadounidense en la región, una securitización de las relaciones y un mayor condicionamiento de la agenda a la guerra contra el narcotráfico.

La realidad de hoy es completamente diferente: la recolonización de América Latina por el gobierno norteamericano y la derechización de la mayoría de los gobiernos de América del Sur, puso en crisis tanto a MERCOSUR como a UNASUR y profundizó el aislamiento del régimen venezolano sometido a una profunda crisis social y económica que está provocando un éxodo masivo de la población[7].

Frente a esta situación, los países limítrofes con Venezuela han asumido la búsqueda de acuerdos para acoger a la creciente ola migratoria. En septiembre de 2018 representantes de Argentina, Brasil, Chile, Colombia, Ecuador, Perú, Costa Rica, México, Paraguay y Uruguay acordaron mecanismos de asistencia humanitaria guiados por los principios de hermandad y solidaridad, pero también dentro de la seguridad para las

---

[6] Según la Cámara Venezolano-Americana de Comercio e Industria, el intercambio comercial entre Venezuela y Estados Unidos creció en 44.75% entre 2016 y 2017, sólo las exportaciones petroleras fueron el 93%. En cambio las importaciones a Venezuela desde Estados Unidos cayeron un 17.95%. Ver: bancaynegocios.com, 27/05/2017.
[7] ACNUR calcula que para 2018, unos dos millones quinientos mil venezolanos han abandonado su país hacia países de América Latina y Europa, situando a Venezuela en el cuarto país con mayor número de refugiados en el mundo (Semana, 2018).

sociedades receptoras (Periódico ADN, 2018)

Narrativas de migrantes venezolanas asentadas en el municipio de Medellín de 2015 a 2018.

Para esta segunda, parte se elaboraron doce entrevistas semiestructuradas en las cuales se indagó por características sociodemográficas, características antes de migrar, motivaciones para tomar la decisión de migrar, residencia y trabajo en el país de acogida, inserción en Colombia, remesas-vínculos y expectativas futuras, condición jurídica y ciudadanía.

A partir de estos asuntos, y teniendo en cuenta el enfoque teórico utilizado, abordaremos los relatos de las entrevistadas desde la óptica de i) los factores de expulsión y atracción para comprender el tipo de estrategias mediante las cuales los países atraen y/o expulsan migrantes; ii) el enfoque transnacional en clave de campo social constituido por los sujetos migrantes; iii) el concepto de interseccionalidad para entender las diferentes discriminaciones simultáneas a las que se ven sometidas las mujeres ; iv) la ciudadanía en clave de impacto de las migraciones en la esfera política y v) el territorio en clave del impacto que generan las migraciones en las distintas escalas territoriales.

Motivaciones de la emigración

En las doce entrevistas realizadas encontramos que el 91.7% decidieron migrar por la difícil situación de Venezuela debido a la crisis política, económica y social, lo cual ha provocado sensación de inseguridad, falta de recursos, baja calidad de vida y en general mucha desesperanza en los venezolanos que hoy se han visto abocados a abandonar su país sin boleta de regreso, pues, aunque desean retornar, no quieren hacerlo hasta que el país se estabilice política y económicamente. Estos son los relatos de algunas de las entrevistadas

La situación es caótica. Nunca pensé que el deterioro de un país tan rico iba a ser tan rápido. Tuve que hacer colas por comida, fui víctima de inseguridad. En Venezuela colapsaron todos los sistemas, colapsa el sistema de salud porque no hay medicinas, no hay profesionales y especialistas que te atiendan, estas son unas de las causas de muertes venezolanas. El sistema de educación colapsa de una manera abismal, todos los profesionales se fueron (…) (E10, comunicación personal, mayo 7, 2018)

Para la fecha en que yo decidí venir a Colombia [en 2015] fue principalmente por razones de seguridad personal una sensación de inseguridad personal muy alta (…), la mayoría de venezolanos con los que uno habla manifiestan su voluntad de regresar siempre y cuando existan condiciones económicas, que es la principal causa de migración reciente y que haya una estabilización de la crisis política (E1, comunicación personal experto, febrero 15, 2018).

Un elemento que ha sido determinante en la decisión de elegir a Colombia, es la cercanía geográfica entre países y, por ende, la posibilidad de llegar en menos tiempo y con menos dinero. Además, hasta febrero de 2018 el gobierno colombiano venía concediendo la tarjeta de migración fronteriza -TMF-factor de atracción con el cual se resolvía el problema de la migración pendular a 1.500 venezolanos que diariamente venían a ciudades fronterizas colombianas, como Cúcuta, a surtirse de enseres, alimentos y servicios y regresaban el mismo día a Venezuela, situación que ha sido modificada en el marco de una serie de medidas del gobierno colombiano que privilegia la seguridad de las fronteras sobre los derechos humanos de los migrantes.

Redes y actividades de las migrantes y sus familias, en origen y destino

De las once mujeres entrevistadas, nueve son profesionales, una cosmetóloga y otra estilista, todas ellas llegaron a Colombia a través de algún familiar o amigo. Cuatro de las once migrantes (36%) están dispuestas a continuar su trayectoria migratoria con tal de poderle ayudar a sus hijos y una de ellas a sus padres que están sufriendo necesidades en Venezuela. La mayoría se encuentra trabajando en Colombia en el sector servicios (peluquería y cosmetología) a pesar de sus estudios profesionales y/o técnicos y una desempleada, dependiendo de dos hijos.

Aunque añoran el regreso a su país, consideran que sería interesante migrar a otros países del sur como Ecuador, Perú y Chile donde hay menos obstáculos para adquirir permiso de trabajo y obtener mejores ingresos.

Si, la migración fue familiar. Yo me vine primero a Colombia y mi esposo que tiene cuarenta años, vino a los meses. En caso que tuviese que migrar otra vez, se me viene a la mente Chile, pues mi cuñado vive allá (E11, comunicación personal, mayo 17, 2018).

Solo migré con mi esposo (…), soy docente de la Corporación Universitaria Adventista y si repitiera el proceso migratorio me iría a Perú, envío remesas mensuales ($100.000) a suegra, primos, tíos y otros familiares (E3, comunicación personal, febrero 20, 2018).

Discriminaciones simultáneas que viven las mujeres

Hemos visto como llegan mujeres solas también con hijos pequeños, madres solteras etc. también a trabajar, creo que es muy importante, desde la esfera académica hacer investigaciones diferenciadas que puedan identificar necesidades y contextos particulares para poder hacer críticas serias y además proponer políticas públicas que sean incluyentes (E1, comunicación personal experto, febrero 15, 2018).

Me vine a Colombia por mis hijas (…), por la situación del país me tocó, como el papá ya tiene casi dos años fuera del país también entonces me tocó a mí, por la situación tan difícil, él también es emigrante pero está ilegal en el país donde está, se le dificulta mucho trabajar fijo en un sitio, porque la migración está muy complicada, entonces me tocó a mí. Las hijas se quedaron en Venezuela con una tía y yo no pude terminar mis estudios de administración de empresas, aunque sólo me faltaba la tesis (E5, comunicación personal, abril 19, 2018).

Ciudadanía y derechos de las migrantes

De las once mujeres entrevistadas tres son colombianas y a pesar de haber vivido varios años en Venezuela, no adquirieron esta nacionalidad (27%), tres tienen doble nacionalidad (27%) y cinco son venezolanas sin arraigo en Colombia (46%). La mayoría de ellas no se identifican con su Estado nacional, saben que tienen derechos en Venezuela pero que ahora no valen para nada, por su reciente llegada a Colombia poco conocen de sus derechos en este país a pesar de haber vivido allí varios años. En este sentido encontramos algunos relatos:

Si, conozco los derechos venezolanos que no le importan a nadie, pero no valen, por ahorita no valen (E5, comunicación personal, abril 19, 2018).

Impacto de las migraciones en el desarrollo de los territorios y en la construcción del sujeto migrante.

Las entrevistas realizadas dan cuenta de una fuga de cerebros y de mano de obra que sin duda afectará a Venezuela, aunque su actual gobierno aún no lo reconozca. A su vez, la llegada de tantas mujeres altamente calificadas, puede constituirse en una oportunidad de desarrollo para Colombia si el gobierno lo sabe aprovechar, promoviendo un proceso de integración con enfoque multicultural y el diseño e implementación de políticas públicas con enfoque de derechos.

A escala regional, la emigración venezolana está impactando otros países de América Latina como Ecuador, Perú, Chile, Argentina y Brasil que resultan atractivos para esta población por ofrecer mejores condiciones de seguridad y de empleo. A nivel internacional, también hay un impacto de la emigración venezolana dado que hasta hace unos años, esta población venía migrando hacia Estados Unidos y Europa y según datos de Human Rights Watch a septiembre de 2018 se encuentran 72.000 venezolanos en EE UU, 32.000 en México, 98.000 en las Islas del Caribe y 40.000 en España, afectando con ello no solo la economía del país expulsor, sino también la de los países receptores (El tiempo, 20018).

En lo que tiene que ver con la construcción del sujeto migrante y de sus subjetividades, el mayor impacto que esta ha generado, desde la óptica territorial, se evidencia en la migración transfronteriza, como se percibe en las entrevistas:

> La crisis que se está generando sobre todo en aquellos *sectores fronterizos* se va a ir agravando en términos en que las autoridades locales no tienen la capacidad técnica ni las competencias para poder asumir toda la connotación que tiene el fenómeno migratorio, eso va agravar también el tema de la xenofobia y de la resistencia del ciudadano colombiano al fenómeno migratorio, porque se va a vender como algo negativo a un fenómeno que va a influir desfavorablemente en términos de seguridad, en términos de sus empleos, sobre todo porque la crisis fronteriza colombiana no es algo nuevo (…), pero que con el fenómeno migratorio, termina agravándose y haciéndose visibles (E1, comunicación personal experto, febrero 15, 2018).

Conclusiones

la incorporación de la migración en los Objetivos de Desarrollo Sostenible de la ONU y la aprobación del Pacto Mundial de las Migraciones en 2018, crean un marco formal y coherente para crear normas internacionales de carácter vinculante que permitan una migración segura, regular y ordenada.

Las iniciativas en materia de acceso a la justicia para las personas migrantes juegan un papel fundamental en la Gobernanza de las Migraciones Internacionales. En América Latina, la Conferencia Suramericana sobre Migraciones ha sentado las bases de una Nueva Cultura de la Migración a través de la Declaración de Lima. El reciente interés de la OEA en esta crisis migratoria, puede estimular acuerdos regionales para la atención humanitaria a la población, sin que ello justifique intervenciones militares en la región.

El gobierno colombiano precisa del diseño e implementación de políticas públicas migratorias que le permitan atender con enfoques diferenciales y de derechos, la crisis humanitaria que afronta la población venezolana y en ello es crucial la coordinación con todos los países de la región que afrontan esta misma problemática.

Referencias

Amaya, Luis Alejandro. (2017). Las cifras del adiós: la migración venezolana se dispara en todo el continente, from http://cnnespanol.cnn.com/2017/07/13/las-cifras-del-adios-la-migracion-venezolana-se-dispara-en-todo-el-continente/#0, consultada el 13/05/2018

Ardila Ardila, Martha Lucía. (2005). Colombia y Venezuela: entre lo estructural y lo coyuntural.

A propósito de la Comunidad Suramericana de Naciones. *Oasis No. 11*, 73.

Aruj, Roberto. (2008). Causas, consecuencias, efectos e impacto de las migraciones en Latinoamérica. *Papeles de población, 14, No. 55*, 95 - 116.

Barbosa Restrepo, Maria Fernanda. (2016). *La relación bilateral entre Colombia y Venezuela en medio de los cierres fronterizos: 2005-2015*. (Maestría en Relaciones Internacionales), Pontificia Universidad Javeriana, Bogotá.

Bauböck, Rainer (1994). Transnational Citizenship. Membership and Rights in International Migration. Edward Elgar: England.

Bedoya Bedoya, Maria Rocio (2011). Análisis de la política pública de contingentes de trabajadores extranjeros no comunitarios en España: el caso de los colombianos y las colombianas. (Tesis de Doctorado en Gobierno y Administración Pública), Universidad Complutense de Madrid e Instituto Universitario de Investigación José Ortega y Gasset, Madrid.

Bedoya Bedoya, Maria Rocio (2015). El papel de las políticas públicas de migración y retorno en Colombia en el marco de la crisis económica mundial: los casos del Eje cafetero, Cali, Medellín y Bogotá. Estudios Políticos, No. 46, 79-99.

Bobes León, Velia Cecilia. (2013). Debates sobre transnacionalismo. FLACSO México, 116p.

Brown-Gort, Allert. (2016). Los efectos políticos de la migración, from http://revistafal.com/los-efectos-politicos-de-la-migracion/, consultada el 19/05/2018.

Cavalcanti, Leonardo y Parella, Sonia. (2013): "El retorno desde una perspectiva transnacional. REMHU - Rev. Interdiscipl. Mobil. Hum. Dossier "Retorno e circularidades". Brasília, Ano XXI, N° 41, p. 9-20, jul./dez.

Cámara colombo-venezolana. (2010). Colombia - Venezuela. Hermanos para siempre, from http://www.comvenezuela.com/libro, consultada el 29/05/2018.

Castro, Alexandra. (2018). Migrantes venezolanos: ¿cuántos son, qué efectos tienen y cómo deben ser tratados por Colombia?, from https://www.razonpublica.com/ index.php/internacional-temas-32/10497-migrantes-venezolanos-cu%C3%A1ntos-son,-que-efectos-tienen-y-c%C3%B3mo-deben-ser-tratados-por-colombia.html, consultada el 13/05/2018.

Cohen, Jeffrey H & Sirkeci, Ibrahim. (2011). Cultures of migration: the global nature of contemporary mobility. Austin: University of Texas Press.

Cohen, Jeffrey H., & Sirkeci, Ibrahim. (2016). Migration and Insecurity: Rethinking Mobility in the Neoliberal Age. In J. Carrier (Ed.), Anthropology after the Crisis (pp. 96-113). London: Routledge Publishing.

Colombia, Cancillería y Migración. (2017). Resolución para regularizar venezolanos en Colombia. Retrieved Julio, from http://migracioncolombia.gov.co/index.php/es/prensa/comunicados/comunicados-2017/julio-2017/5091-cancilleria-y-migracion-colombia-anuncian-resolucion-para-regularizar-venezolanos-en-colombia?highlight=WyJ2ZW5lem9sYW5vcyIsImVuIiwiY29sb21iaWEiLCJjb2xvbWJp YScsIiwidmVuZXpvbGFub3MgdW4iLCJ2ZW5lem9sYW5vcyBlbiBjb2xvbWJpYSIsIm VuIGNvbG9tYmlhIl0=, consultada el 13/05/2018.

Da Frota Simões, Gustavo. (2017). *Perfil sociodemográfico e laboral da imigração venezuelana no Brasil.* Curitiba, Brasil: CRV.

Dekocker, Katrien. (2017). *La emigración venezolana como estrategia de reproducción social y su concreción en España entre 1998 - 2015: factores determinantes.* (Doctorado), Pontificia de Comillas de Madrid, Madrid.

De la Vega, Iván. Hugo Chávez mató a tres generaciones de venezolanos. Retrieved marzo 7, 2017, from http://elestimulo.com/blog/ivan-de-la-vega-chavez-mato-a-tres-generaciones-de-venezolanos/, consultada el 17/01/2018.

El Espectador (2013). "Relaciones entre Colombia y Venezuela, de amores y odios", marzo 6 de 2013. www.elespectador.com. Consultada el 18/06/2018.

El Espectador (2018). "Presidente Santos anuncia más control a migración venezolana", febrero 8 de 2018, from https://www.elespectador.com/noticias/politica/presidente-santos-anuncia-mas-control-migracion-venezolana-articulo-738043, consulta el

20/05/2018.

El tiempo. (2017). Venezolanos, la migración más grande en la historia del país. Retrieved marzo 30, 2017, from http://www.eltiempo.com/colombia/otras-ciudades/venezolanos-la-migracion-mas-grande-en-la-historia-del-pais-72872, consultada el 03/01/2018.

Ellis, Evan. (2018). El colapso de Venezuela y su impacto para la región, from http://www.armyupress.army.mil/Journals/Edicion-Hispanoamericana/Archivos/Primer-Trimestre-2018/El-colapso-de-Venezuela-y-su-impacto-para-la-region/, consultada el 30/05/2018.

Esguerra Umaña, Maria del Pilar et. al. (2010). El comercio colombo-venezolano: características y evolución reciente. *Borradores de economía, No. 602,* 49.

Farret, Laurent. (2010). Movilidades migratorias contemporáneas y recomposiciones territoriales: perspectivas multi-escala a partir del caso México-Estados Unidos. En: S.M. Lara Flores, Migraciones de Trabajo, pp. 81-100, México D.F.: Miguel Ángel Porrúa

Feldman - Bianco, Bela et. al. (2011). *La construcción social del sujeto migrante en América Latina. Prácticas, representaciones y categorías.* Quito-Ecuador: FLACSO.

Freitez, Anitza. (2011). La emigración desde Venezuela durante la última década. *Temas de coyuntura, 63,* 11-38.

Garay, Luis Jorge y Medina, Maria Claudia. 2007. *La Migración Colombiana a España. El capítulo más reciente de una historia compartida.* Madrid: Ministerio de Trabajo e inmigración.

García Castaño, F. Javier, López Fernández, Rosalia, & Thamm, Miriam. (2014). Sujetos y territorios en el estudio de las migraciones desde la antropología en España. Quaderns-e de l'Institut Català d'Antropologia,, 19, 100-125.

Garduño, Everardo. (2003). Antropología de la frontera, la migración y los procesos transnacionales. Frontera Norte. Vol. 15. número 030, 65-89.

García Linera, Álvaro et, al., (2016). Las vías abiertas de América Latina. *Pensamiento Radical del Instituto de Altos Estudios Nacionales, Quito - Ecuador,* 53.

Izquierdo Marín, Diego Felipe. (2010). *Migración, transnacionalismo y familia. Caso Colombia-Venezuela.* Universidad de Cartagena, Cartagena, Retrieved from http://190.242.62.234:8080/jspui/bitstream/11227/285/1/MIGRACI%C3%93N%2C%20TRANSNACIONALISMO%20Y%20FAMILIA_%20CASO%20COLOMBIA-VENEZUELA.pdf

Krüger, Christian. (2018). Flujo migratorio de venezolanos hacia Colombia creció un 110% en 2017 Retrieved enero, from https://www.diariolasamericas.com/america-latina/flujo-migratorio-venezolanos-colombia-crecio-un-110-2017-n4141715, consultada el 13/05/2018

La silla vacía. (2017). En 2016 entraron 400.000 mil venezolanos al país Retrieved Abril 25, 2017, from http://lasillavacia.com/silla-llena/red-lider/historia/en-2016-entraron-400-mil-venezolanos-al-pais-60672. consultada el 16/01/2018.

La silla vacía. (2017). ¿Está Colombia preparada para la migración provocada por la crisis de Venezuela? Retrieved Agosto 1, 2017, from http://lasillavacia.com/si-o-no/esta-colombia-preparada-para-la-migracion-provocada-por-la-crisis-de-venezuela-61876, consultada el 16/01/2018

La silla vacía. (2018). La migración venezolana ya es una crisis humanitaria. Retrieved enero 14, 2018, from http://lasillavacia.com/tag/venezuela, consultada el 16/01/2018.

Lafleur, Jean-Michel. (2018). El Acceso de los Migrantes a la Protección Social tras Trump y el Brexit: ¿Cuál es el Papel de las Sociedades de Origen?, from https://gallery.mailchimp.com/ff018e5d48206d90c38bcf278/files/a4b03081-b9ae-4545-b2d6-b676b400edd5/IMP_ES_02_18.pdf, consultada el 01/06/2018.

Lee, E. S. (1966). A theory of migration. Demography, 3(1), 47-57.

Lykke, Nina (2010). Feminist Studies: A Guide to Intersectional Theory, Methodology and Writing. New York, Routledge.

López Sala, Ana María. (2002). Los Retos Políticos de la Migración. Isegoría, (No 26), 85-105.

Margheritis, Ana. (2018). Políticas de vinculación con los emigrantes latinoamericanos y redefinición de la ciudadanía, from https://eulacfoundation.org/es/documentos/pol%C3%ADticas-de-vinculaci%C3%B3n-con-los-emigrantes-latinoamericanos-y-

redefinici%C3%B3n-de-ciudadan%C3%ADa, consultada el 01/06/2018
Martínez, Hugo. (2017). Por un abordaje integral de la migración. *Boletín de la Fundación EU - LAC 02/2018*, from https://eulacfoundation.org/es/documentos/por-un-abordaje-integral-de-la-migraci%C3%B3n, consultada el 01/06/2018
Mesa, Maria Cristina y Bedoya, Maria Rocio. (2014). La ciudadanía informal: una categoría relevante para el análisis de la migración de retorno. Ponencia presentada en el XI Congreso Nacional de Sociología, agosto 26 al 29 de 2014, Universidad de Antioquia, Medellín-Colombia.
Migración Colombia. (2017). Radiografía de venezolanos en Colombia, from https://imgcdn.larepublica.co/cms/2017/08/16165913/INFORME-ESPECIAL-MIGRACION.pdf?w=auto, consultada el 03/01/2018.
Ministerio de Educación Nacional. (2014). Resolución 21707 "Por medio de la cual se define el trámite y los requisitos para la convalidación de títulos otorgados por instituciones de educación superior extranjeras o por instituciones legalmente reconocidas por la autoridad competente en el respectivo país, para expedir títulos de educación superior".
Ministerio de Educación Nacional. (2015). Resolución 06950 «Por medio de la cual se define el trámite y los requisitos para la convalidación de títulos otorgados por instituciones de educación superior extranjeras y se deroga la Resolución 21707 de 2014».
Ministerio de Educación Nacional. (2017). Resolución 20797 «Por medio de la cual se regula la convalidación de títulos de educación superior otorgados en el exterior y se deroga la Resolución 06950 de 2015».
Ministerio de Relaciones Exteriores. (2009). Documento Conpes 3603 de Política Integral Migratoria.
Ministerio de Relaciones Exteriores. (2017). Resolución 6045 «Por la cual se dictan disposiciones en materia de visas y deroga la Resolución 5512 del 4 de septiembre de 2015».
Moctezuma, M. (2008). Transnacionalidad y Transnacionalismo. Papeles de Población, Número 057, 39-64.
Moctezuma, Miguel. (2011). La transnacionalidad de los sujetos: Dimensiones, metodologías y prácticas convergentes de los migrantes en Estados Unidos. México: Universidad Autónoma de Zacatecas-Miguel Ángel Porrúa Editor.
Muñoz Cabrera, Patricia. (2010). Violencias interseccionales. Central América Women's Network: Tegucigalpa-Honduras.
Núñez, Marielba. (2018). Los venezolanos en migración forzosa, from http://www.el-nacional.com/noticias/sociedad/los-venezolanos-migracion-forzosa_223446, consultada el 13/05/2018.
OIM. (2018). National Migration Trends In South America. Bolivarian Republic of Venezuela, from http://robuenosaires.iom.int/sites/default/files/Informes /National _Migration_Trends_in_South_America_Venezuela.pdf
Pedraza Palacios, Nubia. (2005). Género, desplazamiento y refugio. Frontera Colombia y Venezuela, from http://www.acnur.org/fileadmin/scripts/doc.php?file=uploads/media/COI_1226
Portes, Alejandro (2005). Convergencias teóricas y evidencias empíricas en el estudio del transnacionalismo de los migrantes. Migración y desarrollo, 4, 2-19.
Portes, Alejandro. y Borocz, J. (1998): "Migración contemporánea: perspectivas teóricas sobre sus determinantes y sus modalidades de incorporación", en MALGESINI, G. (1998): Cruzando fronteras. Migraciones en el sistema mundial. Barcelona, Icaria, pp. 43-73.
Portes, Alejandro y Dewind, J. (2006): "Un diálogo transatlántico: El progreso de la investigación y la teoría en el estudio de la migración internacional", en Alejandro Portes y Josh DeWind, (coords)., Repensando las migraciones: Nuevas perspectivas teóricas y empíricas, México, Miguel Ángel Porrúa/Universidad Autónoma de Zacatecas/Secretaría de Gobernación, Instituto Nacional de Migración, pp. 157–190.
Portes, Alejandro, Guarnizo, Luis Eduardo y Landolt, Patricia; (2003), "El estudio del transnacionalismo: peligros latentes y promesas de un campo de investigación emergente", en Alejandro Portes, Luis Guarnizo y Patricia Landolt (Coordinadores), La

Globalización desde Abajo: Transnacionalismo Inmigrante y Desarrollo. La experiencia de Estados Unidos y América Latina, FLACSO, Miguel Ángel Porrúa, México.

Quevedo Hernández, Norbey. (2018). El éxodo de más de medio millón de venezolanos a Colombia, Enero, from https://www.elespectador.com/noticias/el-mundo/el-exodo-de-mas-de-medio-millon-de-venezolanos-colombia-articulo-735747. consultada el 19/05/2018

Ramírez, Socorro (2014). Colombia y Venezuela: una relación difícil, aunque necesaria. From https//www.razonpublica.com/index.php/política.y.gobierno-temas-27/7515. Consultada el 18/06/2018.

Ramos Pismataro, Francesca. (2018). ¿Cómo entender la Venezuela de hoy? from https://www.razonpublica.com/index.php/internacional-temas-32/9423-%C2%BFc%C3%B3mo-entender-la-venezuela-de-hoy.html, consultada el 13/50/2018.

Ravenstein, E. G. (1885). The Laws of Migration. Journal of the Statistical Society of London, 48(2), 167-235.

Revista Semana. (2016). El impresionante éxodo de venezolanos a Colombia, from https://www.semana.com/nacion/articulo/crisis-en-venezuela-cada-vez-mas-migracion-en-frontera-con-colombia/482976. consultada el 13/05/2018.

Revista Semana. (2017). El impacto del éxodo de venezolanos

Retrieved marzo 8, 2017, from http://www.semana.com/nacion/articulo/venezolanos-cruzan-la-frontera-en-busca-de-libertad-comida-y-salud/535377, consultada el 09/01/2018.

Revista Semana (2018). Más de 800.000 venezolanos llegaron en 15 meses: las cifras de la crisis migratoria, from https://www.semana.com/nacion/articulo/resultados-del-registro-administrativo-de-migrantes-venezolanos-en-colombia/570977, consulta el 19/06/2018.

Rojas, Angélica. (2018). Los gritos ahogados en la frontera colombo-venezolana Retrieved enero 9, 2018, from https://www.las2orillas.co/los-gritos-ahogados-en-la-frontera-colombo-venezolana/, consultada el 09/01/2018

Sandoval, Alberto. (2017). Análisis de la migración venezolana, from http://www.dlatinos.com/univision/analisis-de-la-migracion-venezolana/, consultado el 19/05/2018.

Sassen, Saskia. (2003). Contrageografías de la globalización. Madrid: Traficantes de Sueños. 147 p.

Sassen, Saskia (2002) The Repositioning of Citizenship: Emergent Subjects and Spaces for Politics. Berkeley Journal of Sociology 46, p. 4- 25. http://transnationalism.uchicago.edu/Repositioningcitizenship.pdf, consultado el 1 de agosto de 2014.

Soysal, Yasemin. (1994). Los Límites de la Ciudadanía. Migración y membresía postnacional en Europa, The University of Chicago, Chicago, USA.

Thomson, Laura. (2017). Avances en la Promoción de la Gobernanza Internacional de las Migraciones, from https://eulacfoundation.org/es/documentos/avances-en-la-promoci%C3%B3n-de-la-gobernanza-internacional-de-las-migraciones, consultada el 01/06/2018.

Vertovec, S. (2006). Transnacionalismo migrante y modos de transformación Repensando las migraciones. Nuevas perspectivas teóricas y empíricas (pp. 157-190). México: Universidad Autónoma de Zacatecas / Miguel Ángel Porrúa

Yuval-Davis, Nira. 2005. «Intersectionality and Gender Mainstreaming», Swedish Journal of Women's Studies (Kvino-vetenskaplig tidskrift) special issue on 'Intersectionality' (in Swedish).

Zapata Barrero, Ricard. (2003). La ciudadanía en contextos de multiculturalidad: procesos de cambio de paradigmas. Anales de la Cátedra Francisco Suárez, (No 37), 173-200.

CAPÍTULO 9

LA INTEGRACIÓN LINGÜÍSTICA DE LOS REFUGIADOS EN ITALIA: POLÍTICAS LINGÜÍSTICAS EN LA CLASE DE SEGUNDA LENGUA

Rosella Bianco and Mónica Ortiz Cobo

Introducción

La necesidad de proporcionar cursos de segunda lengua para los que migran hacia los países europeos requiere de un proceso de especialización en el sector de la enseñanza lingüística en contextos migratorios. A pesar de esto, los estados de la Unión Europea organizan cursos de lengua y exámenes que todavía no parecen apropiados para este tipo de usuarios. Además, por lo que se refiere al caso específico de los refugiados, migrantes que a menudo se encuentran de paso en un estado, son escasas las iniciativas que atienden realmente a sus necesidades lingüísticas. De hecho, el método empleado en las aulas para la enseñanza de una segunda lengua para este colectivo es bastante tradicional y poco apropiado a sus peculiares necesidades. Este trabajo aspira a profundizar sobre la gestión de las lenguas en el aula de segunda lengua para refugiados, con el objetivo de estudiar la práctica didáctica en este ámbito. Tras contextualizar el objeto de estudio en el momento actual y presentar métodos e instrumentos de la investigación, pasaremos a analizar los datos recogidos durante la etnografía, a través de los cuales se da una visión sobre las prácticas de monolingüismo y plurilingüismo en las aulas de italiano de segunda lengua para estudiantes refugiados adultos.

Migraciones, políticas lingüísticas y cursos de lenguas para migrantes

Transnacionalismo, lengua e integración

Los estudios sobre el transnacionalismo relatan las diferencias de los migrantes del pasado frente a los migrantes contemporáneos del mundo globalizado. La diferencia más importante se dá en la manera de integrarse y asimilarse al país de la migración. Por supuesto, los viejos migrantes se esforzaban por adaptarse muy rápidamente al nuevo entorno sociocultural, así que la asimilación correspondía con la integración en el nuevo país. Esto suponía una metamorfosis del migrante, que apenas existe entre los que migran en nuestros días. Los migrantes de hoy mantienen su identidad de origen y se dividen entre el país de residencia y él de origen, con el cual mantienen todo tipo de relaciones, desde las familiares hasta las económicas (Arocena y Zina, 2011). No obstante, aunque mantengan su cultura e incluso su lengua de origen, tienen que asimilarse al menos en parte a la sociedad de recepción, debido al enfoque asimilacionista de los países de la inmigración.

Así pues, la integración es un fenómeno dinámico, que en el ámbito de la migración podemos definir, en palabras de Moreno Fernández, como:

"(...) un proceso bidireccional, de continua reproducción y renovación, por el cual residentes e inmigrantes organizan su actividad dentro de una comunidad de acogida." (Moreno Fernández, 2009:131-132).

Además, la integración es también un proceso bicultural y bifocal, ya que implica el encuentro entre dos culturas y maneras de ver el mundo. La integración entendida como proceso bidireccional está presente también en los fundamentos de la Comisión Europea (Commissione delle comunità europee, 2003). A pesar de esto, la práctica integrativa de muchos países refleja un enfoque asimilacionista y unidireccional en el que los que migran tienen que adaptarse a la sociedad de recepción.

En estos procesos de integración, la dimensión lingüística, motivo de inclusión y exclusión en el nuevo entorno sociocultural, es uno de los aspectos fundamentales. La competencia lingüística se añade, por tanto, a otros problemas de integración sociocultural. Así que, la relación entre migraciones y lenguaje configura el actual panorama migratorio internacional como plurilingüe, evocando el nacimiento de una nueva Babel (Sorolla Fernández, 2011). Por supuesto, según la teoría del transnacionalismo, los migrantes de nuestros días no se asimilan completamente a la sociedad de recepción porque pueden contar, gracias a la globalización y a los nuevos medios de comunicación, con el mantenimiento de los vínculos con la sociedad de origen (Arocena y Zina, 2011). De hecho, el migrante vive en un contexto en el cual coexisten diferentes lenguas y culturas y se comunica con su país de origen en un espacio transnacional (Moraes Mena, 2008), por lo que continúa practicando su lengua materna más allá de los límites geográficos y culturales de su nación de pertenencia. Cabe señalar que las actividades transnacionales del migrante se distinguen según la tipología de migrante. Es decir, las experiencias de un migrante "permanente" son diferentes de las de los migrantes "temporales o circulares" (OIM, 2010), por lo tanto también sus relaciones con las lenguas serán diferentes.

Por otro lado, por lo que se refiere al papel del aspecto lingüístico en los procesos de integración hay que decir que ello ha sufrido un cambio relevante en las últimas décadas. Concretamente, en los años noventa, los ideales europeos expuestos en las recomendaciones del Consejo de Europa apuntaban a promover, por un lado, el aprendizaje de la lengua del país de residencia, para que el inmigrante formara parte en la vida social y trabajadora de la sociedad, por el otro, promovían el desarrollo de las lenguas maternas de los inmigrantes, como instrumento educativo y cultural y para el mantenimiento de la cultura de origen (Council of Europe, 1985). Más recientemente, en cambio, la integración lingüística ha tomado el papel de control de la inmigración. De hecho, se ha asistido a la difusión de políticas de integración que relacionan la lengua a la permanencia de los inmigrantes en los estados europeos. Es decir, la lengua ha vuelto a ser el requisito para solicitar el acceso al país, el permiso de permanencia y la ciudadanía. En otras palabras, lejos de ser un elemento de la integración bidireccional al que aspira la Unión Europea (UE), la lengua es ahora el criterio que decide sobre el estatus legal del inmigrante (Krumm, 2012). Es más, los niveles de competencia requeridos en estos ámbitos han ido creciendo en el tiempo, sirva como ejemplo el caso de los Países Bajos, donde se ha elevado recientemente la puntuación para aprobar el examen de lengua. Otro aspecto que destaca es seguramente que los cursos de lengua generalmente ofrecidos por los estados miembros de la UE no están ligados con las necesidades reales de los inmigrantes y no reflejan el vocabulario y los contextos lingüísticos a los que ellos se enfrentan en la vida real. Por lo que sería necesario tratar asuntos de interés práctico, como por ejemplo, la inserción laboral y otros aspectos de la vida cotidiana (Fernández Vítores, 2013; Extramiana y Van Avermaet, 2011).

Aprendizaje de la lengua italiana en contextos migratorios

Desde el punto de vista didáctico, los recursos y la formación docente a este respecto están poco desarrollados, siendo el fenómeno migratorio un fenómeno relativamente reciente en algunos países de Europa. Si tenemos en cuenta el caso italiano, por el interés de nuestro trabajo, encontramos que solo en los últimos años la literatura de la didáctica de las lenguas ha empezado a especializarse en los contextos migratorios, poniendo más atenciones a las exigencias de los sujetos inmigrantes (Borri, Minuz, Rocca y Sola 2014; Minuz, Borri y Rocca 2016; Minuz y Borri 2016) y estudiando soluciones para que los exámenes de lengua sean más apropiados para estos sujetos (Rocca, 2008). Las tentativas de especialización interesan también en el caso del aprendizaje de los refugiados adultos, ámbito todavía poco desarrollado.

Las novedades más recientes a este respecto conciernen a la creación de un *toolkit* o sea un instrumento de apoyo a la didáctica para refugiados realizado por el Consejo de Europa, que acaba de ser experimentado en algunas escuelas italianas (Council of Europe, 2014). El *toolkit* comprende de cincuenta y siete recursos para quien trabaja con esta clase de aprendices. Ello, por un lado, proporciona al docente un conocimiento básico sobre quien son los refugiados, por ejemplo dando nociones sobre los países y las situaciones sociopolíticas de su procedencia, así como informaciones sobre las lenguas más representadas por este colectivo. Por otro lado, presta atención a las necesidades de los refugiados y sugiere actividades a realizar en clase que son estrictamente relacionadas con esas necesidades (usar el móvil, ir al médico, buscar trabajo, etc.). Además, en sus sugerencias, el *toolkit* enfatiza la necesidad de valorizar y reflexionar en clase el repertorio lingüístico de los refugiados porque, a través del reconocimiento del capital lingüístico que ellos poseen, se fomenta la autoestima de estos aprendices. Por ello, las lenguas conocidas por los refugiados son consideradas una riqueza. Así que, sobre la prohibición de otras lenguas en la clase de la lengua de aprendizaje, el *toolkit* recoge:

> "Le altre lingue (ad esempio le lingue parlate in famiglia) costituiscono un legame importante con il Paese e la cultura d'origine, una parte essenziale dell'identità personale e una fonte di sicurezza. Ricorda poi che la prima lingua può essere utile per apprendere una nuova lingua".[1] (Council of Europe, 2014:43).

Monolingüismo y plurilingüismo en las aulas de L2

Plurilingüismo y multilingüismo son dos términos que se usan a menudo de manera intercambiable para referirse a la coexistencia o la competencia de varias lenguas. Por supuesto, entre estas dos palabras existe un matiz de significado, que es necesario puntualizar. El término 'multilingüismo' indica respectivamente la presencia de varias lenguas en una sociedad determinada, un espacio limitado o un territorio geográfico. Casi todos los países son multilingües, a pesar del hecho que sus habitantes no sean a menudo conscientes de ello (porque lenguas que comparten el territorio con la lengua oficial no son oficiales, son minoritarias o dialectos). Por este motivo no todos los países son países multilingües oficialmente, sino solo en la práctica. Por otro lado, el término 'plurilingüismo' hace referencia a la competencia personal de un individuo de hablar dos o más lenguas, debido a su formación escolar o a su recorrido de vida (Biel, 2013). A estos dos términos se les contrapone el de 'monolingüismo', el cual indica, tanto la competencia de un hablante a hablar una única lengua, como la presencia exclusiva de una lengua en un territorio o espacio limitado.

Así pues, si consideramos la coexistencia de estudiantes refugiados de diferentes orígenes en la clase de italiano de segunda lengua (L2), podemos

---

[1] Las otras lenguas (por ejemplo las lenguas habladas en la familia) constituyen un enlace importante con el país y la cultura de origen, una parte esencial de la identidad personal y una fuente de seguridad. Recuerda pues que la primera lengua puede ser útil para aprender otra nueva lengua (traducción propia).

afirmar que el aula de italiano es un espacio multilingüe. Debido al origen de estos inmigrantes (originarios principalmente de África occidental y Gran Oriente Medio[2]), la mayoría son plurilingües. Esta riqueza lingüística de partida, que implica el conocimiento de estructuras lingüísticas diferentes y la consecuente posibilidad de análisis metalingüístico, sirve de soporte al aprendizaje de otras lenguas.

A este propósito, varios trabajos apoyan los beneficios que el uso de la lengua de origen tiene en el aprendizaje de una nueva lengua (Auerbach, 1993; Hall y Cook, 2012). Por su parte, Hall y Cook (2012) revisan los estudios sobre el uso de la lengua de origen, de la traducción y de lecciones bilingües en el aula de aprendizaje de lenguas, reconociendo el amplio uso de estos recursos en distintos países, desde oriente hasta el continente americano. A pesar del uso muy difundido de estas técnicas, hay quien niega su utilidad, asumiendo que el uso de otras lenguas en clase dificulta el aprendizaje lingüístico y, por lo tanto, las prohíbe, apoyando el enfoque monolingüe. Quien defiende el monolingüismo en clase suele condenar el uso de otras lenguas en el aula, por lo que recursos como la traducción son tradicionalmente estigmatizados, por no aportar beneficios al aprendizaje e incluso dificultarlo (Cook, 2010). A pesar de esto, Hall y Cook (2012) mantienen que estos recursos siempre se han usado y se usan todavía, y que la percepción sobre ellos está cambiando. De hecho, estos recursos de enseñanza son vistos ahora de una manera más positiva. Al considerar la división entre quien sigue el enfoque monolingüe y quien permite el uso de otras lenguas, ellos apuntan que:

"There is evidence that this division, which, in many contexts, might arguably be characterised as one between theory and practice, may be coming to an end, and that the existence and advantages of using the learners' own language in class are increasingly recognised[3]". (Hall y Cook, 2012:278).

Según estos autores existe una división entre la teoría y la práctica. De hecho, a pesar de las presiones de las teorías de enseñanza monolingüe, en la práctica cotidiana de la clase de segunda lengua es muy difundido el uso de la lengua de origen.

Podemos señalar otros autores (Auerbach, 1993; Pennycook, 2004) que asocian las presiones del monolingüismo en clase a preocupaciones políticas más amplias que ven en la lengua del país de acogida, la dominante, la única a utilizar en el contexto escolar. Según estas teorías, la prohibición de utilizar

---

[2] Se prefiere utilizar en este contexto la definición de Gran Oriente Medio frente a la de Oriente Medio, porque la primera incluye países como el Pakistán, del cual proceden algunos de los refugiados de la muestra.
[3] Hay evidencias que esta división, la cual podría plausiblemente ser descrita como entre la teoría y la práctica en muchos contextos, podría estar llegando a su fin, y que la existencia y las ventajas del uso de la lengua de los aprendices en clase son cada vez más reconocidas (Traducción propia).

la lengua nativa en las clases de lengua forma parte de una dinámica que soporta el imperialismo lingüístico de las lenguas dominantes, y que bajo esta guisa, se propone subvalorar los recursos y las identidades lingüísticas de una minoría, proporcionando así microagresiones a aquella comunidad (Auerbach, 2016; Sue, 2010; Phillipson, 1992).

Bajo otro punto de vista, en países con una historia lingüística reciente (como el caso de Italia), las lenguas inmigradas pueden ser percibidas como una amenaza a la unidad lingüística nacional. Por lo tanto, a pesar que estos países han sido siempre multilingües (por ejemplo por la presencia de minorías lingüísticas, variedades locales y dialectos), en ellos el multilingüismo parece representar ahora un peligro para la integridad lingüística y social. Por supuesto, la tradicional asociación nación-lengua, como expresa Lamo de Espinosa, no representa la realidad lingüística del mundo actual. De hecho, en el mundo hay más de siete mil lenguas vivas, y en Europa se cuenta con una media de seis lenguas por país[4] (Gutiérrez, 2013; Lewis, Simmons y Fenig, 2013; Lamo de Espinosa, 2006). Así que, como dicen Martín Rojo y Mijares (2007):

"Aunque la diversidad lingüística no es un fenómeno extraño en nuestras sociedades (ninguno de los países de Europa es monolingüe), sí es cierto que la arraigada asociación lengua-Estado, surgida con la Revolución Francesa, impulsó la formación de estados monolingües. Bajo esta búsqueda de la unidad lingüística latía un supuesto de carácter político, aún arraigado: el uso de una única lengua cohesionaría el Estado" (Martín Rojo y Mijares, 2007:97).

Consecuentemente, la riqueza derivada de la diversidad lingüística presente en el país, no es vista como un patrimonio a proteger y valorizar, sino como un problema de integración (Machetti, Barni y Bagna, 2018; Vedovelli, 2010). Por estas razones, en países como Italia, es una ideología común, que los inmigrantes tienen que ajustarse, entre otras cosas, al idioma y a la cultura del país (Guerini, 2011). Situaciones como esta se contraponen a los principios y a las recomendaciones del Consejo de Europa, el cual promueve la habilidad a utilizar diferentes lenguas en varios niveles de competencias y a tener experiencia de diferentes culturas, además de aspirar a la educación plurilingüe y a la intercomprensión entre lenguas emparentadas (Beacco y Byram, 2007; Consejo de Europa, 2002).

Monolingüismo y plurilingüismo en clase: pros y contras

Las aulas de segunda lengua para inmigrantes y/o refugiados son casi siempre clases con estudiantes de origen mixto, por lo que en estas aulas conviven diversas lenguas. Estas no son siempre utilizadas para comunicarse

---

[4] Europa resulta ser, de todo modo, el continente con menos lenguas por Estado, siendo el promedio en Asia de 44, en África de 38, en América de 20 y en el Pacífico de 52.

dentro del contexto de clase e incluso llegan a ser consideradas un obstáculo en el proceso de aprendizaje (Pérez Milans, 2007; Moreno García, 2007). No obstante, dicha práctica, tal y como apuntan Martin Rojo y Mijares "parece contradecir las teorías que demuestran que los hablantes, en su proceso de aprendizaje, comparan, se apoyan y aprenden las nuevas estructuras a partir de sus conocimientos lingüísticos previos." (Martín Rojo y Mijares, 2007:106). Más aún, no faltan ejemplos de experiencias de países multiculturales como Canadá, en el que se ha comprobado que el uso de las lenguas de origen en clase representa un soporte muy aconsejable para el desarrollo del aprendizaje (Goldstein, 2003).

Además, respecto al uso del solo monolingüismo en clase, varios estudios han comprobado los efectos negativos que ello implica. Al respecto se ha apuntado que supone una fuente de estrés para los estudiantes adultos (Brooks-Lewis, 2009). Es más, en el caso de estudiantes no alfabetizados dificultaría su aprendizaje provocando desmotivación e incluso abandono del mismo, con el riesgo de generar una falta de estima, la que puede tener implicaciones en la esfera personal y laboral (Strei, 1992; Klassen, 1991).

Por otro lado, el uso de las lenguas de origen en clase puede tener varios beneficios. En los primeros niveles de aprendizaje de una lengua, se ha comprobado que promueve la adquisición de la L2. Además, sirve de soporte para reducir las barreras afectivas, contribuye a un mejor resultado en el aprendizaje (García, 1991; Rivera, 1990). En este mismo sentido, utilizar la lengua del aprendiz por parte del enseñante puede servir para demostrarle empatía (Polio y Duff, 1994; Kim y Elder's, 2008; Littlewood y Yu, 2011) o, en caso de que el enseñante no la maneje bien, el intento del docente por hablar la lengua del aprendiz puede motivarle a intentar hablar la segunda lengua (De Oliveira, Gilmetdinova y Pelaez-Morales, 2016). Además, el uso de la lengua de origen es útil especialmente en el caso de lenguas muy diferentes (Duff y Polio, 1990). Sin embargo, es importante que la lengua de origen del estudiante (o una lengua franca que él conoce bien) venga utilizada en función del aprendizaje de la segunda lengua, para que no vuelva a ser al contrario un obstáculo para el aprendizaje de esta lengua. Por otro lado, hay estudios que demuestran los beneficios del uso de la lengua materna en el caso específico de los cursos de segunda lengua para refugiados. En estos casos, la lengua materna sirve para reducir las barreras afectivas y como lengua puente para aprender a expresar y resolver los problemas relacionados en su vida con la L2 (Hemmindinger, 1987). Finalmente, otros estudios apuntan que el uso de la lengua materna tiene un papel fundamental en la formación de actitudes positivas hacia la segunda lengua, influyendo esto en la motivación para su aprendizaje (Schweers, 1999).

Aspectos metodológicos de la investigación

Este trabajo nace de la necesidad de investigaciones en el campo de la enseñanza y aprendizaje de la L2 de sujetos refugiados adultos. El actual momento de intensa crisis migratoria hace imprescindibles profundizar en este ámbito del aprendizaje de los refugiados, siendo además la principal (y a menudo la única) situación de aprendizaje de estos sujetos en un país de acogida. Concretamente, el objeto de estudio de nuestro trabajo es la relación entre integración y aprendizaje del italiano como segunda lengua. El objetivo general de la investigación es estudiar el papel y las implicaciones que el monolingüismo y plurilingüismo tienen en el aprendizaje del italiano, en las clases de L2, por parte de los estudiantes refugiados. Para la consecución del mismo, los objetivos específicos son:

- Estudiar el uso de las lenguas en la clase de italiano.

- Investigar las ventajas y desventajas que el uso de lenguas diferentes de la L2 tienen en la clase de italiano.

- Comprender las necesidades lingüísticas de los inmigrantes víctimas de migración forzada.

Para la consecución de estos objetivos, se ha realizado una etnografía en las clases de italiano para sujetos inmigrantes y refugiados. Nos hemos inclinado por esta metodología, de corte cualitativo, por su capacidad de facilitar una mayor comprensión del contexto de estudio, a través de un análisis en profundidad (Goetz y LeCompte, 1998).

Los participantes que han formado la muestra de esta investigación son: diecisiete docentes de italiano L2 y cuarenta y siete refugiados. El origen de los refugiados se reparte del siguiente modo: Nigeria (once), Gambia (siete), Pakistán (seis), Senegal (tres), Bangladesh (tres), Costa de Marfil (tres), Guinea Bissau (dos), Guinea (dos), Somalia (dos), Siria (dos), Egipto (uno), Níger (uno), Mali (uno), Sierra Leona (uno), Ghana (uno), Mauritania (uno). En cuanto a los docentes, los diecisiete informantes son italianos, con la excepción de una profesora nacida y criada en Italia aunque de nacionalidad ghanesa, por ser hija de padres ghaneses y no haber obtenido la nacionalidad italiana.

En cuanto a los instrumentos de recogida de información, se ha llevado a cabo un periodo de observación participante de siete meses, en cinco clases de segunda lengua de tres centros de Salento (Italia). Concretamente, en tres clases de un centro de educación de adultos, en otra clase de un centro que atiende la acogida de los solicitantes de asilo y refugiados, y, finalmente, en una clase de un centro de voluntariado para los sujetos migrantes. Paralelamente a las sesiones de observación, se han realizado entrevistas semiestructuradas a veintiocho discentes refugiados y diecisiete docentes, así como cuestionarios a veintisiete estudiantes refugiados. En cuanto a las entrevistas a estudiantes, los informantes han sido, por un lado, los refugiados de los cursos de lengua donde se han realizado las sesiones de observación (dieciséis informantes). Por otro lado, se ha empleado la técnica de la bola de nieve, a través de las redes sociales. Es decir, después de conocer el perfil de Facebook de algunos de los estudiantes, se ha contactado en cadena a otros informantes (doce informantes) presentes en la red de amistades de los primeros. También se han entrevistado a dos docentes de los grupos en los que se ha realizado la observación (uno del centro de acogida y otro del centro para la educación de los adultos). El resto de los docentes, es decir, quince, han sido contactados a través de grupos de Facebook relativos a la enseñanza del italiano L2 y seleccionados por trabajar con este tipo de sujetos. Las páginas de Facebook en cuestión son: *Insegnanti Italiano L2 classe A023, Italiano per stranieri, Volontari per insegnare italiano L2, Italiano L2, Insegnare Italiano L2 y Insegnare Italiano L2 scuole migranti.*

A lo largo del trabajo utilizamos fragmentos de los discursos de los informantes, recogidos a través de las entrevistas. En ellos utilizamos un código para identificar al informante, garantizando el anonimato. Este código está formado por el acrónimo ER para referirse a los estudiantes refugiados y D para los docentes, a continuación por un número con el objetivo de diferenciar a los informantes con un mismo rol. En el caso de los refugiados, además, se añade el país de procedencia. Por ejemplo, para el caso de informantes refugiados ER1, Somalia; ER2, Pakistán; ER3, Egipto, y para los docentes D1; D2; D3.

Análisis de los datos

¿Qué lengua(s) hablan en la clase?

En la revisión de la literatura sobre el tema que nos ocupa hemos apuntado, por un lado, la existencia de trabajos que destacan los beneficios del uso de la lengua de origen en la clase de L2 (Hall y Cook, 2012), y por otro, cómo la práctica educativa refleja algunas políticas lingüísticas que sostienen que "para aprender una lengua hay que olvidar la otra, no pensar en ella, no hacer uso de ella" (Pérez Milans, 2007:131).

Estos dos puntos de vistas opuestos parecen estar presente en el contexto en el que hemos realizado nuestra investigación, es decir, aulas de lengua italiana como segunda lengua, compuestas en su mayoría o totalmente por discentes refugiados (en centros de acogidas, centros de educación para estudiantes adultos, centros de voluntariado para inmigrantes, etc.). El enfoque adoptado por los docentes de este estudio para enseñar a esta particular clase de inmigrantes se divide, como dirían Hall y Cook (2012), entre "teoría y la práctica". Es decir, entre la teoría de inspiración monolingüe, según las cuales se aprende más rápido si se usa solo la lengua de aprendizaje en clase; y el requerimiento del plurilingüismo en la práctica educativa, ya que en las clases, a menudo, es necesario utilizar una lengua puente o traducir en la lengua de origen del alumnado para que se pueda cumplir el objetivo de la comunicación, y se pueda dar el proceso de enseñanza-aprendizaje de la L2. Los docentes entrevistados afirman con preponderancia que hay que usar solo la lengua italiana en clase pero admiten que a veces es necesario recurrir a otras lenguas. Representativas son las siguientes afirmaciones de los docentes respecto a sus actitudes hacia el uso de otras lenguas en clase:

"In generale, evito di utilizzare altre lingue[5]" (D2).

"Cerchiamo di evitarle (le altre lingue)[6]" (D3).

"Personalmente ho sempre cercato di evitare (le altre lingue)[7]" (D6).

"Io sono contraria all'utilizzo di lingue straniere[8]" (D9).

Estos discursos reflejan la ideología y actitud de un colectivo de docentes que no consideran una buena práctica el utilizar otras lenguas para los fines del aprendizaje de la L2 (Pérez Milans, 2007:131). Esta postura termina estableciéndose como principio pedagógico que debe guiar la práctica docente, compruébese en las siguientes afirmaciones:

"Preferibilmente non andrebbe usata in classe (riferendosi a un'altra lingua). [...] La regola è che non si usa, se parlare tra loro può risolvere un ostacolo che altrimenti non si riesce, gliela faccio usare, ma devono capire che si tratta di un'eccezione[9]" (D1).

"Chiaro che meno si usano lingue straniere e meglio è[10]" (D8).

Por otro lado, hay quien, en cambio, acepta de buen grado el uso de otros idiomas en clase y reconoce su utilidad. Es el caso de esta docente que reconoce también la necesidad de contar en clase con un mediador lingüístico:

"A volte è necessario un mediatore, a volte solo qualche parola di inglese, con chi lo conosce un minimo, di solito i più giovani[11]" (D5).

De entre los docentes entrevistados, el docente que más de acuerdo está con utilizar otros idiomas en clase es la docente con orígenes ghaneses. En su caso, ella nos cuenta:

"Io credo che siano benvenute anche le lingue straniere se aiutano uno o più studenti ad afferrare un concetto. Ricordo che un mio studente etiope parlava solo arabo, a quel punto mi hanno aiutato gli

---

[5] En general, evito usar otros idiomas (traducción propia).
[6] Tratamos de evitarlas (las otras lenguas) (traducción propia).
[7] Personalmente, siempre he tratado de evitar (las otras lenguas) (traducción propia).
[8] Yo estoy contra el uso de idiomas extranjeros (traducción propia).
[9] Preferiblemente no debería usarse en el aula (refiriéndose a otra lengua). [...] La regla es que no hay que usarla, si hablan entre ellos para resolver un obstáculo que no se puede hacer de otra manera, se la dejo usar, pero deben entender que es una excepción (traducción propia).
[10] Está claro que cuanto menos se usan las lenguas extranjeras, mejor (traducción propia).
[11] A veces es necesario un mediador, otras veces solo algunas palabras en inglés, con quién lo maneja un mínimo, generalmente los más jóvenes (traducción propia).

altri. Mi sono spessa avvalsa di questo, soprattutto in caso di studenti analfabeti che non hanno mai visto certi oggetti o non sanno come farlo funzionare ecc. Dove non arrivo con i disegni, la mimica e le foto, sfrutto i traduttori simultanei[12]" (D8).

Por supuesto, debido a que la idea dominante es que la L2 debe ser enseñada-aprendida en un aula monolingüe, los que más usan otras lenguas en clase no son bien vistos de los otros colegas docentes. Sirva como ejemplo lo que nos dice el informante D8:

"Io parlo diverse lingue ponte e in certi casi le uso. I colleghi mi sgridano molto per questo ma in alcuni casi, per esempio con gli africani anglofoni, trovo utile all'inizio guidarli verso un metodo di apprendimento[13]" (D8).

Sin duda, la línea de pensamiento deriva de la formación docente que han recibido. A este propósito hay quien se formó con una idea más tendente al monolingüismo en clase, como nos comenta nuestro informante docente D9:

"...mi è stato sconsigliato di utilizzare lingue ponte, soprattutto per il motivo della stampella[14]" (D9).

Según este docente y la formación que se le ha impartido, la lengua puente (o la lengua materna) podría volver a ser una "muleta" de la cual sería difícil prescindir.

Sin embargo, a otros profesores se les ha impartido una formación diferente, como es el caso de D8, que puntualiza lo siguiente:

"...mi hanno consigliato di costruire l'offerta formativa sulla base della classe, laddove possibile. Per esempio i sinofoni usano molto il traduttore simultaneo... In altri contesti può essere utile ricorrere a una parola in una lingua veicolare[15]" (D8).

En definitiva lo que se pone de manifiesto en el discurso docente es que, aún quien mantiene una idea más rígida de monolingüismo en clase, contempla cierta flexibilidad en la aplicación de esta teoría, debido a la

---

[12] Yo creo que son bienvenidas también las lenguas extranjeras si ayudan a uno o más estudiantes a entender un concepto. Recuerdo un estudiante etíope que hablaba solo árabe, y en aquel momento me ayudaron los otros alumnos. Recurro a menudo a este método, sobre todo en caso de estudiantes analfabetos, que nunca han visto algunos objetos o no saben cómo hacerlos funcionar... Y donde no llegó con los dibujos, la mímica y las fotos, aprovecho los traductores simultáneos (traducción propia).

[13] Yo hablo varias lenguas puentes y en algunos casos las uso. Mis colegas me reprochan mucho por ello, pero en algunos casos, por ejemplo con los africanos anglófonos, creo que es útil al comienzo guiarlos hacia un método de aprendizaje (traducción propia).

[14] Se me ha desaconsejado utilizar lenguas puentes, sobre todo por el motivo de la muleta (traducción propia).

[15] Se me ha aconsejado construir la oferta formativa en función de la clase, donde sea posible. Por ejemplo los sinohablantes usan mucho el traductor simultáneo... En otros contextos puede ser útil recurrir a una lengua vehicular (traducción propia).

necesidad de comunicarse con los estudiantes, confirmando la división entre la teoría y la práctica expuesta por Hall y Cook en 2012.

Factores que inciden en la elección docente del enfoque "mono" vs. "pluri" lingüístico

Como variables que influyen en la elección del enfoque mono o plurilingüe se puede señalar la necesidad de enseñar a estudiantes con niveles educativos muy bajos, y/o que nunca han sido alfabetizados también en la lengua de origen (por no haber ido a la escuela o porque la lengua hablada es solo una lengua oral).

A este respecto una de los docentes apunta que:

"Per il livello Alfa[16], in alcuni casi è inevitabile. Non solo per le traduzioni di semplici consegne, ma per evitare che tutto ciò che non è chiaro rischi di abbassare la motivazione[17]" (D7).

Según la docente D7, en estos casos no se puede evitar utilizar la lengua de origen para no causar el desánimo del aprendiz, tal y como apuntan Strei (1992) y Klassen (1991). En cambio, otros docentes, más fieles al monolingüismo en clase hacen declaraciones del tipo:

"Io preferisco usare solo l'italiano anche se nei livelli Prealfa[18] è un po' difficile perché non avendo strategie di studio non capiscono perché non dovrebbero parlare tra loro... allora li faccio sedere lontani e ripeto sempre: italiano![19]" (D1).

Sin embargo, el uso de la lengua de origen (o de una lengua vehicular), sea como medio de ayuda recíproca entre los estudiantes o como lengua vehicular entre docente y aprendiz, resulta un recurso imprescindible entre los refugiados. Es lo que nos cuenta uno de los discentes de origen nigeriano, a través de su visión sobre el uso de las lenguas en la clase de italiano:

"...there are some people that speak only Bangladeshi, they don't know how to write, they don't know anything. But you see other Bangladeshi that can understand English and that can write, they would be the ones to explain to them. When the teacher explain to the ones they don't understand, the ones who understand will explain to those that don't understand. So from there, that's how they start to understand gradually, gradually, gradually... Even though they

---

[16] Estudiantes no alfabetizados o débilmente alfabetizados.

[17] Para el nivel alfa, en algunos casos es inevitable. No solo para la traducción de simples tareas, sino para evitar que todo lo que no está claro pueda disminuir la motivación (traducción propia).

[18] Estudiantes no alfabetizados ni en italiano ni en la lengua de origen (que puede además ser una lengua solo oral).

[19] Yo prefiero usar solo el italiano, a pesar de que en los niveles Prealfa es un poco difícil porque como ellos no tienen estrategias de estudio, no entienden el motivo por el que no deberían hablar entre ellos... luego los hago sentar lejos y siempre repito: ¡italiano! (traducción propia).

cannot write, but at least they understand. When you talk to them they can respond[20]" (ER1, Nigeria).

En este caso, las lenguas de mediación en el aula son dos. El inglés, usado entre los enseñantes y los estudiantes que hablan inglés, y la lengua de origen, usada por los estudiantes que sabiendo inglés utilizan la lengua materna para ayudar en la lección a otros discentes que no pueden comunicarse con el docente pues no saben inglés. Este es el caso de algunos estudiantes bangladesíes que, además, son analfabetos. Según el estudiante entrevistado, esta es la única manera para que ellos empiecen a hablar italiano, aunque sea lentamente.

Sin embargo, no todos los centros y los cursos son iguales, y como es posible comprobar desde las opiniones de los docentes, cada uno tiene su propio método de enseñanza y su pensamiento sobre la política lingüística a utilizar en clase. De la misma manera, la presencia de mediadores lingüístico-culturales en algunos centros se contrapone a la práctica monolingüe de otros. Tal y como nos explica el refugiado R2, en cuyo centro dividen a los inmigrantes en función de la lengua vehicular conocida por el docente y por la mediadora:

"I have one Italian teacher and one English translator, I mean mediator, the mediator can speak Italian and English so well. She always try to speak with us as we don't understand. [...] Our Italian teacher also can speak French too. We have two different classes. One for Italian and English. Second is only for those who understand French and Italian[21]" (R2, Pakistán).

Sin duda, lo que emerge son también las particularidades de este colectivo de aprendices. En determinados casos, como el mencionado por el informante ER1, conviven en la misma clase niveles educativos diferentes y donde la necesidad de alfabetización es un problema común. Estas características hacen que sea necesaria la ayuda lingüística de un mediador o de una lengua vehicular. Así que se advierte la necesidad de un apoyo en este sentido, tal y como relata la docente D4:

"Beh, nel caso dei rifugiati, la maggior parte delle volte, è necessaria

---

[20] Hay algunas personas que hablan solo bangladesí, no saben escribir, no saben nada. Pero puedes ver a otros bangladesí que entienden inglés y que saben escribir, ellos son los que explican a los otros. Cuando la enseñante explica a aquellos que no entienden, los que entienden explican a los que no entienden. Así es como ellos empiezan a entender gradualmente, poco a poco, poco a poco... A pesar que no saben escribir, pero al menos pueden entender. Cuando tú hablas con ellos, pueden contestar (traducción propia).

[21] Tengo un profesor italiano y una traductora inglés, quiero decir mediadora, la mediadora puede hablar italiano e inglés muy bien. Ella siempre intenta hablar con nosotros cuando no entendemos. [...] Nuestro enseñante de italiano habla también francés. Tenemos dos clases diferentes. Una para italiano e inglés. La segunda es para los que entienden francés e italiano (traducción propia).

per i primi tempi[22]" (D4).

Además, la condición de ser un estudiante adulto en este particular contexto parece ser un motivo más para buscar métodos y recursos alternativos, que puedan motivar más al alumno, como nos explica la informante D8:

"Se fai un'immersione totale nella lingua, la impari prima. Ma se questo è efficacissimo a scuola e all'uni, secondo me funziona un po' meno con degli adulti costretti a frequentare la scuola, come quella di un centro di accoglienza. Quindi bisogna trovare una via di mezzo e negoziare molto con lo studente, sul metodo e sugli obiettivi[23]" (D8).

Aun entre los docentes más propensos a prohibir el uso de otras lenguas, en favor de un aprendizaje monolingüe considerado más rápido, hay quien en ocasiones admite el beneficio del uso de otras lenguas, en este caso la lengua de origen, con este colectivo de aprendices. Es el caso de esta docente, que nos cuenta un episodio vivido en una de sus clases:

"…ti voglio raccontare un esempio di uso delle lingue dei parlanti che mi è capitato in una classe Prealfa con almeno sette nazionalità diverse. Lezione sui numeri dall'uno al dieci. Alcuni li conoscevano, altri no. Ho scritto i numeri grandi alla lavagna e ho chiesto ad ognuno a turno di dire i numeri dall'uno al dieci nella propria lingua ed ho sottolineato la bellezza dei suoni di ognuna. Tutti ascoltavano con molta curiosità, poi alla fine li ho detti in italiano e a turno li hanno ripetuti. Questo ha creato motivazione[24]" (D1).

Esta experiencia es un ejemplo de que el uso de la lengua de origen en clase puede también resultar motivador, ayudando el aprendizaje, gracias a la reducción de las barreras afectivas, tal y como expresado por García (1991) y Rivera (1990).

En general, es en los primeros niveles de aprendizaje y entre los estudiantes no alfabetizados donde emerge una mayor necesidad de usar otras lenguas. Es en estos dos casos que los docentes tienden a hacer excepciones en relación al uso de otras lenguas en clase, tal y como recoge el

---

[22] Pues, en el caso de los refugiados, en la mayoría de las veces, es necesario en los primeros tiempos (traducción propia).

[23] Si haces una inmersión total en la lengua, aprendes más rápido. Pero esto es muy eficaz en la escuela y la universidad, en mi opinión funciona menos con los adultos forzados a asistir a clases, como la de un centro de acogida. Entonces es necesario encontrar un camino medio y negociar mucho con el estudiante, sobre el método y sobre los objetivos (traducción propia).

[24] Quiero contarte un ejemplo del uso de sus lenguas que me ha pasado en una clase Prealfa, con al menos siete nacionalidades diferentes. Una clase sobre los números del uno al diez. Algunos los conocían, otros no. He escrito en grande los números en la pizarra y he pedido por turno, a todos, decir los números del uno al diez en su propia lengua, y he evidenciado la belleza de los sonidos de cada una. Todos escuchaban con mucha curiosidad, luego al final les he dicho los números en italiano y, por turno, los han repetido. Esto ha creado motivación (traducción propia).

siguiente fragmento de entrevista:

> "...dipende dal livello. Con gli analfabeti sono molto tollerante, i più svegli aiutano gli altri, anche perché ci sono persone che altrimenti sarebbero davvero perse... Con i livelli alti sono ovviamente più intransigente e chiedo di usare solo l'italiano[25]" (D12).

Por otro lado, el uso de las lenguas de origen, por parte de los estudiantes, puede ser también un medio de enriquecimiento cultural para el docente, como manifiesta D11:

> "Gioco anch'io con la loro lingua facendomi insegnare qualche parola del loro idioma tipo attento, hai capito, sveglia... E loro sono contenti e orgogliosi. Quindi utilizzare la loro lingua è un arricchimento per me e una soddisfazione per loro proprio perché viene valorizzata anche con questi piccoli espedienti[26]" (D11).

Este ejemplo nos demuestra cómo las clases de lengua para sujetos migrantes podrían ser repensadas atendiendo a objetivos interculturales comunes. Una posible actuación bajo dicho enfoque podría ser por ejemplo, el desarrollo de clases de intercambio lingüístico e intercultural entre la población inmigrante y la de acogida, aspirando a la integración bidireccional, mencionada en los párrafos anteriores.

Conclusiones

La enseñanza de sujetos refugiados adultos es una necesidad de total actualidad. Por este motivo, la literatura a este respecto es todavía escasa y faltan métodos específicos que atiendan a las necesidades de esta particular clase de aprendices. De todo modo, las dinámicas asimilacionistas y los temores de pérdida de identidad nacional presentes en el viejo continente, han dado el empujón para la creación de políticas de integración basadas sobre el aprendizaje de la lengua del país de acogida. Para este motivo, los países europeos han desarrollado cursos de lenguas para sujetos migrantes. Sin duda, estos cursos de lengua parecen no reflejar las necesidades de esta clase de estudiantes, basados esencialmente sobre cursos dirigidos a otros tipos de usuarios (Fernández Vítores, 2013; Extramiana y Van Avermaet, 2011). Cabe señalar que la literatura de la didáctica de las lenguas ha empezado a especializarse en los contextos migratorios solo en los últimos años, poniendo más atenciones a las necesidades de los sujetos inmigrantes (Borri, Minuz, Rocca y Sola 2014; Minuz, Borri y Rocca 2016; Minuz y Borri

---

[25] Depende del nivel. Con los analfabetos soy muy tolerante, los más despiertos ayudan los otros, también porque hay personas que de otras maneras estarían perdidas de verdad... Con los niveles más altos soy obviamente más intransigente y pido usar solo el italiano (traducción propia).

[26] Yo también juego con su lengua haciéndoles que me enseñen algunas palabras de su idioma, como atención, has entendido, despiértate... Y ellos se ponen contentos y orgullosos. Entonces usar su lengua es un enriquecimiento para mí y una satisfacción para ellos mismos porque se les valoriza también con estos pequeños estratagemas (traducción propia).

2016). Así pues, ese ámbito de trabajo de la didáctica se encuentra todavía en una fase de especialización, también en lo referido a la enseñanza a sujetos refugiados. Sin embargo, las realidades de enseñanza del italiano para adultos refugiados son muy variadas y reflejan este momento de adaptación al fenómeno de la crisis migratoria.

A partir de los datos recogidos por esta investigación se pone de manifiesto que la tendencia predominante entre los docentes es que en la clase de lengua "no hay que hablar otra lengua" que no sea la de aprendizaje, siguiendo así un enfoque monolingüe que impone el uso de la sola lengua dominante. Este enfoque es el que impera como metodología empleada durante el proceso formativo de los enseñantes de la muestra, lo que explica la firmeza con la cual los docentes reconocen la validez de dicho método y la consiguiente determinación para usarlo como el único e admisible. De todos modos, el enfoque monolingüe, si bien está arraigado en el pensamiento de los docentes, no siempre se puede implementar en la práctica de la clase, produciéndose una escisión, reconocida ya por Hall y Cook (2012) al definir como "una división entre práctica y teoría". Al respecto, muchas veces para cumplir el objetivo de la comunicación, la única solución para los docentes entrevistados es hacer uso de otras lenguas y también de mediadores lingüísticos (ya sean profesionales u otros estudiantes). Así pues, aun los docentes con posiciones más rígidas sobre el uso de la lengua italiana como única lengua de comunicación en clase, se rinden a pedir soporte de las lenguas vehiculares. Por supuesto, el uso de otras lenguas se hace necesario en algunas circunstancias más que en otras. Las situaciones de mayor necesidad son aquellas en las que están implicados estudiantes analfabetos, débilmente alfabetizados y con un nivel educativo muy bajo y, es más, también adultos. Estas condiciones, muy a menudo presentes entre los refugiados procedentes de los países representados en nuestra muestra, hace difícil enseñar una lengua a través del método monolingüe. Por este motivo, algunos docentes entrevistados reconocen en los refugiados una clase de estudiantes distinta de otras y que, en este sentido, necesita de métodos didácticos alternativos.

Sin embargo, los datos recogidos en esta investigación demuestran que la necesidad de usar otras lenguas como lenguas vehiculares en caso de niveles educativos muy bajos no se debe solo a una cuestión comunicativa, sino también psicológica. Por supuesto, el uso de otras lenguas resulta motivador para los estudiantes. De hecho, los docentes reconocen en esta práctica una manera para no desanimar a los estudiantes de los niveles más bajos, en cuyo caso aceptan utilizar excepcionalmente lenguas diferentes del italiano. Al usar sus lenguas de origen, los estudiantes se sienten también valorizados y esto genera una consecuente motivación para el aprendizaje. Cabe señalar a este respecto que estudios previos demuestran que el uso de otras lenguas es útil también para reducir las barreras afectivas y demostrar empatía al estudiante (Rivera, 1990; García, 1991; Polio y Duff, 1994; Kim y Elder's, 2008;

Littlewood y Yu, 2011). Es más, los docentes declaran que en caso de estudiantes con muy bajos niveles educativos, el uso de lenguas vehiculares sirve para aproximarlos al método de estudio y establecer con ellos los objetivos de aprendizaje.

Por otro lado, cabe señalar que en el día a día de las clases de segunda lengua, la práctica plurilingüe está bien presente entre las dinámicas de ayuda de los estudiantes refugiados. De hecho, ellos actúan espontáneamente traduciendo a los compañeros y/o utilizando lenguas vehiculares para entender la lección. Sin duda, a través del uso de otras lenguas, sobre todo en el caso de las lenguas de origen, se activa un mecanismo motivador que los docentes reconocen, pero ello no implica un cambio sustancial en los métodos de enseñanza, que básicamente se orientan al monolingüismo. El uso de otras lenguas en clase queda considerado una "excepción", como algo que hay que evitar lo máximo posible, perpetuando, de este modo, actitudes de prohibición hacia el uso de otras lenguas.

Podemos concluir, por tanto, que en el contexto analizado el reconocimiento de las ventajas del uso de las lenguas de los aprendices, descrito por Hall y Cook (2012), es solo parcial y refleja una fase inicial de apertura hacia la valorización del plurilingüismo en la clase de segunda lengua. Si bien en muchos casos se reconoce la necesidad de comunicar a través de lenguas vehiculares y se dan en concreto situaciones de enseñanza plurilingüe en algunos contextos particulares, es una opinión todavía bien arraigada que en la clase de segunda lengua es admisible hablar solo en la lengua de aprendizaje. Sin embargo, a través de este enfoque monolingüe se perpetúa la imposición de la lengua dominante y, es más, no se tiene en cuenta el carácter transnacional de las experiencias del migrante. Por supuesto, el mantenimiento y la valorización de la lengua de origen son para el migrante de nuestra época más importantes que para los que migraban en épocas anteriores, ya que hoy en día quien migra permanece mucho más vinculado al país de origen que en el pasado, también a través del uso de la lengua materna (Arocena y Zina, 2011). Es más, cabe señalar a este respecto que los refugiados, siendo migrantes temporales (OIM, 2010), presentan necesidades lingüísticas peculiares, debido al carácter de permanencia de su temporalidad en el país de acogida, y en consecuencia a la necesidad de comunicarse solo temporalmente en la lengua de esta nación.

Con respecto a la particularidad de los refugiados, se ha puesto de manifiesto la necesidad de especialización en el campo de la enseñanza a refugiados adultos. En este sentido, instrumentos como el *toolkit,* propuesto por el Consejo de Europa (Council of Europe, 2014) suponen un paso adelante hacia la comprensión de las peculiares necesidades de los refugiados. Sin embargo, ello representa solo el primer paso en este sentido, mientras que se hace necesaria una continua especialización en este sector, proporcionando además una formación específica para los docentes que trabajan en este ámbito y produciendo recursos especialmente pensados para este sector de la didáctica.

Referencias bibliográficas

Arocena, F. Y Zina M. (2011). Migración, transnacionalismo y multiculturalismo. La vinculación de jóvenes uruguayos en Barcelona con su país de origen. *Athenea digital*, 11(2), 17-37.

Auerbach, E. (1993). Reexamining English Only in the ESL Classroom. *TESOL Quarterly*, 27(1), 9-32.

Auerbach, E. (2016). Reflections on Auerbach (1993), "Reexamining English Only in the ESL Classroom". *TESOL Quarterly*, 50(4), 936-939.

Beacco, J. C. Y Byram, M. (2007). Guide for the Development of Language Education Policies in Europe: From Linguistic Diversity to Plurilingual Education. Estrasburgo, División de Políticas Lingüística, Consejo de Europa.

Borri, A., Minuz, F., Rocca, L. Y Sola, C. (2014). *Italiano L2 in contesti migratori*. Torino: Loesher.

Brooks-Lewis, K. A. (2009). Adult learners' perceptions of the incorporation of their L1 in foreign language teaching and learning. *Applied Linguistics*, 30(2), 216–235.

Cook, G. (2010). *Translation in language teaching: An argument for reassessment*. Oxford: Oxford University Press.

Commissione delle comunità europee. (2003). Comunicazione della commissione al consiglio, parlamento europeo, al comitato economico e sociale europeo e al comitato delle regioni su immigrazione, integrazione e occupazione, Bruxelles.

Council of Europe. (2014). Supporto linguistico per rifugiadi adulti: il toolkit del consiglio d'Europa. CSA: Gorgonzola.

Council of Europe. (1985). Recommendation No. R (82) 18 of the Committee of Ministers to Member States concerning Modern Languages, Western European Education, 17:1, 10-15, DOI: 10.2753/EUE1056-4934170110

De Oliveira, L., Gilmetdinova, A. Y Pelaez-Morales, C. (2016). The use of Spanish by a monolingual kindergarten teacher to support English language learners. *Language and Education*, 30(1), 22-42.

Duff, P. A. Y Polio, C. G. (1990). How Much Foreign Language Is There in the Foreign Language Classroom? *Modern Language Journal*, 74(2), 154-166.

Extramiana, C. Y Van Avermaet, P. (2011). Language requirements for adult migrants in Council of Europe member states: Report on a survey. Estrasburgo: Consejo de Europa.

Fernández Vítores, D. (2013). El papel de la lengua en la configuración de la migración europea: tendencias y desencuentros. *Lengua y migración*, 5 (2), 51-66.

Garcia, E. E. (1991). Education of linguistically and culturally diverse students: Effective instructional practices. UC Berkeley: Center for Research on Education, Diversity and Excellence.

Goetz, J. P. Y LeCompte, M. D. (1998). *Etnografía y Diseño Cualitativo en Investigación Educativa*. Madrid: Morata.

Goldstein, T. (2003): *Teaching and learning in a multilingual school. Choices, risks and dilemmas*. New Jersey: Lawrence Erlbaum Associates.

Guerini, F. (2011). Language policy and ideology in Italy. *International journal of the sociology of language*, 210, 109-126.

Gutiérrez, R. (2013). La dimensión lingüística de las migraciones internacionales. *Lengua y migración*, 5 (2), 11-28.

Hall, G., Y Cook, G. (2012). Own-language use in language teaching and learning. *Language teaching*. 45(3), 271-308.

Hemmindinger, A. (1987). Two models for using problem-posing and cultural sharing in teaching the Hmong English as a second language and first language literacy (Unpublished master's thesis). St. Francis Xavier University, Antigonish, Canada.

Kim, S.-H., Y Elder C. (2008). Target language use in foreign language classrooms: Practices and perceptions of two native speaker teachers in New Zealand. *Language, Culture and Communication*, 21(2), 167–185.

Klassen, C. (1991). Bilingual written language use by low-education Latin American newcomers. En: Barton, D., Y Ivanic, R. (eds.). *Writing in the community*. 6, 38-57. London: Sage

Krumm, H. J. (2012). Multilingualism, heterogeneity and the monolingual policies of the linguistic integration of migrants. En: Messer, M., Schroeder, R., Y Wodak, R. *Migrations: Interdisciplinary Perspectives,* Springer: Vienna, 43-54.

Lamo de Espinosa, E. (2006). "Importa ser nación? Lenguas, naciones y Estados". *Revista Occidente*, 301. 118-139.

Lewis, M. P., Simons, G. F., Y Fennig, C. D. (2013). Ethnologue: Languages of the World, Seventeenth edition. Dallas, Texas: SIL International. Disponible en <http://www.ethnologue.com>.

Biel, L. A. (2013). Gestión del conflicto en el aula plurilingüe. Estrategias para gestionar el conflicto y apreciar la multiculturalidad. *Revista Nebrija de Lingüística Aplicada a la Enseñanza de Lenguas*, 13.

Littlewood, W. Y Yu, B. (2011). First language and target language in the foreign language classroom. *Language Teaching*, 44(1), 64-77.

Martín Rojo, L., Y Mijares, L. (2007). «Sólo en español»: una reflexión sobre la norma monolingüe y la realidad multilingüe en los centros escolares. *Revista de Educación*, 343, 93-112.

Machetti, S., Barni, M., Y Bagna, C. (2018). "Language policies for migrants in Italy: the tension between democracy, decision-making, and linguistic diversity". En: Gazzola, M., Templin, T., Y Wickström, B-A. (eds.), *Language Policy and Linguistic Justice,* Cham: Springer, pp. 477-498.

Minuz, F., Y Borri, A. (2016). Literacy and language teaching: tools, implementation and impact. *Italiano LinguaDue*, 2. 220-231.

Minuz, F., BORRI, A., Y ROCCA, L. (2016). *Progettare percorsi di L2 per adulti stranieri*. Torino: Loesher.

Moraes Mena, N. (2008). La nación más allá del territorio nacional. Nacionalismo a distancia de migrantes uruguayos en España. *Gazeta de antropología*, 24(1), artículo 06.

Moreno Fernández, F, (2009). Integración sociolingüística en contextos de inmigración: marco epistemológico para su estudio en España. *Lengua y migración*, 1(1), 121-156.

Moreno García, C. (2007) Presentación. La enseñanza y el aprendizaje del español (castellano) en aulas multilingües. De los fundamentos a las expectativas. *Revista de Educación*, 343, 15-34.

OIM. (2010). Migración y transnacionalismo: oportunidades y desafíos. Taller del diálogo internacional sobre la migración "La migración y el cambio social", 9 y 10 de marzo de 2010, Organización Internacional para las Migraciones.

Pennycook, A. (2004). History: After 1945. En: Byram, M. (ed.), *Routledge encyclopedia of language teaching and learning*. London: Routledge, 275–282.

Pérez Milans, M. (2007). Las aulas de enlace: un islote de bienvenida. Voces del aula. Una etnografía de la escuela multicultural. Madrid: CREADE. Pp. 113-146.

Phillipson, R. (1992). *Linguistic imperialism*. Oxford: Oxford University Press.

Polio, C. G., Y Duff, P. A. (1994). Teachers' language use in university foreign language classrooms: A qualitative analysis of English and target-language alternation. *The Modern Language Journal*, 78(3), 313–326.

Rivera, K. (1990). Developing native language literacy in language minority adult learners. ERIC Digest.

Rocca, L. (2008). *Percorsi per la certificazione linguistica in contesti di immigrazione*. Perugia: Guerra Edizioni.

Schweers, C. (1999). Using L1 in the L2 classroom. *English Teaching Forum*, 37(2), 6–13.

Sorolla Fernández, I. (2011). La nueva Babel: la dimensión lingüística de la migración internacional, El Observatorio.

Sue, D. W. (2010). *Microaggressions in everyday life: Race, gender, and sexual orientation*. Hoboken, NJ: John Wiley.

Strei, G. (1992). Advantages of native language literacy programs: Pilot project. *TESOL Refugee Concerns Newsletter*.

Vedovelli, M. (2010). *Prima persona plurale futuro indicativo: noi saremo*. Rimini: Edup.

CAPÍTULO 10

CONFLICTO, ETNICIDAD Y ESCUELA

Mónica Ortiz Cobo and Rosella Bianco

Fundamentación

El conflicto está presente en todas las sociedades por diversos motivos, y siempre percibido como una situación no deseable, cargada de connotaciones negativas. En el imaginario social los inmigrantes como "los otros" portadores de un repertorio etnocultural "diferente", y que deben interiorizar la cultura del país de acogida, "traen consigo el conflicto". Dicho proceso de "adaptación-asimilación", en determinados momentos supone un problema, ya que se da sobre un desequilibrio de poder y la imposición, que choca con la "necesidad y el deseo", al menos inicialmente, de mantener la propia identidad. Por otro lado, a menudo generamos estereotipos sobre las culturas, siendo consideras unas más conflictivas o que otras, pudiendo dar lugar a fenómenos como el racismo o xenofobia.

El conflicto se da en cualquier ámbito y contexto, siendo la escuela uno de ellos, pese a que desde el discurso docente se suele insistirse en que "en la escuela no hay conflictos" "y, mucho menos, racismo"... No obstante, en la escuela como en cualquier espacio social el conflicto está presente, pues este es connatural al ser humano y a la vida en sociedad. Es la percepción negativa que tenemos de él lo que lleva a negarlo u ocultarlo, pues se entiende como la manifestación de un mal funcionamiento de la organización. En el contexto que nos ocupa, más aún... si consideramos que la escuela se configura como un espacio promotor de la igualdad y de valores.

Pese a esta tendencia desde la normativa educativa en materia de convivencia escolar, en el contexto español, se regula la resolución de conflictos, entendiendo que estos son un problema a prevenir y evitar. Así pues, el conflicto es una cuestión de primer orden en el debate político y social, que requiere de un análisis e intervención desde el ámbito educativo.

En el ámbito científico, el conflicto ha sido abordado desde distintas disciplinas y ciencias. Una definición que nos interesa plantear es aquella en la que el "conflicto es la oposición entre grupos e individuos por la posesión de bienes o la realización de valores mutuamente incompatibles" (Fisas, 1987, p. 166). Son muchas las definiciones aportadas, sin embargo, tal y como apunta Ruiz (2006), el eje principal del conflicto es la dimensión interpersonal, al considerar la implicación de dos o más individuos que mantienen diferencias ante alguna situación.

Los modos de explicar el conflicto difieren según distintas perspectivas, así, Freud lo interpreta como una lucha por el poder; para Darwin consiste en la lucha por existir y por consiguiente, el énfasis reside en los procesos de adaptación; Marx se centra en la lucha por la igualdad, de manera que son los procesos de comparación social los que adquieren protagonismo, y Piaget entiende el conflicto como una lucha por ser, ocupando un lugar relevante la resolución de problemas y el aprendizaje (Ruiz, 2006, p. 128).

En el intento de esbozar las formas científicas de aproximarse al término, se ha identificado tres paradigmas. En primer lugar, un paradigma tradicional-racionalista en el que se ha destacado la connotación negativa del conflicto, considerándolo algo patológico, vinculado a la disfuncionalidad y al desorden social. Ortega, Mínguez y Saura (2003, p. 22) consideran que el conflicto "por un lado, es un desacuerdo entre ideas o intereses de personas o grupos, y por otro lado, un proceso que expresa insatisfacción por expectativas no cumplidas". Sin embargo, desde un paradigma interpretativo se entiende como un fenómeno natural, inherente e inevitable en las relaciones humanas, como es inherente la "diversidad" en cualquier grupo de individuos o sociedad. La diversidad humana está, y siempre ha estado presente en todas las sociedades siendo promotora del conflicto. En tercer lugar, el paradigma socio-crítico amplía la concepción del término, considerando que el conflicto no solo es algo inherente sino que puede favorecer el crecimiento y desarrollo personal y social en función de cómo se aborde, lo que implica un contenido positivo del mismo. Desde este paradigma, Pitch (1980 citado en Benita, 2000, p. 98) señala que "el conflicto no puede considerarse solo una desviación, ya que entre sus funciones está también la de mantener la cohesión del grupo y la de descargar la tensión antes de que alcance un nivel peligroso para la estabilidad del sistema". Más aún, "un conflicto no tiene por qué ser violento ya que puede solucionarse de dos maneras, la negativa, que es cuando se pasa por la agresividad y la violencia, y las positiva, que es cuando se soluciona de manera pacífica mediante el diálogo y la negación" (Fernández, 2013, p. 8). Este último modo de percibir el conflicto está ausente en el imaginario social, más aún cuando la variable inmigración está presente.

En el intento por profundizar en el binomio "conflicto-inmigración" distintos autores plantean la especificidad del mismo. En este sentido, Aguilera (1994, p. 38) señala los elementos que hacen conflictiva la convivencia multicultural:

a) Se encuentran en un mismo espacio personas y grupos que se desconocen o el conocimiento que tienen entre sí es muy estereotipado y sesgado.

b) Confluyen diferentes culturas, es decir, personas con diferentes modos de entender la realidad y relacionarse con ella. Diferentes símbolos y códigos que hace que la comunicación se establezca desde distintos parámetros. No existen *a priori* canales de comunicación comunes ya que cada grupo tiene el suyo propio.

c) Grupos con necesidades comunes, en lugar de unirse para conseguirlas, compiten por ellas: los recursos económicos, medios de subsistencia, etc. Con frecuencia el desconocimiento y la falta de comunicación harán que éstas se vean en términos competitivos, y van a percibir sus objetivos como incompatibles.

d) Se encuentran grupos de personas con distintos y diferentes oportunidades de acceso a este. Esto significa que en la lucha por la identidad y los recursos no van a competir en igualdad de condiciones, y que los códigos y símbolos de comunicación van a ser impuestos por la parte más fuerte.

Otros autores coinciden en señalar algunos de los supuestos que se dan en los conflictos etiquetados de multiculturales (Docidio y Esses, 2001; Ting-Toomey, 2006 y Nina-Estrella, 2012), tales como:

-   Implica vulnerabilidad emocional.

-   Evaluación del "otro" desde una perspectiva egocéntrica y estereotipada.

-   Es un proceso que tiene varias facetas, manejadas de forma diferente.

-   Involucra múltiples metas, que dependen de la manera en cómo se define el conflicto.

-   Requiere la competencia de análisis para lidiar con el conflicto.

Al tratar de clasificar los conflictos multiculturales el Colectivo Cala (2009) señala tres tipos: a) conflictos de clima y de comunicación; b) conflictos de intereses, especialmente los relacionados con lo económico, el trabajo, la vivienda, los derechos sociales…, c) conflictos de poder, en la medida en que la población inmigrante es tratada como sin capacidad de decidir sobre lo colectivo…, solo hay conflicto de poder cuando existen resistencias activas o pasivas y eso solo reviste cierta gravedad cuando estas resistencias se apoyan en la existencia de grupos numerosos y, de alguna manera, organizados.

Por su parte, Aguilera (1994) diferencia entre el conflicto abierto o manifiesto y el oculto, encubierto o latente. Esta clasificación es de especial interés en el ámbito que nos ocupa. El conflicto abierto se da cuando las partes involucradas son conscientes de la situación y actúan de algún modo desde esta consciencia. La visibilidad del mismo se da cuando existe una resistencia activa o pasiva a la discriminación, a la imposición o subordinación. Este autor apunta como ejemplo, cuando los inmigrantes se encierran en una iglesia para reclamar a la Administración la tramitación de expedientes que se demoran hasta tres años. En estos casos parece "provocado" falsamente por la parte discriminada que es la que reacciona a la situación establecida. Sin embargo, el conflicto muchas veces permanece latente, en ocasiones, porque una de la partes no es consciente del mismo, y/o no tiene suficiente poder para enfrentarse y, en consecuencia, acepta la situación de desigualdad e injusticia. Es el caso de la población inmigrante que se encuentra en una situación de ilegalidad y de explotación, que por las condiciones de vida no llegan a plantear problemas y el conflicto no llega a aflorar. En otras ocasiones se debe a la falta de condiciones para que se produzca el conflicto abierto, por ejemplo, no hay contacto o se evita.

En esta clasificación dicotómica "conflicto abierto, manifiesto o visible vs. conflicto oculto, latente o invisible", "el colectivo", Cala (2009, 135) añade un tercero tipo, el "conflicto difuso." Desde este colectivo se señala que el conflicto con frecuencia es invisible, porque la población inmigrante se siente indefensa y se limita a acomodarse y sobrevivir. Los conflictos se hacen difusos cuando hay situaciones de resistencia frente a la situación de marginación o subordinación. La situación conflictiva de base está, las precondiciones (es decir, el miedo y recelo ante lo diferente, incompatibilidad e interferencias entre las necesidades e intereses; imposición cultural y dominación económica, situaciones de injusticia vivida por la población inmigrante), pero el conflicto no aflora sino esporádicamente. Es difícil que el conflicto sea invisible totalmente, lo normal es que se produzcan pequeñas manifestaciones del conflicto que no desembocan en conflictos abiertos. El colectivo Cala, subraya que los conflictos más frecuentes son los dos primeros. Sirva como ejemplos los anteriormente mencionados por Aguilera (1994).

Metodología

Este trabajo pretende, desde una perspectiva interpretativa, abordar las percepciones docentes sobre el conflicto multicultural en contextos escolares. En esta investigación han participado 300 docentes de Educación Infantil, Primaria y Secundaria de tres centros de Granada capital y uno de la provincia de Málaga. Se ha empleado como instrumento de recogida de datos el cuestionario. En este se incluyen preguntas abiertas y de repuesta múltiple. En algunas de las preguntas de respuesta cerrada se da espacio para que los informantes puedan hacer aclaraciones, comentarios o puntualizaciones, si lo consideran necesario y oportuno. Debemos puntualizar que el empleo del cuestionario se debe a que inicialmente se procedió a realizar entrevista semiestructuradas, y encontramos una tendencia generalizada en los

174

participantes, la de reusar dar una contestación a la mayoría de la preguntas o caer en una excesiva neutralidad. Entendemos que el conflicto en general y, en particular, el conflicto escolar multicultural, es un tema rodeado de recelos y tabús. Para el análisis de los resultados se ha empleado el programa estadístico SPSS (Statistical Package for the Social Sciences).

Resultados

A través de los datos recogidos se ha puesto de manifiesto que el docente tiende, en general, a negar la existencia del conflicto en el contexto escolar, adoptando una perspectiva tradicional en la concepción del mismo. Esto es… considerándolo como negativo, patológico o no normal, al asociarlo a la disfunción en la organización y funcionamiento del centro educativo. En todo caso, se entiende que el conflicto perjudica gravemente al funcionamiento del centro educativo, siendo manifiesta la búsqueda de una escuela sin conflicto. Por tanto, se mantiene como ideal pedagógico la "convivencia", entendida esta como *"relación armoniosa"*. Sin embargo, tal y como apunta Giménez (2002), así puede entenderse la convivencia "…siempre que no idealicemos a su vez esta noción de armonía, puesto que la convivencia implica conflicto y es también conflicto" (Giménez 2009, 6). Considerar el conflicto como algo aislado responde a la necesidad de simplificar las cosas, de dar una imagen idealista o de deseabilidad, e incluso, cuando hablamos de inmigración y conflicto, de disipar posibles sospechas de "discriminación y racismo". Por otro lado, en la percepción que mantienen los docentes del conflicto influyen sus experiencias, ya que esa situación es vivida generalmente con angustia, inquietud o tensión y les ha supuesto la "quema" de mucha energía y tiempo. En este sentido, a la cuestión qué emociones o sentimientos le generan los conflictos, las respuestas obtenidas se distribuyen del siguiente modo, tal y como recogemos en el Figura 1.

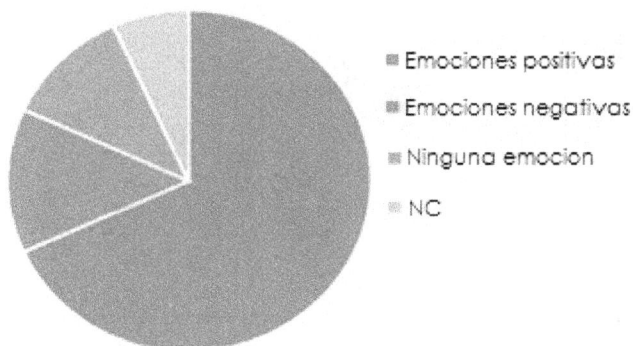

Figura 1. ¿Qué emociones o sentimientos le generan los conflictos?

El 68,18% responden que le genera "emociones negativas: enfado, tensión, rabia, intranquilidad, malestar, etc.", el 13.63% "emociones positivas: como oportunidad para el crecimiento personal" y el 11.36% "ninguna emoción; me da igual, sigo mi vida como si tal". No podemos obviar que en estos sentimientos, mayoritariamente negativos, influye la carencia de herramientas y estrategias para poder gestionar los conflictos de manera óptima, ya que como educadores no hemos recibido formación.

Al abordar específicamente el conflicto multicultural, creemos significativo presentar una de las definiciones dadas por nuestros informantes: "Conflicto intercultural se entiende cuando dicha cultura choca con la otra y resulta negativa la convivencia." Al igual que el conflicto en general, el conflicto multicultural no se concibe como algo natural, ni que pueda favorecer y alentar el desarrollo de los individuos y organizaciones. La importancia de cómo conceptualicemos el conflicto y de nuestras actitudes ante él, radica en la influencia que ello ejerce en nuestro comportamiento en situaciones de conflicto.

Para trasformar esa mirada negativa debemos adoptar un paradigma socio-crítico, en el que se: a) asuma que el conflicto es inherente, necesario e inevitable en los seres humanos, es una oportunidad para el desarrollo personal, la mejora de la convivencia —cohesión social— y la transformación social, b) considere las diferencias y diversidad como un valor, c) pierda el miedo al cambio, d) tengan las herramientas necesarias para gestionarlo.

Con el objeto de analizar el posible vínculo que los docentes establecen entre conflicto y la presencia de alumnado inmigrante en la escuela hemos planteado una serie de cuestiones que nos permitan analizar sus percepciones. En primer lugar, ante la pregunta ¿qué ha aportado el alumnado inmigrante al centro y sus aulas? Las respuestas recogidas se representan en la Figura 2:

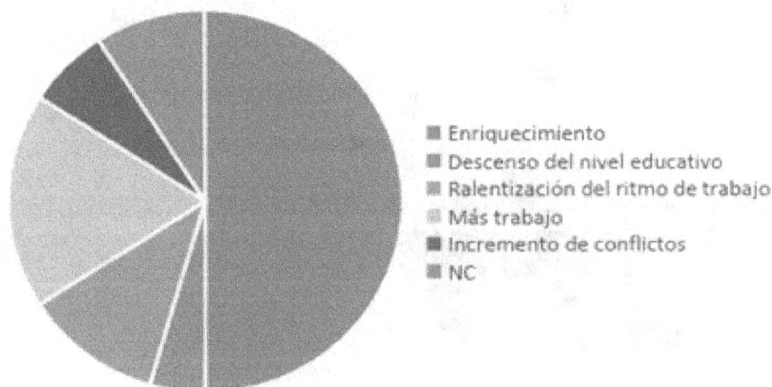

Figura 2. ¿Qué aporta el alumnado inmigrante al centro y aulas?

Pese a que el 50% de las respuestas apuntan que el alumnado inmigrante aporta supone "un enriquecimiento" (50%), no es nada despreciable, e incluso preocupante, que el 41% de los informantes consideren en términos negativos la presencia de este alumnado (el 9% restante no contesta).

Las consecuencias negativas aluden a que la incorporación del alumnado inmigrante implica el descenso del nivel educativo (5%) y la ralentización del ritmo de trabajo (11%). En este sentido estudios realizados con anterioridad en el contexto español, como el de Ortiz (2012), recogen que:

> Una de las más polémicas y debatidas consecuencias, sin duda, alude a la correlación entre rendimiento escolar, niveles educativos o calidad de la enseñanza (a menudo entendidos como equivalentes) y la concentración de minorías étnico-culturales. Está bastante generalizada la percepción que mantiene el efecto negativo de la presencia de escolares inmigrantes extranjeros en la educación en general (Ortiz 2012, 1).

Al respecto es de interés señalar la reflexión de Sánchez (2007), quien apunta que la calidad educativa es intuida fundamentalmente a través de variables observables como la composición socio-económica o étnica de la escuela y no tanto atendiendo a los resultados académicos del alumnado. Dato este último, difícilmente observable y en muchos casos desconocido dada la escasa difusión pública desde la Administración.

Por otro lado, se alude al incremento del trabajo docente (18%). El estudio de Ortiz (2008) respalda este dato, al plantear que "es frecuente aludir al incremento de trabajo docente en términos como "extra" o "adicional", como si en la labor del maestro no se incluyera, o no debiera incluirse, la atención a estos educandos" (Ortiz 2008, 257).

Por último, el incremento de conflictos (7%) es otro de los aspectos mencionados. Al referirnos al conflicto, no podemos negar la existencia de conflicto por motivos culturales, no obstante no podemos obviar que en el binomio conflicto-inmigración están mediando los prejuicios, estereotipos y conductas discriminatorias existentes entre la población autóctona.

Otra de las cuestiones importantes que hemos planteado directamente pretende conocer si el profesorado considera que el alumnado inmigrante incrementa el conflicto en el aula. Al resto el 72% de los encuestados considera que no.

Pese al reconocimiento positivo de lo que aporta la presencia de alumnado inmigrante en las aulas (50%, figura 2) y al importante porcentaje que señala que el incremento del alumnado inmigrante no supone el aumento de los conflictos (72%, figura 3), otros datos recogidos ponen de manifiesto que el docente asocia las diferencias culturales con la presencia de conflictos. Al respecto, al preguntar ¿cuál cree que es el tipo de conflicto más frecuente en el aula-centro con presencia de población inmigrante?, las respuestas recogidas quedan distribuidas en la Figura 4.

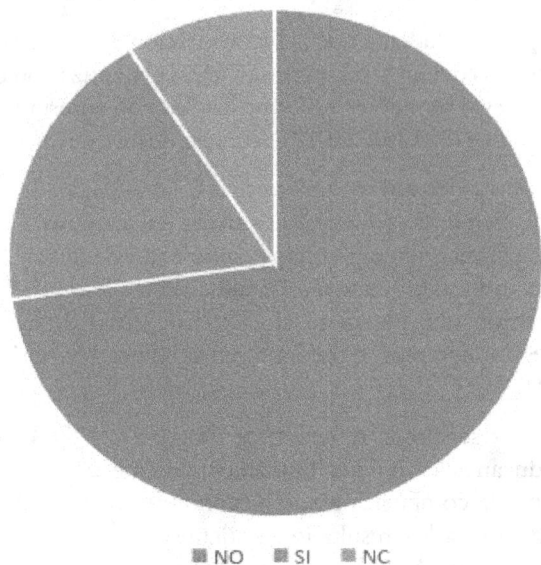

NO   SI   NC

Figura 3. ¿El incremento del alumnado inmigrante en el aula aumenta los conflictos?

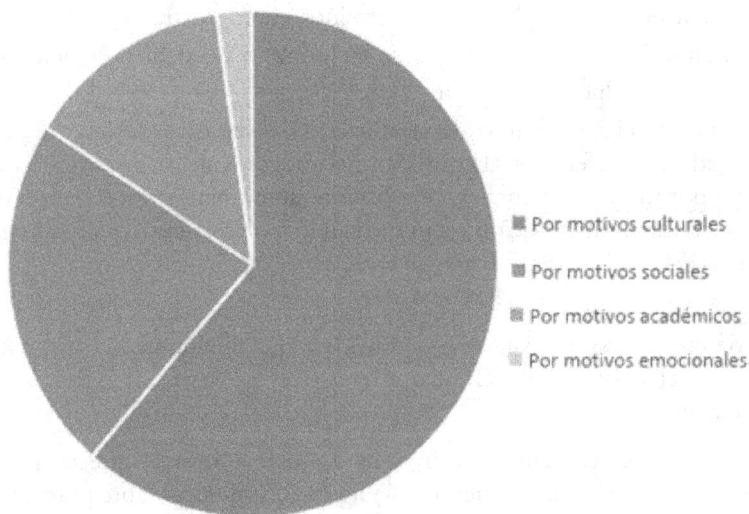

Por motivos culturales

Por motivos sociales

Por motivos académicos

Por motivos emocionales

Figura 4. ¿Cuál cree que es el tipo de conflicto más frecuente en el aula-centro con presencia de población inmigrante?

Tal y como muestra la Figura 4, el 61.36% de las respuestas indican que el tipo de conflicto más frecuente en un centro o aula con presencia de alumnado inmigrante es de tipo cultural, seguida de los conflictos de tipo social (12.72%) y tipo académico (13.63%), siendo el último el emocional (2.27%). Atendiendo a ese 61.36%, en el intento de concretar cuáles son las diferencias culturales que general conflicto, se planteó la siguiente cuestión: ¿Cuál cree que son las principales diferencias culturales del alumnado inmigrante que generan conflicto? Al respecto las opciones de respuesta eran: la religión, valores y pensamientos, determinadas conductas, el idioma y el velo islámico, tal y como refleja la Figura 5.

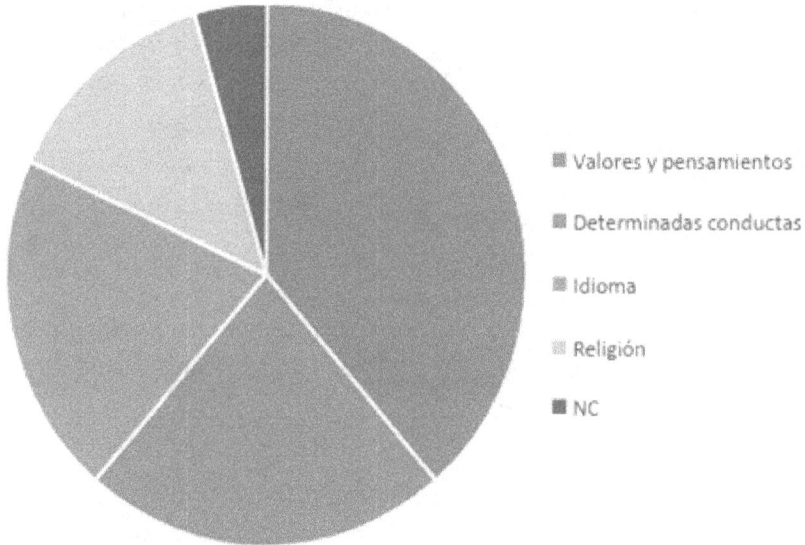

Figura 5: ¿Cuál cree que son las principales diferencias culturales del alumnado inmigrante que genera conflicto?

Los resultados apuntan que el 38,63% de las respuestas de los docentes hacen referencia a los valores y pensamiento, el 22,72% a determinadas conductas, el 20,45% al idioma y, por último, el 13,63%% a la religión. Como vemos los elementos culturales que, desde la percepción docente, generan mayores conflictos son aquellos que pertenecen a su componente no visible (es decir, emocional y cognitivo), pues implica, por un lado, un alto nivel emocional y, por otro, pocas posibilidades de control y restricción. No ocurre lo mismo con otros elementos manifiestos como las conductas, el idioma o la religión. Elementos sobre los que la escuela puede influir de manera directa con prohibiciones y sanciones. Por ejemplo, al considerar el idioma hemos podido recoger en numerosas ocasiones discursos docentes que manifiestan el imperativo "en clase solo español", también lo han puesto de manifiesto otros autores, como Martín y Mijares (2007) en su etnografía titulada "Sólo en español: una reflexión sobre la normativa monolíngüe y la realidad multilíngüe en los centros escolares".

Por otro lado, consideramos de interés señalar los resultados a una de las cuestiones que nos permite indagar en las percepciones docentes, esta es la que se recoge en la Figura 6.

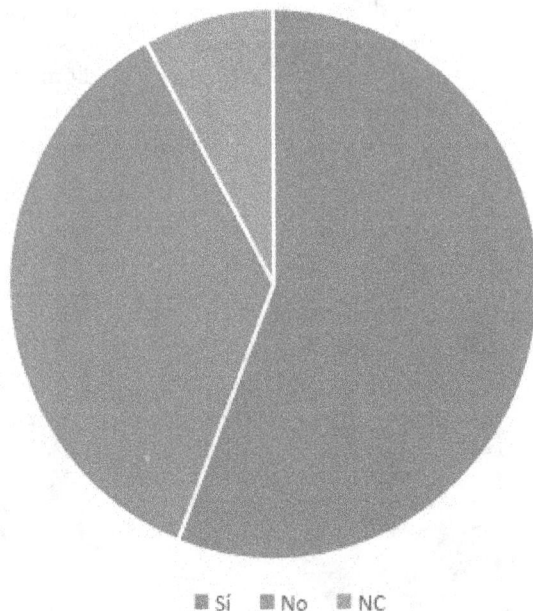

Figura 6: ¿Considera causa de conflicto el que las niñas musulmanas lleven al centro escolar el velo?

Si bien, de manera general, el 56% expresa que el velo no conlleva un conflicto, no es despreciable el 36 % que opina de manera contraría. Más aún señalar que en dos de los cuatro centros la respuesta mayoritaria es el "Sí" (uno con un 61% y el otro con un 86%, este último es el caso del centro educativo de la provincia de Málaga).

Por otro lado, al tratar de explorar si el profesorado percibe que el conflicto puede asociarse a determinadas procedencias, los resultados son contundentes. Los informantes reconocen que la procedencia marroquí es la más conflictiva, con un 50% de las respuestas, atendiendo al resto de procedencias, ninguna registra más del 14% de las respuestas.

Concluyendo

Considerando globalmente el discurso docente podemos concluir que detrás de algunas de las respuestas de nuestros informantes está el calado de un discurso académico y científico, más que crítico, que les ha aportado una visión de cómo "deberían ser las cosas". Lo que ha llevado a la idealización del discurso docente que trata de mostrar la mejor imagen del centro y, por tanto, de ellos mismos. Ello se pone de manifiesto en la confrontación entre la percepción positiva de lo que aporta el alumnado inmigrante, "un enriquecimiento", y el resto de respuestas que apuntan a que la cultura del "otro" es un problema, que llega a generar conflicto. Un conflicto que en términos de Aguilera (1994) se presenta como invisible u oculto. Tal y como muestra esta realidad las migraciones internacionales han conllevado una transformación social y, por ende, escolar. El conflicto que genera la mera presencia del colectivo inmigrante responde a una disputa de identidades culturales. Más allá de imperativos asimilacionista la migración transnacional muestra que tales comunidades están construyendo una situación de trasnacionalismo. En este mundo interconectado las migraciones de un país a otro no hacen sino revelar la capacidad de las personas para constituir nuevas configuraciones culturales (Castro, 2005). Desde la teoría del transnacionalismo, los migrantes de nuestros días no se asimilan completamente a la sociedad de recepción porque pueden contar, gracias a la globalización y a los nuevos medios de comunicación, con el mantenimiento de los vínculos con la sociedad de origen (Arocena y Zina, 2011).

Llegados a este punto, nos gustaría terminar con las palabras de Besalú (2002, 51) que revela las consecuencias de cómo se construye el conflicto por inmigración: "si los inmigrantes son vistos como un problema…si son representados como invasores que no nos pueden traer más que conflictos y resquebrajamiento, no debería extrañarnos las dificultades que comporta su integración social". Es por ello que el debate y análisis sobre los conflictos multiculturales en contextos escolares, pese haber sido escasamente abordado, es de especial importancia para la salud de nuestra escuela y sociedad.

Bibliografía

Aguilera, B. (1994). El conflicto multicultural. *Documentación social*, n° 97, 35-56.

Arocena, F. Y Zina M. (2011). Migración, transnacionalismo y multiculturalismo. La vinculación de jóvenes uruguayos en Barcelona con su país de origen. *Athenea digital*, 11(2), 17-37.

Castro, Y. (2005). Teoría transnacional: revisando la comunidad de los antropólogos. *Política y cultura*, n° 23, 181-194.

Cohen-emerique, M- (1997). La negociation interculturelle, phase essentielle de l'integration des migrants. *Hommes & Migrations* (Paris), n° 1208: 9-23.

Colectiva Cala (2009*). Herramientas de Educación Intercultural. Interculturalidad y conflicto*. Badajoz: Colectivo Cala, Consejería de Educación, Junta de Extremadura.

Diez, E.J. (2004). Interculturalidad, convivencia y conflictos. *Tabanque: revista pedagógica*, n° 18, 49-77.

Fisas, V. (1987). *Introducción al estudio de la paz y de los conflictos*. Barcelona: Lerna.

Giménez, C. (2009). *El impulso de la convivencia ciudadana e intercultural en los barrios europeos: marcos conceptuales y metodológicos.* RED CIEN.

Martín, L. y Mijares, L. (2007) "Sólo en español": una reflexión sobre la norma monolíngue y la realidad multilíngüe en los centros escolares. Revista de Educación, n°343, 93-112.

Nina-Estrella, R. (2013) El conflicto intercultural desde un contexto comunitario. *Revista Puertorriqueña de Psicología,* Vol. 24, 1-16.

Ortega, P., Mínguez, R. y Saura, P. (2003) *Conflictos en las aulas. Propuestas educativas.* Barcelona: Ariel.

Ortiz, M. (2008) Migración en las aulas: percepciones prejuiciosas de los docentes. *Papers. Revista de Sociología,* 87, 253-268.

Ortiz, M. (2012) Efectos escolares de la inmigración: discursos sobre concentración. Revista Iberoamericana de Educación, n°59/1, 1-10.

Ruiz, Y. (2006). Análisis y resolución de conflictos desde una dimensión psicosocial. Jornades de Foment de la investigación. Universitat Jaume I, Castellón. Fuente: http://repositori.uji.es/xmlui/bitstream/handle/10234/78608/forum_2006_14.pd

Sanchez, A. (2007) Influencias de la inmigración en la elección escolar. Barcelona: Institu'Economia de Barcelona.

Valdéz-Gardea, G. y Balslev, H. (2007). Migración y transnacionalismo. Experiencias de inmigrantes en el transporte público. *Región y sociedad,* Vol. XIX, Número especial: 199-218.

CAPÍTULO 11

SER ENFERMERA O ENFERMERO LATINOAMERICANO E INMIGRANTE

Blanca Inés Carvajal Calderón

Delimitación

A lo largo de la historia, las personas han emigrado; voluntariamente en busca de una vida mejor, o involuntariamente a causa de la guerra, el hambre o la persecución; así pues, la migración internacional es una realidad global, pero el número de migrantes se ha duplicado en los últimos cuatro decenios; una proporción significativa de estos migrantes son trabajadores profesionales de la salud y enfermeras (Kingma 2007). Teniendo en cuenta que las enfermera/os constituyen un amplio sector de la fuerza de trabajo mundial de la salud y que proporcionan una parte significativa de los sistemas de la sanidad, juegan un papel integral en la economía global de atención en salud; para satisfacer las necesidades globales de atención de salud. Las enfermeras a menudo transitan dentro y entre los países, favoreciendo la creación de nuevos retos, experiencias, significados y oportunidades para la persona, la profesión, las organizaciones de atención de salud, las comunidades y las naciones (Jones 2013).

La amplitud y la persistencia de la escasez de trabajadores de salud han sido causa de preocupación en todo el mundo. Los estudios han indicado que se consiguen avances en la salud pública cuando los países pueden sostener al menos 2.5 trabajadores de salud por 1.000 habitantes (Anand y Barnighausen 2004). Las tasas actuales de la migración de enfermeras a nivel mundial, no tienen precedentes (Troy, Wyness y McAuliffe 2007). El movimiento de enfermería, agravada por la escasez mundial, está teniendo un profundo efecto en el número de profesionales y afectando el acceso a los servicios de salud en muchos países (Aiken 2007; Kingma 2008).

A medida que el mundo se enfrenta a una grave escasez de profesionales de la enfermería, estos migrantes son de gran interés nacional e internacional. Las enfermeras y enfermeros migran cada año en busca de mejores salarios y condiciones de trabajo, el desarrollo profesional, la seguridad personal, o la aventura (Kingma 2008). Aunque existe literatura publicada sobre la migración de enfermeras y enfermeros en los últimos 10 a 15 años, el tema ha recibido escasa atención de la comunidad de enfermería, la mayor parte de la investigación encontrada se centra en los motivos específicos de la migración y su impacto en los sistemas de atención de salud, mientras que poca investigación se centra en las experiencias de las enfermeras en el extranjero (Zander 2013).

Ante lo expuesto me surgen diferentes interrogantes: ¿Qué motiva a una enfermera/o latinoamericano emigrar?, ¿Cómo se adapta a los cambios surgidos a partir del proceso migratorio en un entorno diferente al de la formación y la experiencia?, ¿Qué expectativas y vivencias ha tenido, y cómo las afronta?, ¿Cómo ha evolucionado a nivel personal y profesional desde la migración?, ¿Qué significa ser una enfermera/o inmigrante?

De acuerdo con estas cuestiones, se ha generado la siguiente pregunta de investigación:

¿Cómo es la experiencia de ser enfermera/o latinoamericano inmigrante, que ejerce su profesión en la ciudad de Barcelona (Cataluña, España)?

Antecedentes y contexto

A nivel mundial, hay una escasez de enfermeras registradas y casi todos los países en el mundo predicen que necesitan más enfermeras (Aiken, Buchan, Sochalski, Nichols, y Powell 2004; Buchan y Calman 2004; Kline 2003). Como resultado de las políticas y la falta de inversiones fallidas en la enfermería, los países desarrollados tienen una creciente dependencia de los profesionales de la enfermería emigrantes (Aiken et al 2004; Brush y Sochalski 2007). Esta escasez se produce en un momento en que el papel de las enfermeras ha sido reconocido como fundamental para mantener la salud de los países (Buchan 2006).

Los factores que impulsan a muchos trabajadores del cuidado y, en particular, de la sanidad, a migrar a otros países para prestar en ellos sus servicios profesionales, así como la dinámica y los efectos de este fenómeno, han adquirido relevancia en los debates académicos y políticos sobre las dimensiones y los efectos sociales de la globalización contemporánea (Lan 2008). Esta migración de fuerza de trabajo del cuidado no carece de precedentes históricos, pero ha florecido cuantitativa y cualitativamente durante las dos últimas décadas.

La migración de enfermeras se ha ido convirtiendo a lo largo de la última década en una cuestión de importancia en los programas políticos nacionales y mundiales. Ello puede atribuirse, en parte, a la escasez general de personal de enfermería que, a su vez, se debe a diversos factores sociales, demográficos e institucionales.

El aumento de los ingresos del trabajo, las nuevas tecnologías de la medicina, la mayor especialización de los servicios sanitarios y el envejecimiento de la población (OCDE y OMS 2010) han conllevado un alza de la demanda de personal sanitario, especialmente en los países de la Organización de Cooperación y Desarrollo Económicos (OCDE). Pero la fuerza de trabajo de la enfermería no ha crecido al mismo ritmo que la demanda. Las decisiones adoptadas por los gobiernos para acotar el gasto en sanidad pública han ido en detrimento de la profesión: han traído inestabilidad a las enfermeras ya ocupadas, han congelado las contrataciones y han fomentado los despidos, a la vez que restringían la capacidad de formación y, por tanto, el número de personas que se preparaban para el ejercicio de la profesión (Simoens, Villeneuve y Hurst 2005). La falta de oportunidades de trabajo y los bajos salarios son algunos de los múltiples factores que impulsan a las enfermeras a emigrar a otros países (Kingma 2006; OMS 2006). Las condiciones y los recursos laborales en el propio país pueden conducir al desempleo y motivar a las enfermeras a buscar empleo en otros lugares (Buchan y Calman 2004; Brush y Sochalski 2007).

Aun cuando la mayoría de los países de Europa occidental comunican escasez de enfermeras, algunos, como España, no tienen puestos suficientes para dar empleo a todas las enfermeras tituladas; así pues, muchas enfermeras salen de España para trabajar en otros países en los que pueden conseguir experiencia profesional, muchas veces con la intención de volver a España en el futuro (Silva y Fernandes 2008).

La migración internacional se ha convertido, en una salida cada vez más atractiva para muchas personas. Muchas enfermeras que buscan un futuro mejor se deciden a ir a trabajar a otros países en los que esperan encontrar mejor retribución, más experiencia profesional, una capacitación de más calidad y más especializada, más posibilidades de ascenso, un nivel de vida más alto, el deseo de conocer otros países o de aventura y el afán de disfrutar de un clima mejor o de más autonomía y seguridad personal. Esta decisión también puede ser debida a la presión de familiares y parientes para conseguir la seguridad socioeconómica y ascender en la escala social (Percot 2005).

La creciente movilidad de las enfermeras ha sido criticada como algo que ocurre sin un cuidadoso análisis de las implicaciones de este movimiento en las enfermeras y en los sistemas de prestación de atención de salud (Brush, Sochalski y Berger 2004). Una de las consecuencias para los países de origen es una fuga de cerebros que disminuye los recursos de enfermería para su población (Meleis 2003; Perrin 2007; Kingma 2008). De otro lado, existe un coste social para la persona que emigra vinculado con la adaptación a un nuevo país, una nueva cultura, a un nuevo sistema y un entorno de atención de salud, con o sin una red de apoyo puede ser una tarea monumental. A menudo estas enfermera/os, que pueden tener a sus hijos en su propio país, son responsables de apoyar económicamente a sus familias. Además, con frecuencia sufren discriminación y explotación por parte de organismos e instituciones del país de destino (Hawthorne 2001; Allan y Larsen 2003; Kingma 2008). Hay también consecuencias positivas; en muchos países del mundo, una licencia de enfermería es vista como un billete para una vida mejor. Las remesas enviadas a casa mejoran la vida de la familia en el país de origen, a través de la redistribución de la riqueza mundial (Kingma 2008). Se mejora la seguridad personal y profesional y el empoderamiento para algunos migrantes (Meleis 2003; Kingma, 2008) que dejan ambientes inseguros y los países con desigualdades de género (Hawthorne 2001; Meleis 2003; Buchan et al 2005) .

Las enfermeras inmigrantes contribuyen para construir comunidades saludables, ayudando a otras enfermeras y profesionales de la salud a ejercer la profesión, desde un modelo transcultural, a desarrollar la competencia cultural, reconceptualizar cómo son vistos los inmigrantes, y potenciar el desarrollo humano como parte del avance de la comunidad (Dugger 2006). Así mismo el crecimiento descontrolado en el negocio de la exportación de las enfermeras con fines de lucro presenta consecuencias aún desconocidas para la profesión.

Las direcciones de los flujos migratorios han cambiado a lo largo del tiempo y así España, que fue tradicionalmente un país de emigrantes, se ha convertido en apenas un cuarto de siglo, en país receptor de inmigrantes extranjeros. Los rasgos que definen el contexto actual vienen marcados por un aumento en la demanda de los servicios de salud, derivados de los cambios demográficos (envejecimiento de la población y flujos migratorios principalmente), por el incremento de las enfermedades crónicas, por la aparición de nuevas enfermedades, por dilemas ante las diferencias culturales y por un ciudadano que cada día está más informado, tanto por lo que se refiere a la diversidad de servicios, como a sus derechos como usuario (Consell de Collegis de Diplomats en Infermeria de Catalunya 2006; Dominguez-Alcón 2010).

En los últimos veinte años, han llegado enfermeras procedentes de países latinoamericanos, dado por las situaciones de desigualdad social, pobreza y privatización del sector sanitario y baja remuneración económica que no les han permitido alcanzar sus ideales profesionales. En España había una creciente demanda de enfermeras extranjeras como mano de obra más barata para sociosanitarios y atención en geriatría. Con las restricciones presupuestarias de los últimos años, en España la contratación de enfermeras ha disminuido notablemente, lo que ha ocasionado que las enfermeras nativas emigren a otros países de la unión europea, en busca de mejores condiciones laborales, y que parte de las enfermeras emigradas desde américa latina vuelvan a sus países de origen.

En el caso de las enfermeras que han emigrado desde América Latina a España en los últimos años, esta movilidad se ha visto facilitada por factores de distinto orden (social, cultural, histórico, económico y político), con una actuación importante de diversos actores públicos (principalmente el estado) y privados en la determinación de estos desplazamientos. En tal sentido, pueden señalarse las limitaciones de los mercados de trabajo, condiciones laborales y oferta formativa local en origen; idioma común y proximidad cultural (a partir de vínculos históricos-estructurales poscoloniales entre regiones); la actuación de agencias y el reclutamiento institucional; las políticas y acuerdos estatales de otorgamiento de visas y el reconocimiento de títulos académicos y acuerdos entre instituciones educativas, en el marco de múltiples convenios y tratados económicos y culturales de cooperación (OPS 2006).

Entre las motivaciones para la emigración del personal de salud desde diversas regiones latinoamericanas, se destacan la insatisfacción con las condiciones laborales (bajos salarios y pocas posibilidades de desarrollo profesional, situaciones de pluriempleo, jornadas extensas, inseguridad laboral y carencias en la infraestructura), la baja calidad de vida en contextos regionales de crisis económicas y diversos grados de conflictividad social y política; las escasas oportunidades formativas, académicas y laborales y la falta de reconocimiento social de la actividad profesional. Se señala además la búsqueda de oportunidades para acceder a una mejor remuneración y formación, de trabajar en sistemas de salud de mayor calidad y recursos para el desarrollo de la práctica profesional, así como de mejorar la conciliación entre vida familiar y laboral (OPS 2006).

En la provincia de Barcelona, en donde según datos aportados por el colegio oficial de Enfermeras, hasta febrero del año 2016, las enfermera/os latinoamericanas/os colegiadas/os en Barcelona son un total de 958; de un total de 32.547 profesionales de enfermería en el total de la Comunidad Autónoma; la distribución por países destaca que el predominio de las enfemera/os es de origen Peruano y Colombiano.

Objetivos

En general, el objetivo de este estudio es describir la experiencia de ser enfermera/o latinoamericana/o inmigrante, que ejerce su profesión en Barcelona (Cataluña, España). Específicamente, se buscó:

- Explorar cómo han vivido el proceso migratorio y las motivaciones para tomar la decisión de emigrar.
- Indagar cómo han vivido la experiencia de ser enfermera/os en un contexto profesional diferente al de la formación y la experiencia.
- Conocer las expectativas y vivencias, en referencia a su desarrollo profesional en Barcelona.
- Descubrir qué significa ser enfermera/o latinoamericana/o inmigrante en Barcelona.

Investigación y Metodología

Metodología de tipo cualitativo fenomenológico descriptivo, el cual permite comprender la naturaleza del ser humano, la experiencia vivida a través de la ventana del lenguaje y pretende dar cuenta de la esencia del significado de una experiencia, el tipo de muestreo elegido fue el estratégico no probabilístico intencional.

Una vez iniciado el proceso se han buscado informantes estratégicos por el sistema llamado "bola de nieve" (Kornblit 2007; Penalva y Pérez 2006). La muestra está constituida por seis enfermeras, que cumpliérón con los siguientes criterios de inclusión:

- Ser enfermera/o latinoamericana/o inmigrante, haberse formado como enfermera/o en su país de origen y haber ejercido como enfermera/o allí.
- Estar ejerciendo la profesión en Barcelona durante un periodo de tiempo no inferior a un año.
- Aceptar y estar dispuesta/o a participar en el estudio mediante firma de consentimiento informado.
- No conocer, ni haber tenido contacto previo con el investigador.

La información se ha obtenido a través de entrevistas en profundidad semiestructuradas abiertas.

El análisis de los datos se ha hecho mediante el método del análisis de contenido semántico; se han delimitado los temas en relación con lo objetivos propuestos, han sido codificados y se han construido las categorías y subcategorías que representan la interpretación de los resultados obtenidos.

Resultados

Características de la muestra seleccionada

Feminización muestral con rangos de edad que oscilan entre los 35 y 51 años de edad, con un promedio de la misma de 40.5 años. En cuanto a los países de origen predominan los pertenecientes al área andina de Sur América. En cuanto a la características migratorias, los años de experiencia en origen oscilan entre los 5 y 15 años, con un promedio de 10 años; el área de desempeño durante este periodo en sus países está caracterizado por la práctica en el área clínica de la sanidad pública, principalmente en los servicios de hospitalización, cuidado crítico y área quirúrgica. Los años desde la migración oscilan entre los 5 y 21 años, con un promedio de 9.5 años de permanencia en España; llama a la atención que se han desempeñado laboralmente con predominio en el sector de la geriatría y la sanidad privada.

Categorías de análisis de los resultados

Vivencia del proceso migratorio

La vivencia del proceso migratorio ha presentado diferencias definidas por el tipo de migración laboral en relación a la expectativa laboral.

Para las enfermeras/os latinoamericanas/os que emigraron con contratación laboral desde su país de origen, el viajar con esta condición fue un factor determinante para tomar la decisión de migrar; lo ven como un privilegio, ha significado tener seguridad y tranquilidad para el futuro, cuestión que les ha favorecido a la hora de la adaptación a un nuevo sistema de salud y en la generación de expectativas positivas con respecto a su desarrollo profesional.

Para las enfermeras/os latinoamericanas/os que emigraron sin contratación laboral desde su país de origen, su proceso migratorio ha estado marcado por constante inestabilidad, percibida con mayor intensidad en el inicio del mismo. Es una búsqueda constante de oportunidades laborales, de enfrentarse a un mercado laboral diferente al propio y de buscarse un sitio para poder subsistir en una ciudad ajena con poco o ningún apoyo social y económico; aceptar cualquier posibilidad de trabajo, así como adaptarse y replantearse metas y objetivos continuamente.

Vivir en un entorno diferente al propio

La vida en Barcelona tiene diferentes características y matices que se explican en las siguientes subcategorías:

Adaptación constante: Desde el inicio del proceso migratorio han tenido que tomar decisiones difíciles y adaptarse frecuentemente a los cambios propios de la migración, que consideran una nueva situación en la que deben reinventarse constantemente; la iniciación de su proceso les generaba tensión, pero con el paso del tiempo se readaptan con mayor facilidad a los momentos de cambio tanto del nivel personal como laboral; esta condición a menudo la consideran como una ventaja, ya al final de su proceso.

Intercambio Cultural: Las enfermeras latinoamericanas inmigrantes perciben como positivo el intercambio cultural logrado a partir de la vivencia del proceso migratorio, consideran que este favorece el desarrollo personal y profesional. Es una oportunidad para conocer nuevas culturas y dar a conocer la propia, se ven como representantes de lo mejor de sus respectivos países. La vivencia del proceso migratorio les ha permitido abrirse y conocer nuevas maneras de ver y vivir la misma realidad. Formulan que los aportes del intercambio cultural les ha hecho mejores personas, mejores ciudadanos y más organizados al ir adoptando a su día a día conductas cívicas que no tenían en sus países de origen.

Entorno seguro y tranquilidad: Vivir en Barcelona favorece sus sentimientos de tranquilidad y seguridad a la hora de la vivencia de su día a día. Expresan mayor libertad para movilizarse a diferentes horas, sin preocuparse por los delitos o atentados contra su integridad física, a menudo expresan que este elemento es uno de los aspectos que más extrañan cuando están sus países de origen, y constituye una de las razones para continuar la vivencia de su proceso migratorio en destino.

Mejora de la calidad de vida: La ganancia primordial durante el proceso migratorio ha sido la mejora de su calidad de vida y la de sus familias, favorecida por el mejoramiento de su poder adquisitivo económico, el acceso a bienes materiales y servicios, que consideran estaría lejos de su alcance en sus países de origen, y es un factor que tienen en cuenta a la hora de continuar su vida en Barcelona.

Crecimiento Personal/Experiencia enriquecedora: Vivir en un entorno diferente al propio es una experiencia que a nivel global valoran como positiva, una posibilidad de crecer a nivel personal y profesional; lo perciben como una oportunidad que han aprovechado.

El emigrar les ha permitido conocer nuevas culturas y abrirse al mundo, así como dar más valor a su propia vida, a sus valores y a sus creencias, a los que por diferentes circunstancias han renunciado y dejado atrás en sus países de origen, pero que a su vez intentan mantener a pesar del tiempo y la distancia.

Oportunidad para formarse académicamente: Consideran que la ciudad de Barcelona constituye un buen escenario para continuar su formación académica tanto en su área profesional, como en diversidad de temáticas de interés; es claro que para su vida futura, el contar con titulaciones obtenidas en el extranjero les favorecerá en la consecución de mejores oportunidades de empleo en sus países de origen, y que será un factor determinante en la competencia profesional en el mercado laboral actual.

Consideran que la formación académica que han obtenido desde la migración, no es reconocida en sus puestos de trabajo, ni en su desempeño profesional, expresan pocas posibilidades de ascenso laboral o de recolocación acorde a la especialidad, esta situación dicen ha sido agravada por los recortes al sistema de salud y la actual crisis económica que vive España.

Disfrutar de un entorno privilegiado: Vivir en Barcelona, constituye un factor determinante para que su estancia se haya prolongado en el tiempo por encima de sus proyecciones iniciales. Consideran que son beneficiarios de su ubicación geográfica privilegiada, de su clima y de la gastronomía mediterránea, este último elemento destaca con fuerza, ya que declaran que ha contribuido a la mejora de su dieta, con relación al país de origen. Perciben la ciudad como tranquila y punto estratégico y referencia en múltiples campos dentro de Europa.

"Deambular" entre la añoranza y las nuevas experiencia vividas: *labilidad emocional:* Uno de los aspectos que por unanimidad perciben como muy difícil de afrontar y generador de incertidumbre hacia el futuro, lo constituye que el vivir en Barcelona ha significado alejarse de la familia y los seres queridos; lo perciben como un factor que les hace replantearse las metas a futuro, y a menudo genera añoranza y deseo de regresar a lo que consideran su casa. Refieren preocupación por los eventos negativos que puedan ocurrir mientras dura el proceso migratorio y tratan de paliar esta situación con contacto permanente.

Inhibición / Temor a ser discriminado: A pesar de que a menudo expresan que el intercambio cultural es una de los atributos positivos durante el proceso migratorio, constantemente sienten temor a ser discriminados y a los estereotipos de la migración. Esta situación se ha acentuado en ellos a partir del inicio de la crisis económica española, por esta razón procuran evitar situaciones que les pueden llevar a ello. Su estrategia para protegerse es inhibirse socialmente con los nativos, algunos comentan situaciones que les han llevado a tomar esta decisión, y otros sin ningún motivo aparente lo hacen ante su propio pensamiento como inmigrante.

Red de apoyo social reducida: El temor a la discriminación y la inhibición social con los nativos, les ha llevado a reducir su red de apoyo social a la familia y a personas pertenecientes próximas a su origen geográfico y a su entorno profesional.

Ser enfermera/o en un contexto diferente al de la formación y la experiencia

Tener experiencia laboral previa como enfermera/os en sus países ha favorecido que se tome la decisión de emigrar, con mayor seguridad hacia el futuro laboral en España. Han tenido que adaptarse al sistema de salud a medida que vivían el proceso. Para integrarse usan como estrategia el autoaprendizaje. Las personas que han venido con contrato laboral desde origen manifiestan haber tenido menos problemas para adaptarse al sistema que los que han venido en busca de una oportunidad para desempeñarse como enfermera/os.

Sistema de salud: perciben diferencias con los sistemas de salud de sus países de origen, principalmente en la disponibilidad y eficacia de los recursos para la atención en salud. Alaban el sistema sanitario español, aunque son unánimes en manifestar que existe un deterioro progresivo del mismo, principalmente desde el inicio de la crisis económica, lo ven reflejado no solo en la atención a los pacientes, si no en su propio desempeño profesional, en la reducción de beneficios, aumento progresivo de la carga laboral, disminución de salarios y contrataciones laborales precarias.

Ser enfermera/o latinoamericana/o inmigrante en Barcelona:

desempeñarse como enfermera/os en Barcelona, les ha dejado múltiples experiencias vividas a nivel profesional que clasifican como ganancias, pero también perciben que este proceso les ha dejado algunas pérdidas para su futuro profesional. En cuanto a las *ganancias*, perciben en sí misma, la experiencia de trabajar en Europa como el mayor acierto y estímulo para continuar el proceso; manifiestan como beneficioso el poder ejercer la profesión libremente en el exterior mediante la posibilidad de homologación de título desde su país de origen. Destacan positivamente el intercambio cultural logrado.

En referencia a las *pérdidas,* consideran que han disminuido habilidades en toma de decisiones y autonomía, expresan que el sistema y la percepción de la sociedad en general no permite que la enfermera/o sea más autónoma/o a la hora de desempeñarse profesionalmente.

Manifiestan la marcada falta de reconocimiento social que tiene la profesión, al compararlos con sus países de origen; consideran que estas situaciones les llevan al estancamiento profesional. A pesar de la formación y la experiencia, se sienten en general con poca valoración profesional, expresan que se ve más reconocido positivamente a la enfermera/o por parte de paciente y familiares que por el equipo interdisciplinario. Consideran que durante la vivencia del proceso, no ha sido posible que les sea dado ningún reconocimiento a la experiencia previa en origen, o la formación que han desarrollado desde la migración. No obstante, manifiestan que deben resignarse a estas situaciones y se refugian en el cumplimiento de sus propias metas migratorias a expensas de los ideales y expectativas profesionales que consideran están por encima de labor desempeñada en la actualidad.

Visión de sí mismo, como enfermera/o latinoamericana/o inmigrante en Barcelona: se ven a sí misma/os como afortunadas por tener un trabajo estable en una situación de crisis económica como la actual. Consideran que son personas cuya profesión les ha permitido afrontar mejor el proceso migratorio y el cumplir metas de predominio económico y académico. Estas características es lo que les impulsa a continuar su vida en Barcelona a expensas de que son unánimes en manifestar que se ven estancadas profesionalmente sin posibilidades reales de avance en la actualidad. Esta situación les genera constantemente desmotivación, aunque paradójicamente refieren sentirse integradas al sistema y a sus puestos de trabajo, más no así a sus empresas en donde consideran no hay voluntad de cambio ni mejora profesional; manifiestan resignación ante la situación que viven.

Percepción sobre cómo le ven los demás, como enfermera/o latinoamericana/o inmigrante en Barcelona: Piensan que las demás personas las perciben como enfermera/os trabajadora/es, valientes, creen que algunos les admiran por enfrentarse al proceso migratorio. Expresan sentirse más observadas que los demás colegas, han percibido desconfianza

192

hacia ellas en múltiples momentos de su desempeño profesional. Destacan creer que los demás las perciben a veces como lejanas de sus compañeros de trabajo; dicha situación se da como estrategia de protección ante el temor al rechazo y la discriminación, mencionados en subcategorías pasadas.

En general piensan que les perciben como competentes en su desempeño laboral y con trato cercano y amable hacia el paciente; pero poco interesadas en el fortalecimiento de lazos de amistad con los nativos.

Desarrollo profesional

Perciben que su desarrollo profesional está dado por la experiencia de medirse profesionalmente en el extranjero, lo consideran como una oportunidad de vida aprovechada.

Relacionan su progreso dentro de la enfermería, a partir de la formación académica que han desarrollado durante su proceso; a pesar de ello consideran que no ven más posibilidades de ascenso profesional, sin embargo perciben que para el futuro en sus países de origen este sí les va a ser fundamental a la hora de colocarse en puestos de trabajo acordes a sus especialidades y formación en el extranjero.

En cuanto al futuro profesional desean estar pronto en sus países, se ven ejerciendo la profesión aprovechando lo aprendido, ya que consideran que en Barcelona hay pocas posibilidades de desarrollo y crecimiento profesional. Manifiestan como fundamental para sus vidas el envejecer en sus países.

El futuro inmediato lo conciben como quedarse en donde están, sin arriesgarse a más o a perder la estabilidad que ahora tienen; procuran que la crisis económica no les alcance aún más; y si les alcanza manifiestan que regresaran a sus países con algunas metas cumplidas.

Llama la atención que se han desempeñado laboralmente con predominio en el sector de la geriatría y la sanidad privada. Perciben que para los enfermeros inmigrantes la posibilidad laboral real ha estado y aún está a pesar de la crisis en estos sectores, lo atribuyen a que las enfermeras nativas rechazan estos ámbitos de trabajo al considerarlos por debajo de sus aspiraciones salariales y con exceso de carga de trabajo; por ello prefieren la sanidad pública, donde manifiestan que para ellos el acceso ha sido difícil, propiciado por su condición de inmigrantes.

Ser enfermera/o latinoamericana/o inmigrante en Barcelona

El ejercicio de la profesión enfermera en la ciudad de Barcelona, la califican como positiva, expresan satisfacción por cumplir metas, lo perciben como un reto alcanzado tras arduo trabajo y sacrificio personal. El significado que le atribuyen tiene que ver con sentimientos de lucha constante en un entorno diferente al de la formación y la experiencia en el que poco a poco van encajando y que ha descrito profundos cambios manifestados en la manera en que se perciben a sí mismos, readaptándose continuamente; la evolución que experimentaron les llevó a desarrollar una identidad profesional dinámica que facilitó el afrontar las dificultades de sus procesos migratorios; reveló la necesidad de reinventarse y re-construirse una nueva identidad tanto a nivel personal como profesional, aceptando la propia diferencia hasta convertirla en una oportunidad para demostrar la competencia y valía profesional, en busca de un bien personal y familiar mayor para el presente y para el futuro.

Conclusiones

La experiencia de ser enfermera/os latinoamericana/os inmigrantes, que ejercen su profesión en Barcelona, ha descrito profundos cambios que les llevan a readaptarse continuamente, la manera en que se perciben y afrontan estas nuevas situaciones repercuten en su vida personal y familiar.

Les hace vulnerables dando lugar a experiencias que consideran como negativas en el inicio del proceso, pero conforme transcurre el tiempo, se transforman en vivencias que consideran positivas para su crecimiento en todos los niveles. Esta evolución les permite desarrollar una identidad dinámica que facilita el afrontar las dificultades de sus procesos. Estas dificultades se relacionan con aspectos del duelo migratorio que se reflejan en añoranza y tristeza constantes por la lejanía de sus familias y la vida como la conocían. A esto se suman aspectos como redes de apoyo social autolimitadas que son estrategia de inhibición hacia los nativos por el temor a ser discriminados. Esta situación les lleva a refugiarse en personas que de alguna manera suplen la falta de sus familias; crean nuevas redes sociales con personas que comparten su realidad migratoria, otros inmigrantes latinoamericanos que consideran cercanos y una fuente de apoyo en la lejanía.

Al explorar cómo han vivido el proceso migratorio, se ha identificado que existen diferencias entre las enfermera/os latinoamericana/os que han emigrado con contratación laboral en origen y los que han emigrado por su cuenta en busca de oportunidades laborales; los primeros han tenido más fácil la adaptación a la nueva vida laboral, mientras que los últimos han experimentado dificultades para incorporarse a un nuevo y complejo sistema de salud y al mercado laboral español.

Las motivaciones para emigrar tienen que ver con el mejoramiento de su situación económica y social, el apoyo económico a su familia en origen, el poder salvar la vida y ejercer libremente la profesión, así como el desarrollo académico posgradual en el extranjero y el intercambio cultural. A lo largo del proceso migratorio han vivido experiencias positivas y negativas que han servido como catalizadores para replantearse continuamente sus metas migratorias; tanto así que cada vez prolongan más en el tiempo la vivencia del mismo a pesar del duelo migratorio.

Al indagar cómo han vivido la experiencia de ser enfermera/os en un contexto profesional diferente al de la formación y la experiencia, se ha identificado que consideran que los aspectos positivos de vivir en Barcelona, como son el entorno tranquilo y seguro, la posibilidad de intercambio cultural y vivir en un contexto geográfico privilegiado, les ha permitido una mejora en la calidad de vida, que repercute en su desempeño profesional de manera positiva, y que atenúa sentimientos de estancamiento profesional al no poder ubicarse o acceder a ascenso profesional acorde a la experiencia y la formación.

Perciben diferencias entre el sistema de salud español y el de sus respectivos países, hacen énfasis en la disponibilidad de recursos y la eficacia en los procesos de salud.

Expresan que la experiencia de ser una enfermera/o latinoamericana/o inmigrante les ha dejado experiencias positivas como son: el medirse profesionalmente en el extranjero, poder ejercer la profesión libremente y sin presiones, el intercambio cultural logrado durante el desempeño de su rol de enfermera/o, la estabilidad laboral y la remuneración garantizada, así como la posibilidad de formación académica posgradual. De igual manera detectan que este proceso les ha dejado pérdidas en su capacidad de toma de decisiones y autonomía; resaltan la marcada pérdida de reconocimiento social profesional al compararlo con su desempeño en origen, de igual manera no les ha sido reconocida la experiencia profesional en origen, ni la formación posgradual desde la migración, a su vez consideran que existe desaprovechamiento de su potencial y expresan resignación ante la situación vivida.

Tras conocer las expectativas y vivencias en referencia a su desarrollo profesional en Barcelona, se ha identificado que el ámbito de desempeño de las enfermera/os latinoamericana/os inmigrantes está reducido a la sanidad privada y la geriatría, esta situación es atribuida a que la disponibilidad de plazas se encuentra en este sector, al que las enfermeras nativas rechazan por tener mayor carga laboral y menor remuneración salarial. No ven posibilidades de ubicación en la sanidad pública, ya que refieren que por su condición de inmigrantes y por la actual situación de déficit de recursos en el sistema sanitario, les es difícil acceder a una plaza. Estas situaciones hacen que las enfermeras latinoamericanas inmigrantes consideren que su desarrollo profesional se ha estancado, que actualmente no es posible acceder a mejores condiciones y puestos de trabajo; esta realidad la hacen extensiva a las enfermeras nativas, a raíz de la crisis económica que vive España.

Advierten que ahora mismo la satisfacción de desarrollo profesional está dada por el hecho de medirse y ejercer la profesión en Europa. Así como la formación posgradual que han desarrollado, visionan que estas condiciones les serán provechosas al competir por mejores condiciones y puestos de trabajo en sus países de origen, donde consideran que la experiencia vivida en el exterior será un plus determinante para su futuro profesional, que no ven muy lejano.

Se ha descubierto que ser enfermera/o latinoamericana/o inmigrante en Barcelona, significa desempeñar la profesión en un nuevo contexto social y de salud diferente al propio; significa adaptación constante ante los cambios constantes en lo personal y profesional. Es una manera de reinventarse y reconstruirse una nueva identidad en todos los aspectos. Ser diferente y aceptarlo como oportunidad para demostrar la competencia y valía profesional. Lo relacionan con ser valiente para abandonar la zona de confort y cambiarlo por la lejanía y la añoranza constante.

A su vez, les ha significado renunciar a la vida como la conocían, en favor de ejercer la profesión de manera libre y sin presiones o amenazas contra su integridad física o psicológica; formarse una nueva posibilidad de futuro con mayor calidad de vida, con mejores posibilidades de acceso a formación académica mientras ejercen la enfermería. Es sacrificio al dejarlo todo atrás por lo que consideran un bien personal y familiar mayor, para asegurarse un presente y un futuro mejores de lo que podrían experimentar en sus países de origen.

Los profesionales de enfermería latinoamericanos inmigrantes que ejercen su profesión en Barcelona (Cataluña, España) han forjado una variedad de relaciones y compromisos transnacionales con sus lugares de origen y en destino; la vivencia del proceso migratorio para algunos ha generado que sean más críticos con las necesidades de cambio social y cultural, llegando a participar e implicarse en una gran variedad de prácticas transnacionales como por ejemplo el alivio de la situación económica y social dejada en origen, posibilidades de inversiones tanto en origen como en destino, intercambio cultural, ejercicios de sus derechos de reagrupación familiar y percepción de crecimiento global en el ámbito personal y profesional, pertenencia a organizaciones profesionales que les dan apoyo no solo en lo concerniente a su ámbito, si no también en lo personal/familiar, lo que les genera sensación de respaldo y seguridad; de igual manera destacan la posibilidad de participación política libre en un entorno que les muestra mayor seguridad para su integridad física al compararlo con sus países de origen.

Bibliografía

Aiken L., Buchan J., Sochalski J., Nichols B. & Powell M. (2004) *Trends in international migration*. Health Affairs 23, 69-77.

Aiken L. (2007). U.S. nurse labor market dynamics are key to global nurse sufficiency. *Health Services Research*, 42, 1299-1320. Consultado en línea el 17/01/2014

Allan, H., & Larsen, J.A. (2003). *"We need respect": Experiences of internationally recruited nurses in the UK*. London: Royal College of Nursing.

Anand S y Barnighausen T. (2004). *Human resources and health outcomes: Cross-country econometric study*. Lancet, 364, 1603-1609.

Brush B., Sochalski J. & Berger A.(2004) Imported care: recruiting foreign nurses to U.S. health care facilities. *Heatlh Affairs* 23(3), 78-87.

Brush BL y Sochalski J.(2007). International Nurse Migration: Lessons from the Philippines. *Policy, Politics, and Nursing Practice*, 8, 37-46.

Brush B. (2008). Global nurse migration today. *Journal of Nursing Scholarship* 40(1), 20-25. Consultado en línea el 17/01/2014

Buchan, J., & Calman, L. (2004). The *global shortage of Registered Nurses: An overview of issues and actions*. Retrieved from http://www.icn.ch/global/shortage.pdf. Consultado en línea el 17/01/2014.

Buchan, J., Jobanputra, R., Gough, P. & Hutt, R. (2005). *Internationally recruited nurses in London: Profile and implications for policy*. London: King's Fund.

Buchan J. (2006) The impact of global nurse migration on health services delivery. *Policy, Politics, & Nursing Practice* 7(3), 16S-25S. Consultado en línea el 17/01/201.

Consell De Col·legis de Diplomats en Infermeria de Catalunya. Lena Ferrús (dir.) (2006). *Recomanacions per a la dotació d'infermeres a les unitats d'hospitalització*.

Dominguez-Alcón, C. C. y Ramió, A. (2010). L'exercici lliure de la professió infermera a Catalunya: resum executiu. *Col·legi Oficial Infermeria de Barcelona. Barcelona: Col·legi d'Infermeria de Barcelona*.

Dugger, C. (2006). U.S. plan to lure nurses may hurt poor nations. *New York Times*, May 24.

Hawthorne, L. (2001). The globalisation of the nursing workforce: Barriers confronting overseas qualified nurses in Australia. *Nursing Inquiry 8*(4), 213-229.

Jones CB, Sherwood G. (2013). The globalization of the nursing workforce: Pulling the pieces together. *Nurse Outlook* Jan-Feb;62(1):59-63.doi: 10.1016/j.outlook. 2013.12.005. Epub 2013 Dec 11. PubMed PMID: 24462021.

Kingma, M. (2006). *Nurses on the move: Migration and the global health care economy*. Ithaca: Cornell University Press.

Kingma, M. (2007). Nurses on the move: A global overview. *Health Services Research 42*(3), 1281-1298.

Kingma, M., (2008). Nurses on the Move: Historical Perspective and Current Issues. *OJIN: The Online Journal of Issues in Nursing*. Volumen 13, No 2.

Kornblit AL. (2007). *Metodologías cualitativas en Ciencias Sociales: modelos y procedimientos*. Buenos Aires: Biblos.p.78.

Lan, Pei-Chia. (2008). New global politics of reproductive labour: Gendered labour and marriage migration. *Sociology Compass*, vol. 2, núm. 6, págs. 1801-1815.

Meleis, A.I. & Lipson, J. (2003). Cross-cultural health and strategies to lead development of nursing practice. In J. Daly, Speedy, & Jackson (Eds.), *Nursing Leadership*. (69-88). Philadelphia, PA: Churchill Livingstone.

OCDE (Organización de Cooperación y Desarrollo Económicos).(2010). International Migration Outlook. París. — y OMS (Organización Mundial de la Salud). (2010). International migration of health workers: Improving international co-operation to address the global health workforce crisis. *Policy Brief*, febrero. París, OCDE. Consultado en línea el 17/01/2014. Los trabajos de esta serie se pueden encontrar en el sitio web de la OCDE: www.oecd.org/els/health/workingpapers

OMS (Organización Mundial de la Salud). (2006). *The world health report 2006 –Working together for health*. Geneva: World Health Organization.

OMS (Organización Mundial de la Salud). (2010). *Código de prácticas mundial de la OMS sobre contratación internacional de personal de salud*. Documento núm. WHA 63.16 de la 63. Asamblea Mundial de la Salud, 21 de mayo. Ginebra.—. 2006. Informe sobre la salud en el mundo 2006. Ginebra. Consultado en línea el 17/01/2014.

Organización Panamericana de la Salud (OPS). (2006)*Migración de recursos humanos en salud*. Estudio SubregiónAndina.Lima.Disponibleen:http://new.paho.org/hq/dmdocuments/2010/RH_Migracion_RHUSubregion_Andina.pdf>. Acceso en: 26.07.2013.

Percot M. (2005). Les infirmières indiennes émigrées dans les pays du Golfe: de l'opportunité à la stratégie. *Revue européenne des migrations internationales.* 2005/1 Vol. 21.

Perrin, M. E., Hagopian, A., Sales, A., & Huang, B. (2007). Nurse migration and its implications for Philippines hospitals. *International Nursing Review, 54,* 219-226.

Silva A y Fernandes R. (2008). *Foreign Nurses in Portugal. Lisbon, Portugal, Ordem dos Enfermeiros.*

Simoens, M., Villeneuve, M., & Hurst, J. (2005). *Tackling nurse shortages in OECD countries.* Paris: Directorate for Employment, Labour and Social Affairs.

Troy, P, Wyness, L., McAuliffe, E. (2007) Nurse`s experiences of recruitment and migration from developing countries: a phenomenological approach. *Human Resources for Health,* 5, p5-15.

Zander B, Blümel M, Busse R. (2013). *Nurse migration in Europe can expectations really be met? Combining qualitative and quantitative data from Germany and eight of its destination and source countries.* Int J Nurs Stud.Feb;50(2):210-8.doi: 10.1016/j.ijnurstu.2012.11.017. Epub 2012 Dec 25. PubMed PMID: 23273435.

www.ingramcontent.com/pod-product-compliance
Lightning Source LLC
Chambersburg PA
CBHW070330270326
41926CB00017B/3826